Françoise Kourilsky
Freude am Wandel

Aus dem Programm Verlag Hans Huber
Psychologie Sachbuch

Im Verlag Hans Huber ist weiterhin erschienen – eine Auswahl:

Paul Watzlawick, Janet H. Beavin, Don D. Jackson
Menschliche Kommunikation
Formen Störungen Paradoxien
271 Seiten (ISBN 978-3-456-84463-3)

Paul Watzlawick, John H. Weakland und Richard Fisch
Lösungen
Zur Theorie und Praxis menschlichen Wandels
198 Seiten (ISBN 978-3-456-83566-2)

Paul Watzlawick
Münchhausens Zopf oder: Psychotherapie und «Wirklichkeit»
208 Seiten (ISBN 978-456-81708-8)

Paul Watzlawick
Die Möglichkeit des Anderssein
Zur Technik der therapeutischen Kommunikation
131 Seiten (ISBN 978-3-456-84510-4)

Giorgio Nardone, Paul Watzlawick
Irrwege, Umwege und Auswege
Zur Therapie versuchter Lösungen
148 Seiten (ISBN 978-3-456-82478-9)

Weitere Informationen über unsere Neuerscheinungen finden Sie im Internet unter:
www.verlag-hanshuber.com

Françoise Kourilsky

Freude am Wandel

Wie Sie aus der Not eine Tugend machen

Aus dem Französischen übersetzt von
Michael Herrmann

Verlag Hans Huber

Die französische Originalausgabe ist erschienen bei
© Dunod, Paris 2004. ‹Du désir au plaisir de changer›
par Françoise Kourilsky-Belliard (3e édition en langue française).

Lektorat: Monika Eginger, Susann Seinig
Übersetzung: Michael Herrmann, Berlin
Herstellung: Daniel Berger
Umschlag: Atelier Mühlberg, Basel
Satz: ns prestampa sagl, Castione
Druck und buchbinderische Verarbeitung: Hubert & Co., Göttingen
Printed in Germany

This work is published with support from the French Ministry of Culture/Centre national du livre.

Für Zitate in der vorliegende Ausgabe waren leider nicht alle Originalquellen aus den verschiedenen Sprachen ausfindig zu machen. Sie wurden daher teilweise aus dem Französischen ins Deutsche rückübersetzt. Entsprechende Hinweise nimmt der Verlag für die folgenden Ausgaben gerne entgegen.

Bibliografische Information der Deutschen Bibliothek
Die Deutsche Bibliothek verzeichnet diese Publikation in der Deutschen Nationalbibliografie; detaillierte bibliografische Daten sind im Internet über http://dnb.d-nb.de abrufbar.

Anregungen und Zuschriften bitte an:
Verlag Hans Huber
Hogrefe AG
Länggass-Strasse 76
CH-3000 Bern 9
Tel: 0041 (0)31 300 45 00
Fax: 0041 (0)31 300 45 93

1. Auflage 2008
© 2008 by Verlag Hans Huber, Hogrefe AG, Bern
ISBN 978-3-456-84520-3

Für François, meinen Mann
Für Virginie, meine Tochter

Inhaltsverzeichnis

Danksagung   17

Geleitwort zur dritten Auflage   19
Sagen die Schwierigkeiten von Managern weniger über die Menschen
als über ihre jeweils veraltete Logik?   19
Der Beitrag des Konstruktivismus begünstigt heilsames
Abstandnehmen   20
Der systemische Ansatz, ein sachbezogenes Vorgehen
zur Freisetzung des Wandels   22
Zwei Beispiele zur Veranschaulichung   22
Über die Logik des ausgeschlossenen Dritten und die lineare
Kausalität hinauswachsen   24
Ethik, die emergente Qualität dieses Managementansatzes   26
Ein neuer Weg für ein eleganteres und leistungsstärkeres
Management   27

Vorwort   31

Einführung   33

Erster Teil
Methodische Grundlagen   37

1
Wandel, ein komplexer und paradoxer Prozess   39
Wandel und Beständigkeit   39
Etwas wahrnehmen heißt, es fixieren   40
Was kann man tun, um sich auf den Wandel vorzubereiten?   40
Homöostase und Evolution   41
Anpassung genügt nicht   42
Die beiden Formen des Wandels   42
Der Wandel 1. Ordnung: Homöostase   43

Der Wandel 2. Ordnung: Entwicklung 43
Verändern zu wollen genügt nicht 44

2
Jeder Wandel resultiert aus einem Lernprozess
oder impliziert ihn 47
Die drei Lernniveaus nach Bateson 47
Lernen 0 47
Lernen 1 48
Lernen 2 48
Lernen 3, der Zugang zu tief greifendem Wandel 48
Informelle, formelle und technische Lernprozesse 49

3
Hindernisse des Wandels 53
Zur Bedeutung gewisser Voraussetzungen 53
Immer neue Versuche und Ursachenforschung 54
Komplexe Probleme fordern komplexe Lösungen, Erfolg hat seinen
   Preis etc. 54
Abkapselung und Rigidität von Lernen 2 55
Die Affen und die Banane 56
Der Übergang zu Lernen 3 erfordert geistiges «Loslassen» 56
Es gibt keine unverrückbare und einzige Lösung 57
Die Standardlösungen «aus gesundem Menschenverstand» 58
Die «Patendlösungen» – Weg mit den Ursachen, dann verschwindet
   das Problem! 59
«Immer mehr Information» für «immer weniger
   Kommunikation» 60
Der Einfluss von Utopien und die Illusion von Kontrolle 61
Der Einfluss von Utopien 61
Die Illusion von Kontrolle 62

Zweiter Teil
Wandel entspringt einer neuen Lesart
von Wirklichkeit 65

4
Die Wirklichkeit, ein geistiges Konstrukt 67
Vom Positivismus zum Konstruktivismus 67
Vom Mythos Objektivität zum Prinzip Verantwortung 69
Kognitive Prozesse und Konstruktion der Wirklichkeit 70

5
Grenzen und Filter der Wahrnehmung   73
Wahrnehmung resultiert aus Erinnerungen, Projektionen und
    Erwartungen   74
Die entstellenden Effekte von Theorien   75
Entwicklung der sensorischen Wahrnehmungsschärfe und Zugang
    zum sechsten Sinn   76
Unsere Interpretationen sind Richtschnur unseres Lebens   79

6
Die Umdeutung – wichtigste Etappe
des Wandels   81
Umdeutung des Standpunkts   84
Umdeutung des Sinnes   86
Umdeutung des Verhaltens   86

Dritter Teil
Unsere Denkweisen reformieren –
ein Muss   91

7
Die Grenzen des analytischen Modells und
der disjunktiven Logik   93
Wandel bedeutet vor allem, anders zu denken   93
Das Erbe der disjunktiven Logik   94
Binäres Argumentieren oder Logik des ausgeschlossenen Dritten . . .   95
Die Folgen des binären Denkens   96
Lineare Kausalität, Determinismus und Kulpabilisation   96
Die Umkehreffekte des Vorhersagens bzw. -sehens   97

8
Die Relevanz des systemischen Modells und
der vernetzenden Logik   101
Ein Denken, das vernetzt   101
Vom Dilemma zur objektiven Definition: Ein Wechsel
    der logischen Ebene   103
Zirkuläre Kausalität, Probabilismus und Verantwortlichkeit   104

9
Der systemische Ansatz, ein Schlüssel zur Umsetzung
von Wandel 107
Historische Grundlagen des analytischen Ansatzes 107
Der Systemismus, ein weiteres Paradigma zur Erfassung
menschlicher Systeme 108
Hypothesen mit unterschiedlicher Grundlage 109
Zwei Lesarten des Unbewussten – Von Freud zu Erickson 109
Beschreibungen, Ziele und weniger Erklärungen 111
Die Achtung vor der menschlichen Ökologie 113
Eine unterschiedliche Auswertung von Vergangenheit, Gegenwart
und Zukunft 113
Vom Rationalisieren zum kreativen Denken und zum Staunen 115

Vierter Teil
Wandel entsteht und geschieht
in der Interaktion 117

10
Beziehungführen und die Kunst
der Einflussnahme 119
Interaktion als zirkuläres Phänomen 119
Effektiver Dialog bewirkt Wandel 122
Beeinflussen ist unvermeidlich, Manipulieren dagegen nicht 124
Die Machtspiele: Symmetrie und Komplementarität 126
Die strategische Nutzung der nachgeordneten Position 129

11
Für eine Ethik und eine Ästhetik menschlicher
Beziehungen 131
Den anderen anzuerkennen ist Weisheit, ihn zu kennen
ist Illusion 131
Spiegeleffekt und Echoeffekt 132
Kommunikation als Komposition: zusammen gemeinsame
Entwicklung kreieren 133

12
Die Genauigkeit im Gewinnen und Behandeln
von Information 137
Die drei Ebenen der Informationsgewinnung 137
Die Eigenschaften der Klärung 139
Der Sprachkompass, ein präzises Befragungsinstrument 140
Die Entfaltung der Intuition fördern 145

Fünfter Teil
Die Qualität der Kommunikation,
eine Grundvoraussetzung 147

13
Die Sprache des Wortes, Rohstoff
der Kommunikation 149
Körper und Wort, zwei Formen von Ausdruck und
    Einflussnahme 149
Worte, ein symbolischer Diskurs über das Erleben 151
Simulationen und Prophezeihungen 152
Antriebe und Hemmnisse 154
Die Redeweise umstellen: motivieren statt überzeugen 156
Die Verunreinigungen verbaler Sprache 158
Die Verneinung, Attribut der verbalen Sprache 159
Das Hilfsverb «sein» und die Gefahr des Etikettierens 161
Die sensorische Sprache ist der gelebten Wirklichkeit
    am nächsten 163

14
Die nonverbale Sprache, Mehrwert
der Kommunikation 167
Die Macht des Ungesagten 167
Die nonverbale Sprache vermittelt Gefühl und Sinngehalt 168
Die Beredsamkeit des Schweigens 170
Der Umgang mit dem Nonverbalen in der Beziehung 171
Das Verhalten ist nicht die Person 172

15
Die Fallen der Kommunikation vereiteln 175
Die Doppelbindung: Gefahren und Herausforderungen 175
Die Metakommunikation: Lösung und Falle 178

16
Die guten Eigenschaften indirekter
Kommunikation 181
Die Sprache der zwei Gehirne 181
Die hypnotische Kommunikation nach Milton Erickson 183
Die Sprache der Metaphern 186
Die Effekte von Binsenweisheiten 190

17
Ein ebenso gewitzter wie respektvoller
Taktiker sein 193
Wohlmeinende Ironie, sanfter Humor und Provokation 193
Mäeutik, die sokratische Ironie 197
Der befreiende widerspruchsvolle und doppelsinnige
    Kommunikationsstil 198
Die Scheinalternative 199
In gespannte Erwartung versetzen 201
Die Dissoziation oder Metaposition 202
Die Kunst der Verwirrung 202
Die Methode des «Als-ob» 204
Das Schlimmste ins Auge fassen lassen 205
Zirkuläres Fragen 206
Symptomverschreibung und Ermutigung zum Widerstand 207
Freundliche Sabotage, Symptomübernahme 208
Das Kurzschließen 209
Die Taktik des Vorwegnehmens 210

Sechster Teil
Anwendung beim Problemlösen 213

18
Untersuchen, Klären oder Neudefinieren
der Problemstellung 215
Die vage Problemstellung 216
Ein zu enger Formulierungsrahmen 218
Eine inadäquate logische Ebene 219
Die Interpretation macht das Problem unlösbar 220
Einschränkende Voraussetzungen in der Problemstellung 222
Das Problem als Folge einer einschränkenden Vorhersage 223

19
Bisherige Lösungsversuche explorieren 227

20
Die gewünschte Zukunft projizieren:
vom Wunsch nach Wandel zu dessen Ziel 231
Den Wunsch nach Wandel aufbauen 231
Klären der Ziele 233
Definieren eines objektiven Ziels nach den erforderlichen
   Kriterien 234

21
Ressourcen nutzen, von Widerständen
profitieren 241
Ressourcen aufdecken und mobilisieren 241
Ressourcen verankern 244
Respekt vor der Ökologie 245
Symptomverschreibung und Widerstände 247
Widerstände und Hemmnisse: nützliche Antriebe
   im Verborgenen 251

Siebter Teil
Die Anwendung im Umgang
mit Konflikten 253

22
Die Lösung menschlicher Konflikte 255
Der Konflikt als Ruf nach einem neuen Gleichgewicht 255
Konflikte als Resultat menschlicher Rigidität 256
So macht man einen Konflikt dauerhaft! 257
Konflikte in Verbindung mit Übergriffen 259
Auf Interdependenz setzen 260
Konflikt und Mediation: die Notwendigkeit eines Dritten 262
Innere Konflikte: mit sich selbst verhandeln 264

23
Elegantes und leistungsstarkes Verhandeln 267
Prinzipien eines eleganten und vorteilhaften Verhandelns 267
Eine Haltung des Öffnens und Erkundens 268
Konstruktives und kreatives Vorgehen 269

Eine Logik der Flexibilität und des Stellung-Beziehens 270
Einwände und Widerstände – Sprungbrett für das
Vorankommen 270
Die zentralen Momente des Verhandelns 271
Vorbereiten der Verhandlung 271
Eröffnungsphase und Rahmengebung der Verhandlung 272
Die Logik des anderen erkunden und klären 274
Sammeln der Kriterien und ihrer komplexen Äquivalenzen 274
Die Argumentation 276
Einwände als Ansätze, um voranzukommen 277
Der Abschluss 277

Achter Teil
Change-Management und Coaching –
Hebel mit ähnlicher Wirkung

. . . . 281

24
Es bedarf derselben Qualitäten: Pädagoge und
Mobilisator sein

. . . . 283
Kommunizieren, um zum Handeln zu bringen 284
Menschliche Ressourcen entdecken, um sie zu entwickeln 285
Sähen und gedeihen lassen 286
Zuhören und lernen 286
Harmonisieren, um zu orchestrieren 287
Strategische Flexibilität und Zielgerichtetheit verbinden 288

25
Es geht um Effektivität und um Respekt vor
menschlichen Systemen

. . . . 289
Ausrichten eines Instrumentariums 289
Respekt vor menschlichen Systemen 290
Die häufigsten Versagensgründe 291
Die Bedeutung der ersten Begegnung 292
Eine pragmatische und konstruktive Sicht menschlicher
Probleme 292

Zum Abschluss
Und wenn man unsere Art, Wandel umzusetzen,
wandeln würde?

. . . . 295

Anhang – Die Schule von Palo Alto 299

Literaturverzeichnis 301

Sachwortverzeichnis 305

Personenregister 307

Danksagung

Am tiefsten stehe ich zugegebenermaßen in der Schuld von Paul Watzlawick. Er war vor 15 Jahren der Auslöser für eine neue Betrachtungsweise meines Berufs. Er hat mich bei meiner Promotion unterstützt. Ganz besonders würdigen möchte ich auch Edgar Morin. Seine Werke haben in hervorragender Weise meinen Geist geöffnet und neu geschult. Meine Achtung gilt ferner dem verstorbenen Arzt und Psychiater Jean Godin, Präsident des Milton-Erickson-Instituts in Paris. Er förderte als Erster in Frankreich die Vorgehensweise von Milton Erickson und zog die besten internationalen Hypnosespezialisten sowie die besten Schüler Erickson's an sich. Meine besondere Anerkennung gilt auch Ernest Rossi. Seine Art, Wandel umzusetzen, hat mich tief inspiriert. Im Übrigen gestehe ich an dieser Stelle, dass eine denkwürdige Begegnung mit ihm die Entstehung dieses Werkes sehr erleichtert hat. Dieser herausragende Praktiker hat sehr nützliche und für die Zukunft viel versprechende Untersuchungen über die *Psychobiologie der Heilung* durchgeführt (s. Literaturverzeichnis). Schließlich war es auch Franck Farrelly, der einen Teil meines Selbst zu Tage förderte, welcher sich in meinem Beruf nicht hinreichend zu manifestieren wagte. Dieser amerikanische Psychiater, Virtuose der Provokation, aber stets voller Respekt vor dem Anderen, beherrscht wahrhaft die Kunst, Humor zu nutzen und als Motto voranzustellen, um Wandel hervorzurufen. Zuletzt und vor allem danke ich allen, denen ich während eines Coachings oder bei einem Seminar begegnete. Ihre Fragen, Ideen, Einwände, ihre Reaktionen sind für mich ein steter Quell der Entwicklung, der Inspiration und des Hinterfragens. Ich komme nicht um ein Augenzwinkern gegenüber den ForscherInnen in den «exakten Wissenschaften» und den IngenieurInnen umhin, deren kritischer Geist, Wissensdurst und Strenge mir Gelegenheit geben, meiner Pädagogik neue Perspektiven anzufügen und aus ihren wissenschaftlichen Disziplinen, wenn ich sie verstehe, besonders bereichernde und kreative Beiträge zu schöpfen. Mein Dank gilt schließlich auch François, meinem Mann, der mich bei der Entwicklung dieses Buches unterstützt hat. Seine Kritik und seine Anregungen führten stets zu leidenschaftlichen Momenten zwischen uns.

Geleitwort zur dritten Auflage

Sagen die Schwierigkeiten von Managern weniger über die Menschen als über ihre jeweils veraltete Logik?

Die neuen Formen des Managements und das berechtigte Bemühen um Leistung führen tendenziell zu Katalogen von Methoden, Techniken, ja sogar Rezepten, die man «nur» anzuwenden braucht, um Ergebnisse zu sichern. Wie anderswo folgt auch in den Unternehmen eine Modeerscheinung der anderen; die Consulting-Firmen greifen sie auf und reagieren, wenn sie sie nicht sogar selbst hervorbringen. Entsprechend wächst unter den Entscheidungsträgern die Skepsis, auch wenn sie sich noch durch die «neuesten Wundermethoden oder -werkzeuge» verführen lassen. Was dringend in Frage gestellt werden muss, sind weniger die Menschen als die Prämissen und Denkweisen, auf die sie sich stützen und aus denen sich die Managementmethoden und -regelwerke herleiten, die nur wenig zum Mehrwert beitragen. Um es mit einem Leitsatz von Michel Crozier zu sagen: «Es ist die Intelligenz, die sich in der Krise befindet, denn sie ist in inadäquaten Denkweisen erstarrt.» Wie sollte man auch mit der Komplexität des Managements plötzlich auftretender Nebenprojekte oder des Change-Management umgehen, wenn man im Denken und Interagieren noch immer einer kartesianischen und linearen Logik folgt?

Im Grunde genommen fehlt es an einer geeigneten epistemologischen Erneuerung, um die Komplexität einer vernetzten Organisation zu managen, um die multidisziplinären Teams aus verschiedenen Kulturen in Einklang zu bringen, um mit menschlichen und in der Interaktion liegenden Problemen zurechtzukommen. Denn die westliche Kultur hat unsere Vorliebe für kausale Erklärungen und lineare Gedankengänge entstehen lassen, die in der Komplexität von Situationen heutzutage an ihre Grenzen stoßen. Wenn man man also heute immer wieder auf ähnliche, wiederkehrende Probleme und starke Widerstände stößt, wäre es da nicht klüger, endlich einmal über die Sachdienlichkeit unserer Denkmodelle zu reflektieren? Diese laufen nur allzu oft auf Lösungen hinaus, bei denen die Probleme erhalten bleiben oder – schlimmer noch – verstärkt werden, wenn nicht gar neue Probleme geschaffen werden. Wie Edgar Morin mehrfach formuliert hat, brauchen wir eine Reform des Denkens, um uns den notwendigen Veränderungen zu stellen, und zwar nicht nur in der Welt der Unternehmen, sondern auch in der Welt der Politik sowie in der persönlichen und familiären Sphäre jedes Einzelnen.

Der in diesem Buch vorgeschlagene Managementansatz geht weit über Modeerscheinungen hinaus, denn er verbindet konstruktivistische und systemische Logik mit einer Ethik des Verständnisses für das Menschliche. Er repräsentiert eine Modellierung des Change-Managements auf der Grundlage einer völlig anderen Epistemologie. Er soll Managern ermöglichen, ihren Weg leichter zu finden, um mit der Komplexität menschlicher und interaktioneller Belange auf angenehmere Weise und effizienter zurechtzukommen. Der Managementansatz erneuert radikal die Grundlagen der Denkmodelle, von denen aus wir gewöhnlich denken, handeln und interagieren. Sein stetes Bestreben liegt im Zurücktreten und Abstandnehmen und in konkreter Aktion, allerdings in der Vorstellung, mit minimalem Aufwand beste Ergebnisse zu erzielen. Erfolg richtet sich nämlich nicht so sehr nach dem Ausmaß der Bemühungen, sondern vielmehr nach deren Sachdienlichkeit. Das Zurücktreten und Abstandnehmen, bevor man entscheidet und handelt, bedeutet, sich zu fragen: Welchen Mehrwert bringt das, was ich gerade denke, tue oder sage?

Alle Manager, die sich in diesem Ansatz schulen, erklären erleichtert: «Es ist eine geistige Revolution, aber wir alle brauchen sie wirklich.» Gleichwohl erkennen sie an, dass sie intuitiv eben dies tun, wenn sie mit ihren Ergebnissen zufrieden sind.

Der Beitrag des Konstruktivismus begünstigt heilsames Abstandnehmen

In diesem Geleitwort möchte ich näher beleuchten, wie wenig unsere Vorstellung des Wirklichen auf Fakten beruht und bis zu welchem Punkt das, was wir als «wirklich» bezeichnen, das Ergebnis von Konventionen ist, die wir selbst aufstellen oder die unsere Gemeinschaft, unsere Kultur, unser soziales oder familiäres Milieu mit sich bringt. In diesem radikalen Sinne ist, was wir die Wirklichkeit nennen, lediglich eine Übereinkunft zwischen Menschen, wie die Sprache, die wir verwenden, um sie zu erfassen. Schon Epiktet sagte: «Nicht die Dinge selbst beunruhigen uns, es ist die Sichtweise, die sie uns vermitteln.» Und diese Sichtweisen sind von interpersoneller Essenz, diktiert vom Zeitgeist, ja von den Medien. Wie in der Politik beginnt sich unabhängig vom jeweiligen Lager auch in den Unternehmen eine Art Einheitsdenken einzunisten.

Gleichwohl wissen wir, dass wir zu der wahren, absoluten Wirklichkeit keinen Zugang haben und dass wir mit Interpretationen oder Bildern der Wirklichkeit leben, denen wir naiverweise eine objektive Wirklichkeit zuordnen. Bestenfalls könnten wir die physischen Eigenschaften dessen, was wir wahrnehmen, als «Wirklichkeit 1. Ordnung» bezeichnen, konstruieren jedoch, von der ersten Wirklichkeit ausgehend, sofort eine andere, eine «Wirklichkeit 2. Ordnung», geschaffen aus der Bedeutung und dem Wert, die wir Dingen und Verhaltensweisen zuordnen.

So bilden beispielsweise die physischen Eigenschaften des Goldes das, was wir als seine Wirklichkeit 1. Ordnung bezeichnen, während der Wert, den wir ihm beimessen, eine Wirklichkeit 2. Ordnung darstellt. Dieser Wert, welcher von uns festgelegt wird, hat nämlich nichts mit den physischen Eigenschaften dieses Metalls zu tun, sondern hängt ab von Angebot und Nachfrage, von Börsenmärkten und Wirtschaftspolitik. All diesen Faktoren ist eines gemein: Sie sind menschliche Konstrukte und spiegeln keine von uns unabhängig existierenden Wahrheiten wider.

Nehmen wir ein weiteres Beispiel, diesmal auf einer menschlichen Ebene, der Homosexualität. Im antiken Griechenland galt sie als eine besonders sublime Form der Liebe, später dann als Devianz und krankhafter Zustand, um schließlich als eine mögliche Alternative von Sexualität angesehen zu werden.

Wir konstruieren – genau gesagt: erfinden – unsere persönlichen, kulturellen und ideologischen Wirklichkeiten, während wir meinen, sie in der wirklichen Welt zu finden. Daher erklären die Konstruktivisten, man müsse eine Vorstellung, sobald ihre Auswirkungen schädlich seien, ersetzen, sie neu angleichen, um ihrem verhängnisvollen Wesen ein Ende zu setzen. Wir befinden uns demnach nicht mehr im Bereich der Adaptation, sondern im Bereich wahren Wandels oder echter Entwicklung, die aus einer Neukonstruktion der Wirklichkeit resultiert. Diese verändert nicht die faktischen Gegebenheiten, sondern die Interpretation, die man ihnen gibt, um zufriedener und ergebnisreicher zu handeln. Dieser intellektuell offensichtliche Ansatz bewirkt eine tief greifende Veränderung, indem er dazu beiträgt, das Feld der Möglichkeiten zu erweitern, und eben dies ist das Ziel. Er fordert von uns vor allem Kreativität, aber auch geistige Disziplin, d. h. sorgfältiges Auswählen sowie Antizipieren der möglichen Auswirkungen unserer Vorstellungen, denn sie alle haben – mehr als wir denken – die Funktion sich selbst erfüllender Prophezeihungen.

Der systemische Ansatz, ein sachbezogenes Vorgehen zur Freisetzung des Wandels

Die Psychologie, welche bis jetzt das Humanmanagement beeinflusst hat, stützt sich ebenso wie andere Disziplinen auf die Epistemologie und die wissenschaftliche Auffassung, die zur Zeit der Entstehung dieses Gebietes vorherrschten, und zwar vor allem auf das lineare Kausaldenken und auf die Logik des ausgeschlossenen Dritten. Ja, sie klammert sich gar noch an Paradigmen, die überall von anderen Disziplinen, vor allem von der Quantenphysik, hinterfragt werden. Der klassischen Psychologie zufolge wird das Individuum bestimmt durch Veranlagung und lineare Kausalität. Die Natur hat uns demnach gewisse Merkmale aufgeprägt, die sich im Laufe unseres Lebens manifestieren und zum Ausdruck kommen, und unsere Erziehung determiniert uns sehr: «Alles entscheidet sich in der Kindheit». Problematisch ist, dass die Hypothese dieser Prädispositionen oder Prognosen sehr leicht zu einer Vorhersage wird, die sich selbsttätig verifiziert! Dagegen liegt eine der wesentlichen Eigenschaften offener, in permanenter Interaktion mit ihrer Umgebung befindlicher Systeme eben gerade in ihrer «Äquifinalität». Äquifinalität bedeutet, dass sehr unterschiedliche Ausgangsbedingungen zu identischen Endzuständen führen und identische Ausgangszustände in sehr unterschiedliche Endzustände münden können. Und durch eben dies wird eine ganze Reihe vergleichender psychologischer Studien, Evaluationsraster und Interpretationen in Frage gestellt!

Zwei Beispiele zur Veranschaulichung

Der Mensch tendiert dazu, «stets mehr vom Selben zu tun», auch wenn dies nicht zu den erwarteten Ergebnissen führt. Die klassische Psychologie stellt also die pathologische Diagnose «Wiederholungszwang» oder «neurotisches Szenario». Ich würde es viel einfacher formulieren und sagen, dass ein Mensch oder ein menschliches System auf eine Situation gar nicht anders als in der selben Weise reagieren kann, solange er bzw. es nicht gelernt hat, sie auf andere Weise zu sehen oder zu interpretieren. Und dies wiederum ist eine ganz andere Art der Problemstellung und vor allem der Problemlösung.

Es geht nicht darum, das Interesse am Analysieren und Verstehen menschlicher Verhaltensweisen zu leugnen, sondern mit den Paradoxalisten von Palo Alto einzugestehen, dass man auch darauf verzichten kann; diese Vorbedingung ist weder unerlässlich noch reicht sie aus, um einen Wandel zu bewirken. Würde uns die Einsicht in die Gründe, aus denen wir wütend werden, daran hindern, der Wut zu erliegen? Aus wissenschaftlicher Vorsicht und Bescheidenheit wendet sich die Schule von Palo Alto gegen die Illusion, das Individuum oder die menschlichen Innensysteme abhängig von Erklärungs- und Interpretationsrastern erfassen zu können.

Wer hat nicht schon sagen hören: «Jede Veränderung ruft notwendigerweise Widerstände hervor»? Wie jede Vorhersage ist auch diese natürlich eine sich selbst Erfüllende! Ich erwidere darauf: «Ja, wenn die angewandte Vorgehensweise die Ökologie des durch den Wandel betroffenen Systems nicht berücksichtigt hat, sind Widerstände wahrscheinlich.» Die klassische Psychologie würde indes eher sagen: «Das ist normal, jedes System, das sich verändern muss, schützt sich, indem es mit Widerständen reagiert» oder gar: «Dieses System will sich nicht entwickeln oder fürchtet sich davor, und selbst wenn es leidet, bringt ihm dies einen Sekundärgewinn». Was kann ein Manager, dessen Mission im Verändern der Dinge besteht, angesichts einer solchen Diagnose tun? Ich sehe mindestens drei Lösungswege:

1) Der erste Weg besteht darin, mit ihm die Lösungen zu untersuchen, mittels derer er den Wandel herbeizuführen versucht hat. Es geht darum, ihn eher detailliert beschreiben zu lassen, was er bereits unternommen hat, um die Schwierigkeiten, denen er begegnet, anzugehen, als ihn die Schwierigkeiten selbst darstellen zu lassen. Warum konzentriert man sich auf bewährte Lösungen? Einerseits ist es die aussagekräftigste und vertrauenswürdigste Weise, um die Vorstellung des Betreffenden von seiner Mission, seine diesbezüglichen Mutmaßungen und Interpretationen kennen zu lernen, andererseits ist es das sicherste Mittel, ihn am Reproduzieren von Lösungen und Verhaltensweisen zu hindern, die das Problem weiter nähren.

Danach ist es möglich, ihm andere Hypothesen, erhellende Einsichten oder Interpretationen nahe zu bringen, um ihn von der Vorstellung zu befreien, die seine Möglichkeiten eingeschränkt hat. Ändert sich die Vorstellung, tauchen natürlich auch neue Lösungen für sein Problem auf. Allerdings wäre diese Person außer Stande, diese in ihrer früheren Vorstellung zu finden. Indem man anders denkt, handelt man anders.

Wir streben kleine Veränderungen auf der Ebene der Vorstellungen an; sie sind es, die schöne, dauerhafte und tief greifende Entwicklungen hervorbringen. Natürlich kann es, solange der Betreffende in der von ihm konstruierten Interpretation verharrt, zu keinerlei Verhaltensänderung oder Strategiewechsel kommen, da jede neue Verhaltensweise oder eine ganz andere Strategie, die man ihm empfiehlt, dieser Person nicht nur unnatürlich, sondern sogar sinnlos und unlogisch erschiene. Ein neues Verhalten, eine neue Strategie können nur durch die kreative Wirkung einer neuen Wirklichkeit entstehen, die angeboten und zugelassen wurde.

2) Die zweite Option kann darin bestehen, die Qualität des Ziels der Veränderung zu verifizieren: Entspricht es den erforderlichen Kriterien, und vor allem, berücksichtigt es die Ökologie des Systems, d. h. dessen dyna-

misches Gleichgewicht, um realisierbar zu sein? Sollte dem nicht so sein, muss es neu definiert werden, oder man muss ein operationaleres Ziel aushandeln. «Wer seinen Weg kennt, hat stets guten Wind.» Die meisten Akteure von Unternehmen beschweren sich über das Fehlen von Visionen seitens ihrer Vorgesetzten, klagen über die Unschärfe oder Irrealität ihrer Zielvorgaben und prangern das Fehlen einer Hierarchisierung von Prioritäten an. Oft heißt es: «Hier hetzt man umher, hat aber nicht das Gefühl, voranzukommen, man sieht den Wald vor lauter Bäumen nicht.» Der Mensch neigt oft dazu, allzu viel von den anderen und nicht genug von sich selbst zu erwarten. Dies ist auch der Grund dafür, dass man vor allem Schuldige und nur wenige Verantwortliche, d. h. Menschen sieht, die sich – jeder in seinem Kontext – einbringen, um ihren Beitrag zur Lösung der von ihnen angesprochenen Probleme zu leisten.

3) Der dritte Hinweis für diesen Manager bestünde darin, ihn auf die nützliche Funktion von Widerständen, auf die er stößt, hinzuweisen und ihm zu zeigen, wie er sie unter Einsatz dieser nützlichen Funktion als Motor eines Wandels einsetzen kann. In den folgenden Kapiteln finden Sie bei Ihrer Lektüre nach Belieben alle nützlichen Details, um diesen Ansatz in sich aufzunehmen.

Über die Logik des ausgeschlossenen Dritten und die lineare Kausalität hinauswachsen

Enthält unser Modell der modernen Zivilisation nicht auch seinen Teil an Barbarei? Kommt es mit fortschreitendem Wissen nicht auch zur Ausweitung des Bereichs von Ignoranz und Geheimnissen? Verbergen unsere Kräfte nicht unsere Schwächen und umgekehrt? Verbergen unsere Mängel nicht auch Ressourcen und Kompetenzen? Die Mängel sind meist der Schatten dessen, was am Menschen das Beste und Strahlendste ist, und die Elimination des einen würde auch die Elimination des anderen bedeuten. Excellence im Management, in der Pädagogik oder im Coaching besteht darin, die in den menschlichen Schwächen, in den aus Irrtümern gezogenen Lehren und in den Talenten eines Makels liegenden Kräfte zu enthüllen, um deren Ressourcen zu nutzen.

Der Mensch ist komplex, widersprüchlich, unberechenbar und lässt sich nicht auf die Logik des ausgeschlossenen Dritten reduzieren. Jeder ist zugleich von Schäbigkeit und Größe, von Dummheit und Weisheit, von Mitgefühl und Bösartigkeit erfüllt und verfügt also über zahllose Potenzialitäten.

Die herrschende Kultur der Ingenieure und Technokraten mit ihren Schlagworten Rationalismus, Kartesianismus, Objektivität muss daher erweitert werden, damit sie die gegenwärtigen menschlichen und sozialen Probleme besser verstehen können. Das lineare und binäre Denken ist eine schreckliche Vereinfachung der Wirklichkeit menschlicher Systeme insofern, als sie sie mystifiziert. In den menschlichen Systemen rufen dieselben Ursachen nicht notwendigerweise auch dieselben Effekte hervor, und unterschiedliche Ursachen können identische Auswirkungen haben. Überdies sind diese Ursachen unmöglich zu identifizieren und zu registrieren, da zwischen ihnen komplexe Interdependenzen bestehen, die ein genaues Entschlüsseln von Ursachen und Wirkungen unmöglich machen.

Diese Entwicklung des analytischen und disjunktiven Ansatzes in Richtung eines Ansatzes der Interaktionen hat neue und fruchtbare Perspektiven für die Intervention bei menschlichen und relationalen Problemen eröffnet. Gewiss lässt sich kaum bezweifeln, dass ein Verhalten in der Gegenwart durch frühere Erfahrungen bestimmt wird, aber die Essenz einer Beziehung ist mehr und etwas anderes als die Summe der Einstellungen, Glaubenssätze und früheren Erfahrungen, die ein jeder der Partner in diese Beziehung einbringt.

Eine Beziehung ist an und für sich ein sehr komplexes Phänomen, dessen charakteristische Merkmale sich nicht an dem einen oder dem anderen Partner festmachen lassen. Und dennoch wird die Schuld bei einem Beziehungskonflikt sofort in der mangelnden Bereitschaft des Partners oder der Ungehörigkeit seines Verhaltens gesehen. Es ist leicht zu verstehen, dass beide Partner eine einseitige Sicht des Konflikts haben, und das ist unvermeidlich, solange man das menschliche Verhalten in monadischer, linearer und nichtsystemischer Weise betrachtet. Jede Interaktion bringt etwas anderes mit sich als die Summe dessen, was jeder Protagonist dazu beiträgt.

Nehmen wir ein paar analoge Phänomene: Wasser ist etwas anderes als die Summe der Eigenschaften von Wasserstoff und Sauerstoff, man spricht demnach von emergenter Qualität. Ebenso wenig resultiert in der Ökonomie das wirtschaftliche Verhalten sozialer Gruppen aus der einfachen Addition individueller Verhaltensweisen.

In diesem Zusammenhang sei an die scheinbaren Veränderungen in Unternehmen, die letztlich aufs Gleiche hinauslaufen, und an die Umkehreffekte erinnert, die sie haben können, wenn sie dazu dienen, Personen zu diagnostizieren statt bei den Interaktionen zu intervenieren. Die Bewertung eines Kollegen (N +1 oder N −1) enthüllt den Beschreibenden und Evaluierenden ebenso wie den Bewerteten, man könnte sogar sagen, dass die Bewertung viel mehr die «Sichtweise» dessen aufdeckt, der sie abgibt, als die Persönlichkeit dessen, der bewertet wird (auch der Bewerter muss Rechenschaft ablegen über sich selbst, aber auch über seine Bewertung, warum er so bewertet, wie er es tut). Diese leidige Praxis in dem Sinne, diesen oder jenen Etiketten anzuheften, trägt dazu bei, Vorstellungen zu verankern, aus denen sich notwendigerweise Interaktionen ergeben, die eben diese Interaktionen verstärken. Ist diese Methode nun die beste, um die Entwicklung des Einzelnen und von Beziehungen im Allgemeinen zu fördern?

Ethik, die emergente Qualität dieses Managementansatzes

Die Unternehmen müssen nicht nur materielle Antworten geben, sie müssen auch immateriell auf die Bedürfnisse nach Anerkennung und Entfaltung ihres Personals, ihrer Geschäftspartner, ihrer Lieferanten und ihrer Kunden reagieren. Der Ansatz, den wir in diesem Buch darlegen, trägt dazu bei, eine ethische Dimension in das Verständnis und den Umgang mit der Beziehung zu sich selbst, zu seinen Mitmenschen und der Welt hineinzutragen. Die Ethik ist vor allem eine Logik des Handelns, die Pragmatismus, Verantwortlichkeit und moralische Überlegungen miteinander vereint. Sie muss die Menschen schonen und gleichzeitig ihre Leistung und ihre Zufriedenheit im Auge haben. Es geht hier nicht wie bei einer Moral darum, Gut und Böse absolut, ohne einen Kontext zu definieren, sondern die Konsequenzen von Sichtweisen und Entscheidungen zu bedenken, vor allem, wenn sie das Gleichgewicht, die Integrität und die Würde menschlicher Systeme zu schädigen drohen.

Mit Ethik zu managen bedeutet in der Tat und vor allem, die Ökologie menschlicher Systeme zu respektieren. Und managen in dem Bestreben um Respekt vor der Ökologie bedeutet, sich selbst und anderen gegenüber als Stratege zu handeln. Es bedeutet, sich dessen bewusst zu sein, dass unser gesamtes Handeln in eine Dynamik von Interaktionen und Rückwirkungen einfließt und eine der angestrebten diametral entgegengesetzte Wirkung haben kann.

Was von den Menschen, ihren Gedanken, Emotionen, Empfindungen und Verhaltensweisen ausgeht, lässt sich nicht durch Kampf beseitigen, aber es wandelt sich, wenn man von deren nützlicher Funktion profitiert. Was nützt es, auf Kampf ständig mit Kampf zu reagieren? Es läuft darauf hinaus, ihn zu schüren und viel Zeit und Energie für nichts zu verlieren. Einem alten chinesischen Sprichwort zufolge bedeutet es, «Holz aufzulegen, um das Feuer zu löschen». Und so darf in der Tat nichts, was beim Menschen geschieht, erniedrigt, entwertet, bekämpft, zurückgewiesen, verleugnet werden, wenn man es loswerden möchte. Es geht darum, regelrechte Entdecker verborgener Ressourcen zu werden und daraus Mehrwert zu ziehen, statt die Dinge in Gut und Böse zu unterteilen in dem vergeblichen Versuch, sie auszuschließen.

Ein neuer Weg für ein eleganteres und leistungsstärkeres Management

Ganz bewusst verwende ich das Wort «Weg», und zwar in dem Sinne, in welchem ihn die Philosophie des Zen anwendet, das heißt im Sinne von «Pfad», aber auch von «Gangart» sowie von «zu erreichendes Ziel».

Das grundlegende Kriterium der Validierung eines theoretischen Modells liegt weder im Aufbau noch in der Tiefe seiner Analysen, sondern in seinem heuristischen Wert, in seiner Fähigkeit, eine an ihrer Wirksamkeit gemessene Intervention zu erlauben, sowie in der Qualität der erzielten Ergebnisse.

Der systemische Ansatz repräsentiert in gewisser Weise die konkrete Anwendung des «Prinzips der Vorsorge» auf das Management. Was man beispielsweise bei den anderen tendenziell als psychopathologische Aspekte wahrnimmt, sähen wir eher als zu nutzende Talente oder einfach nur als einschränkende geistige Mechanismen, deren Neuordnung man sich widmen würde, um neue Handlungsmöglichkeiten zu generieren.

Im übertragenen Sinne würde ich sagen: Wenn wir gegen eine verschlossene Tür laufen, muss uns nicht so sehr das Schloss selbst, seine Bauart, sein Mechanismus interessieren, sondern vielmehr das Mittel, um den Schlüssel zu finden, der sie öffnet. Dieser liegt in unserem Fall auf der Ebene der Vorstellungen und der jeweiligen Logik des Denkens.

Folgendes Herangehen schlagen wir in dieser Neuauflage vor:

- Der erste Teil geht von der Problematik des Wandels aus. Worin ist er komplex und paradox? Was bewirkt, dass eine inadäquate Steuerung des Wandels oft zum Gegenteil des angestrebten Ziels, zu Blockaden und sogar zu einer Verstärkung von Problemen führt?
- Im zweiten Teil werden die konstruktivistischen Grundlagen der Steuerung von Wandel gelegt. Nur zu oft leben wir in der gefährlichen Illusion, wir handelten auf der Grundlage einer realen Wirklichkeit und es gebe nur eine einzige Lesart der Wirklichkeit. Es ist die Enge unserer Sichtweisen, die unsere Entwicklungsmöglichkeiten einschränken und unser Leben kleinkariert machen. Sie sind es auch, die unsere Blockaden aufrechterhalten, wenn wir in unseren Problemen gefangen und eingeschlossen sind. Es geht also darum, neue Blickwinkel auszuprobieren, um die Perspektive zu wechseln: Die Umdeutung ist dabei einer der subtilsten Wege. Denn nichts ist jemals wirklich ausgespielt, alles kann bei Bedarf neu durchgegangen werden. Und eben dort liegt der wahre Freiraum und Verantwortungsbereich des Menschen.
- Im dritten Teil werden unsere gewohnten Denklogiken – der Determinismus des linearen Denkens und der Dualismus des binären Denkens –

in Frage gestellt, um den Wandel vorzunehmen. Dieser Teil ist demnach der Implementierung einer anderen Logik gewidmet, nämlich dem systemischen Ansatz. Er zeigt, inwiefern dieser einen Schlüssel für einen tief greifenden Wandel darstellt, weil er die Komplexität und Ökologie des betroffenen menschlichen Systems respektiert.

- In vierten Teil liegt der Schwerpunkt auf der wirksamen Führung von Interaktion. Die Entwicklung von Menschen und Organisationen ist nicht ohne eine Ethik, eine Harmonisierung komplexer Interaktionen, ohne Respekt vor Werten und vor dem kulturellen Umfeld zu erreichen. Diese Einstellung ist von eminenter Wichtigkeit, wenn man Umkehreffekte, Blockaden oder gar Rückschritte vermeiden will. Die Ethik und Ästhetik einflussreicher Strategien sind weder leere Worte noch fromme Wünsche, sondern resultieren aus der Sorgfalt, die der Qualität der Beziehung gewidmet wird, und aus der Genauigkeit, mit der man dem Anderen zuhört. Der Wandel geschieht und entwickelt sich in der Interaktion. Es handelt sich also darum, anders interagieren zu lernen. Das Kräfteverhältnis ist der Feind des Wandels; allein Kooperation und Verhandeln begünstigen und mobilisieren die Ressourcen des Wandels.

- Der fünfte Teil ist den Formen der Einflussnahme gewidmet, über die wir verfügen – verbale Sprache, nonverbale Sprache, aber auch die Tugenden der indirekten Kommunikation – um einen Wandel herbeizuführen. Wir beschreiben darin Interventionstaktiken, die ebenso raffiniert wie respektvoll sind und einen Wandel begünstigen und bewirken können. Das Problem liegt weniger darin, den oder die anderen davon zu überzeugen, sich zu verändern, als vielmehr das Verlangen nach einem Wandel zu wecken und die zweckdienlichen Ressourcen zu mobilisieren. Kombinationen, um dies zu erreichen, gibt es unendlich viele, da sie allesamt aus Interaktionen hervorgehen, die von den Protagonisten selbst produziert werden. Wesentliche Voraussetzung ist natürlich eine solide Ausbildung in Kommunikation auf der Grundlage einer rigorosen Methodologie des Beobachtens, Zuhörens und Intervenierens. Die Ressourcen für einen Wandel finden sich nirgendwo anders als in dem davon betroffenen System.

- Im sechsten Teil werden detailliert der Weg und die entscheidenden Etappen rekapituliert, welche überwunden werden müssen, um den systemischen Ansatz zur Lösung von Problemen nachhaltig anzuwenden. Dieser definiert, wie die Teilnehmer meiner Seminare sagen, ein neues Geistestraining, das dank einer systematischen Ausbildung zu einem regelrechten geistigen Reflex werden kann.

- Der siebte Teil handelt von der Lösung von Konflikten und vom Verhandeln unter steter Anwendung der Logik des systemischen und konstruktivistischen Ansatzes.

- Der achte Teil schließlich zeigt, inwieweit die Durchführung des Wandels, das Coaching oder die strategische Therapie nicht nur aus demselben Ansatz und derselben Geisteshaltung herrühren, sondern sich über der Ähnlichkeit zu behandelnder Situationen und über den erforderlichen zu entwickelnden Qualitäten – Pädagoge und Mobilisator sein – auch wieder vereinen.

- Meine Schlussfolgerung ist als Augenzwinkern an die Welt der Politik gerichtet und soll außerdem die Debatte auf eine viel breitere Basis stellen.

Klar ist, dass sich das Problem des Wandels und dessen Beherrschung in den kommenden Jahren weiter verschärfen wird. Allerdings ist Wandel nicht improvisierbar, er zwingt einen, sich darauf vorzubereiten.

Es gibt in unserem Land viel zu viele Menschen zum Analysieren und Erklären der Probleme und nicht genügend, um bei ihrer Lösung zu helfen. Ich hoffe, dass dieses Buch dazu beiträgt, die Rollen neu zu verteilen.

Vorwort

Es ist mir ein Vergnügen, für dieses neue Buch über den Wandel das Vorwort zu verfassen. Es erscheint in Frankreich und ist durchdrungen von Ansätzen, die am Mental Research Institute initiiert wurden und an seinem Zentrum für Kurztherapien in Palo Alto praktiziert werden. Françoise Kourilsky nähert sich dem Thema des Verlangens nach Wandel und des Vergnügens daran über ihre Tätigkeit als Coach und Beraterin durch Synthese zahlreicher Grundlagen und Theorien. Sie schöpft aus den Erickson'schen und den systemischen Konzepten und aus meinen Werken zu diesem Thema ebenso wie aus den provokativen Therapien von Frank Farrelly oder den Modellen von John Grinder und Richard Bandler... Mir begegnen in diesem Buch eine Geisteshaltung, ein Bestreben zu lehren und eine praktische Erfahrung, die mir wohl bekannt sind.

Dieses sehr reichhaltige Werk ist durchdrungen von der grundlegenden Geisteshaltung dieses psychotherapeutischen Aufbruchs, der mich stets inspiriert hat. Sie besteht in intensivem Zuhören, in Beobachtungen und in einer Haltung als Erforscher von Komplexität. Sie besteht auch in Respekt und vor allem im Vertrauen in die Person, in der Achtsamkeit, deren Ressourcen zu entdecken sowie in dem Entschluss, die schöpferische Interpretation von Problemen zu finden und Lösungswege frei zu machen. Um diese kostbaren Ressourcen herauszuarbeiten, kommen nach Bedarf die Kreativität, die List, der Humor, das Vergnügen, das Paradoxe, das Absurde, die Provokation zum Einsatz. Die Intensität des Zuhörens, diese wiedergewonnene Kunst des Befragens und des Dialogs, sowie die Umdeutung unterstützen diese komplexe Entwicklung eines Wandels, der für den Betreffenden zunächst über eine Rekonstruktion seiner Wirklichkeit, einen Wandel seiner Weltanschauung verläuft.

Der pädagogische Wille und die Botschaft der Lehrenden durchdringen das gesamte Buch. Françoise Kourilsky, die viele Ingenieure und Wissenschaftler unterrichtet und ausbildet, ist mit ihrem kritischen und rationalen Geist gut auf das Verhandeln trainiert. Der Wille, festgelegte Vorgehensweisen zu erklären und zurückzuweisen, bewegt dieses Werk wie ein Leitfaden auf die Struktur einer Methode zu – einer einfachen, aber so enorm feinfühligen Methode in der fantastischen Komplexität menschlicher Interaktionen.

Was mir an dem Buch von Françoise Kourilsky weiterhin gefallen hat, ist dieses Fehlen von Grenzen zwischen der Welt der Unternehmen und dem Alltag, das sich aus ihrem Leben als Beraterin und Therapeutin ergibt. Schon in meinen eigenen Werken habe ich die strukturellen Parallelen und die stukturelle Übereinstimmung von Problemen beim Individuum und in Unternehmen hervorgehoben. Außerhalb jeglicher klinischen Vorstellung finden sich dieselben Probleme, die das Individuum nicht ohne Unterstützung, ohne Dialog zu lösen vermag, auch im Unternehmen, in der Familie und in der Gesellschaft. Oft entdecken wir Ressourcen, welche die Personen aus ihrer beruflichen Sphäre ziehen, derer sie sich jedoch im Privatbereich nicht zu bedienen wissen und umgekehrt. Dieselben Erfindungsweisen von Wirklichkeit, dieselben Interpretationsschemata spiegeln sich sowohl in den Individuen als auch in den Gruppen, die sie bilden, wider. Die Widerstände gegen den Wandel beim Individuum und in den Unternehmen sind von gleicher Natur. Und so lässt Françoise Kourilsky übergangslos sowohl Beispiele aus ihrer Erfahrung als Beraterin von Betrieben wie von Einzelpersonen an uns vorüberziehen.

Dieses Buch über den Wandel richtet sich an Fachleute und all diejenigen, die eine Ausbildung als Coach oder im Management machen oder einer Kurztherapie folgen und bestrebt sind, die Prinzipien und Methoden besser zu verstehen. Letztlich ist dieses Buch für alle lesbar und verständlich, und die dargelegten Prinzipien gelten für zahlreiche zwischenmenschliche Situationen. Es kann daher jedem helfen, mit Ansätzen in Berührung zu kommen, die sich zwar seit etwa dreißig Jahren ausbreiten, für viele aber immer noch neu sind.

Paul Watzlawick

Einführung

Wer hat sich nicht schon irgendwann einmal gewünscht, etwas zu verändern: seine Lebensweise, seine Vergangenheit, seine Gedanken, seine familiären, ehelichen, beruflichen Beziehungen? Und vor allem: Wer hat nicht schon davon geträumt, einen anderen Menschen zum eigenen Vorteil zu ändern? Ein schmaler Steig verbindet und vereint die beiden künstlich voneinander getrennten Welten des Privat- und Berufslebens, in denen sich im Grunde dieselben Formen von Interaktion miteinander verbinden. Mit Freude habe ich festgestellt, dass viele Verantwortliche diese Botschaft durchaus verstanden haben. Bestimmte Führungspersonen kamen gar auf die Idee, Seminare über Elternmanagement vorzuschlagen – eine vernünftige Idee, um indirekt die bestehenden Managementpraktiken anzugehen! Ganz eindeutig haben sie damit ihren Wunsch zu erkennen gegeben, diesen Ansatz sowohl bei ihren Mitarbeitern als auch in ihre Familie zu integrieren. Manche sahen, dass dies im beruflichen Rahmen leichter fiel als in der Familie, bei anderen war es genau umgekehrt. Alles hängt tatsächlich von den Vorstellungen ab, die uns im jeweiligen Kontext beherrschen.

Die Blockaden, welche sich zwischen den Individuen etablieren, sind zweifellos die am weitesten verbreitete und problematischste Form unserer Beziehungen. Probleme dieser Art sind das tägliche Los eines jeden: Lehrer, Verantwortliche, Leitende, Ärzte, Pflegende, Familienväter und -mütter stoßen sich daran trotz ihres Wunsches nach harmonischen Beziehungen zu ihrer Umgebung und trotz ihrer Bereitschaft, die Dinge voranzubringen. Betriebsberater und Coaches sind mehr und mehr gefordert, den Wandel im Hinblick auf eine Verbesserung der menschlichen Beziehungen und ihre Effizienzsteigerung zu fördern. Auch wenn sich Wandel nicht improvisieren lässt, kann man ihn dennoch nicht allein Fachleuten und Managern vorbehalten, da wir alle, Laien und Fachleute, täglich damit konfrontiert sind.

Das Problem sind in der Tat weniger die Situationen als vielmehr die Interpretationen, die wir ihnen verleihen. Wie kann es sein, dass dieselbe Situation für den einen ein Problem darstellt und für den anderen nicht? Wie kann es sein, dass der eine sich in die Situation verwickelt und sie durch schlechte Lösungen perpetuiert, während der andere sie spontan meistert? Es gibt etwas zu lernen, um sich zu perfektionieren, denn jeder kann in seiner speziellen Umgebung dazu beitragen, Veränderungen und eine befriedigendere Verständigung zu fördern. Zugegebenermaßen kommt der Einfallsreichtum des Menschen jedoch bislang eher in technologischen Neuerungen als in seiner Fähigkeit zur Lösung eigener Probleme zum Ausdruck. Die Diskrepanz zwischen der Modernität von Kommunikationstechnologien und dem Archaismus menschlicher und sozialer Beziehungen ist eklatant.

Die in diesem Werk dargelegten, größtenteils aus der Schule von Palo Alto hervorgegangenen Methoden sind im Alltag ebenso fruchtbar wie im Berufsleben. Zweifellos haben die in Forschung und Praxis Tätigen der Schule von Palo Alto eine Öffnung ohnegleichen im Bereich der Umsetzung von Wandel in der Therapie und – indirekt – im Unternehmen bewirkt. Durch ihr Studium der Prozesse von Genese und Fortbestehen menschlicher Probleme und der Art ihrer Lösung haben sie unter Federführung von Paul Watzlawick in oft humoristischer Weise ans Licht gebracht, wie wir es schaffen, unseren Geist zu paralysieren, und welche mentalen und verhaltensbezogenen Gesten uns in Teufelskreisen durch «endlose Spiele» eine Falle stellen. Besonders gut haben sie aufgezeigt, wie Lösungen «nach gesundem Menschenverstand» dort versagen, wo zunächst unlogisch erscheinende Mittel zu radikalem Wandel führen können. All dies impliziert unausgesprochen eine echte Umstellung in unserer häufigsten, der «reinen Lehre» am nächsten kommenden Art und Weise des Herangehens an menschliche Probleme sowie der Betrachtung unserer selbst, daher wurde ihr Ansatz als paradox bezeichnet. Mit ihnen und vor allem mit Paul Watzlawick habe ich gelernt, meine Lesart der Dinge des Alltags zu modifizieren und zu erweitern. Vor dort war es nur ein Schritt, sich Milton Erickson, zweifellos einem der brilliantesten Therapeuten unserer Zeit, anzuschließen. Seine Methoden hatten großen Einfluss auf die forschend und praktisch Tätigen von Palo Alto, deren Offenheit und Geschick für Interdisziplinarität zu begrüßen ist. Mein berufliches Handeln wurde auch bereichert durch gewisse Beiträge des Neurolinguistischen Programmierens, vor allem die Modellierung von Praktiken Erickson's, der bei seinen Klienten erstaunlich rasche, fruchtbare Veränderungen zu bewirken wusste. Grinder und Bandler haben folglich die Schätze an Subtilität durchforstet, die Erickson spontan bei seinen Klienten entfaltete.

Ich bin der festen Überzeugung, dass es nicht wirklich Grenzen gibt, keine Demarkationslinie zwischen persönlicher Entwicklung und der Entwicklung von Organisationen, die dasselbe Phänomen von Widerständen gegen Veränderung zeigen. Der im Rahmen der strategischen Psychotherapie angewandte Ansatz zeigt sehr große Ähnlichkeiten mit dem Management: Sie konzentriert sich auf dieselbe Zweckbestimmtheit, die der Entwicklung und der Effizienz menschlicher Ressourcen. Unabhängig davon, ob unsere Interventionen im Bereich der Ausbildung, des Managements oder des Coaching angesiedelt sind, hängen sie doch allesamt von der Pädagogik ab, da sie darauf abzielen, durch neue geistige und verhaltensbezogene Lernprozesse einen «kreativen Wandel», eine Verwirklichung des menschlichen Potenzials hervorzurufen. Indessen ist der Wandel kein Ziel, sondern ein Mittel. Er ist nur dann von Nutzen, wenn er zu einem optimalen Gelingen, zur größten Zufriedenheit beiträgt und an einer günstigeren Entwicklung Teil hat.

Dieses Handbuch wurde schleifenförmig konzipiert, daher können Sie nach Lust und Laune beliebig darin umherstreifen. Es liefert keine erklärende Theorie der Verhaltensweisen, sondern zeigt verschiedene Strategien und Techniken zur Wahrnehmung der Wirklichkeit, die geeignet sind, eben diese Verhaltensweisen zu modifizieren und einen dauerhaften und fruchtbaren Wandel herbeizuführen. Es soll eine Art Handbuch der Philosophie des Handelns und der Pragmatik der Umsetzung von Wandel darstellen. Für die einen wird es Bestätigung sein, für die anderen eine Initiation und eine Öffnung hin zu neuen Horizonten. Die Pragmatiker werden darin konkrete Handlungsmöglichkeiten finden. Und sollte dieses Werk im Leser das Verlangen wecken, zu lernen, wie man zum Schöpfer von Wandel wird, hat es seine Funktion erfüllt. Indessen ist der Lernprozess des Wandels allein dadurch, dass Wissen stets nur ein wenig mehr das Ausmaß des Unwissens offenbart, niemals zuende....

Erster Teil
Methodische Grundlagen

1 Wandel, ein komplexer und paradoxer Prozess

Wandel und Beständigkeit

Der Wandel ist weder eine neue Idee noch sonderlich in Mode. Blicken wir zurück, so stellen wir fest, dass schon seit dem 6. Jahrhundert vor unserer Zeitrechnung die drei führenden Schulen der griechischen Philosophie, die von Thales und dann die von Heraklit und Parmenides, das Problem von Wandel und Beständigkeit aufgeworfen haben. Die Tatsache, dass wir uns wandeln und dennoch dieselben bleiben, hat zu der fundamentalen Frage geführt: «Welches ist die Substanz, die den Wandel überdauert?» Als Philosoph der Bewegung wies Heraklit im Aufgreifen dieser Frage als Erster den Zusammenhang zwischen Wandel und Beständigkeit nach. Ihm zufolge verdankt die Wirklichkeit ihr Bestehen dieser Auseinandersetzung, denn das Reale ist ein Werden, das aus dem Kampf zwischen diesen beiden Kräften resultiert. Im Übrigen betont er ausdrücklich die unausweichliche Erfahrung des Wandels: «Alles fließt …. Man badet nie zwei Mal im selben Fluss. Kehrt man dorthin zurück, so ist man selbst schon nicht mehr derselbe, aber auch das Wasser von einst ist weit weg: Es ist also ein neuer Fluss, ein anderes Wasser, das wir erleben.» Für seinen Zeitgenossen Parmenides setzt sich die Rationalität gegenüber dem Erleben durch, und die logische Wahrheit ist dem empirischen Wissen überlegen. Wandel impliziert Parmenides zufolge, dass es einen Raum, ein Spiel, eine Leere oder eine Andersartigkeit gibt; er aber sagt: «Im Sein gibt es nichts anderes als das Sein». Da also das Sein zur Gänze gefüllt ist, kann sich darin nichts verändern. Und in der Tat: Ist ein Koffer voll, kann sich darin nichts mehr bewegen! In gewisser Weise war Heraklit der Philosoph der Bewegung und Parmenides der der Beständigkeit. Erst Hegel bewies 2500 Jahre danach die Synthese zwischen diesen beiden Positionen und hob hervor, dass wir den Wandel nur in Relation zu Immobilität denken können.

Die Bewusstwerdung von Wandel kann nur im Verhältnis zur Beständigkeit erfolgen, wobei letztere ebenso schwer wahrzunehmen ist wie ersterer. Zeit und Wandel sind ebenso unsichtbar und unfühlbar wie unausweichlich: So hat die Blüte, welche wir beschreiben, im Bruchteil der folgenden

Sekunde bereits zu welken oder zu blühen begonnen, aber wir vermögen daran im Augenblick unseres Beschreibens nicht teilzuhaben. Zwar ist die Welt in steter Entwicklung begriffen, das Bewusstsein ihrer Entwicklung kann sich indessen nur in «Echtzeit» und nur a posteriori verwirklichen, wenn eine Veränderung «hinreichend» ist, um vom Menschen wahrgenommen zu werden. Es wird immer ein zeitlicher Abstand zwischen der Bewusstwerdung eines Wandels und der Reaktion darauf bestehen.

Etwas wahrnehmen heißt, es fixieren

Etwas wahrzunehmen bedeutet, es zu immobilisieren. Daher fällt uns die Wahrnehmung von Interaktionsprozessen, die in steter Bewegung sind, in Echtzeit so schwer. Ein Organigramm beispielsweise liefert nur ein statisches Bild von Interaktionen in einem Unternehmen, die notwendigerweise dynamisch sind. Es kann nicht lange «wahr» sein, denn während man es erproben könnte, sind bereits andere Prozesse abgelaufen, und das Organigramm ist obsolet. Es handelt sich nur um eine «Momentaufnahme».

Dennoch haben wir alle im Laufe unseres Lebens Veränderungen erlebt: Schulwechsel, Wechsel des Studiengangs, Statusveränderungen, veränderte Verantwortlichkeiten, Berufswechsel, Umzüge, Heirat, Scheidung, Geburt eines Kindes, Trauerfälle … In ihrem «Ereignischarakter» sind uns diese Veränderungen bewusst geworden, aber wir wissen weder wann noch wie es uns gelungen ist, uns zu wandeln, um uns anzupassen. Die Genese des Wandels ist ein Rätsel. In der Welt des Lebendigen kommt es ständig zu Veränderungen und Anpassungen, die uns nicht bewusst sind. Keine Adaptation kann endgültig sein. Berge sind der Erosion ausgesetzt, der Fluss fließt, der Körper altert, Geist und Verhalten entwickeln sich. So wie das Frühjahr den Keim des Sommers in sich trägt, weicht dieser seinerseits dem Herbst und so weiter; all diese Mikroveränderungen geschehen fortlaufend, ohne unser Wissen. So werden wir oft vom plötzlichen Hereinbrechen der Nacht überrascht, auch wenn uns die sich neigende Sonne dies nach und nach angekündigt hatte.

Was kann man tun, um sich auf den Wandel vorzubereiten?

Es scheint, als könnten wir die Richtung unserer Entwicklung besser bestimmen und dabei eine aktive Rolle spielen, indem wir sie antizipieren und imaginieren statt sie anzuzweifeln oder gar erst im Nachhinein zu konstatieren. Nehmen wir einmal das Problem der enormen Entwicklung des Marktes und der Konkurrenz: Innerhalb von rund drei Jahrzehnten ist der Markt von einem nationalen zu einem europäischen geworden und erstreckt sich heute über die ganze Welt. Unternehmen, welche die notwendigen Veränderungen, um dieser Ausweitung der Konkurrenz entgegenzutreten, nicht antizipiert und sich daher nicht darauf vorbereitet hatten, waren oft zum Untergang verurteilt. Der Wandel scheint umso schwieriger umsetzbar, als er im Verhältnis zur Bewusstwerdung neuer Herausforderungen später eintritt.

Die kleinste Veränderung wird immer – ähnlich einer Welle – an anderer Stelle und weiter entfernt Wirkungen haben, etwa so, wie sich das Kräuseln der Wasseroberfläche beim leichtesten Hauch einer Brise über die gesamte Wasseroberfläche ausbreitet. Wir werden sehen, dass am Anfang großer Fortschritte paradoxerweise die kleinen, gut gelenkten Schritte stehen, denn diese vermeiden die Umkehreffekte von Widerständen oder Rückschritte infolge zu großer Sprünge. Eben diese sind verantwortlich für eine ganze Reihe von Umwälzungen in den natürlichen oder kulturellen Ökosystemen. Die durch Diktaturen, Revolutionen und brutale neue Grenzziehungen hervorgerufenen drastischen Rupturen stehen am Anfang vieler sozialer Katastrophen und dramatischer Rückschritte. Schon Heraklit hat diese Umkehrphänomene unter dem Begriff «Enantiodromie» beleuchtet, ein Phänomen, das aus der Transformation von etwas in dessen Gegenteil resultiert, weil die Umformung zu stark ist. Zahlreiche Beispiele zeigen weltweit, in welchem Maße willkürliche Grenzziehungen unter Missachtung der Ökologie der Völker ihrerseits Identitätskrisen hervorrufen und früher oder später bei den missachteten und verstümmelten Völkern Regression und mörderische Gewaltakte bewirken.

Homöostase und Evolution

Jedes lebende System, ob menschlich oder gesellschaftlich, wird regiert von zwei Grundtendenzen, deren eine in Richtung Evolution und deren andere in Richtung Homöostase oder «dynamisches Gleichgewicht» weist; spontan kommt einem hier das Bild des Seiltänzers in den Sinn. Diese dialektische Beziehung zwischen Homöostase und Evolution erzeugt die gesamte Komplexität der Umsetzung von Wandel in den Systemen des Menschen.

Betrachten wir einmal die Entwicklung des Managements in den Unternehmen, so müssen wir zugeben, dass die meisten der erreichten Veränderungen weniger als Umwälzungen oder aus der Evolution des Systems «Unternehmen», sondern vielmehr aus winzigen, routinemäßigen Prozessen der Anpassung resultieren. Diese der Homöostase unterworfenen Prozesse können keine Evolution des Systems bewirken: Sie sind das Ergebnis einer allmählichen Anpassung zu managender Situationen und zu lösender Probleme und sichern damit die Beständigkeit des Systems.

Anpassung genügt nicht

Sich anzupassen genügt demnach heutzutage nicht mehr; man muss lernen, die Zukunft zu planen, um sich darauf vorzubereiten. Und in eben dieser Ausrichtung des Wandels fließen die beiden Vorgehensweisen der strategischen Therapie und des Change-Management zusammen. Die Effizienz des Managers, des Coach wie des Therapeuten beruht auf einer ähnlichen Fähigkeit, nämlich die notwendigen Veränderungen bei den Individuen und in den menschlichen Systemen zu fördern. In einer Gesellschaft, in der sich die Entwicklung beschleunigt und komplizierter wird, muss die Kunst des Vorausplanens der Zukunftsforschung weichen, um auf neue Anforderungen von Individuen zu reagieren. Aber auch wenn sich der Mensch entwickelt, bleiben seine Beziehungen dennoch archaisch. Nur zu oft erzeugen sie Blockaden und Unwohlsein, und reagieren nicht auf das Verlangen nach Anerkennung und Selbstverwirklichung des Einzelnen. Diese Diskrepanz zwischen der Entwicklung des Individuums und der Rigidität seiner Beziehungen zu anderen impliziert Veränderungen der menschlichen Interaktionsweisen, die es – wie wir später sehen werden – notwendig machen, eine Reihe traditioneller Prämissen und Denkschemata aufzugeben. Im beruflichen Bereich wie in der Familie oder bei einem Ehepaar hat die Natur von Autorität ein anderes Gesicht bekommen: Sie beschränkt sich nicht mehr auf das Kommandieren oder Diktieren, sondern läuft darauf hinaus, zu wissen, wie man animiert, mobilisiert, orchestriert. Diese neuen Dimensionen von Autorität und Partizipation erfordern eine neue Wahrnehmung des Anderen, eine andere Art, sich gütlich mit ihm zu einigen, und zwar auf dem Weg über unsere beiderseitige Fähigkeit zur Wertschätzung, zum Gebrauch und Entwickeln unserer jeweiligen menschlichen Ressourcen.

Die beiden Formen des Wandels

Gregory Bateson, der Galionsfigur der Schule von Palo Alto, gebührt der Verdienst, die bestimmenden Elemente für das Verständnis des Wandlungsprozesses eingebracht zu haben. Seine Beiträge – Früchte beispielhafter Interdisziplinarität – haben die Umsetzung einer neuen Pädagogik des Wandels ermöglicht. Bateson unterscheidet in den menschlichen Systemen zwei Formen des Wandels: den Wandel *innerhalb* eines Systems, den er als Wandel 1. Ordnung bezeichnet, und den Wandel, der das *System selbst modifiziert* und betrifft und den er als Wandel 2. Ordnung bezeichnet.

Der Wandel 1. Ordnung: Homöostase

Der Wandel 1. Ordnung gestattet dem System, seine Homöostase, sein Gleichgewicht zu wahren: Die Modifikation findet einfach auf der *Ebene der Elemente* des Systems statt. Die Homöostase eines Systems liegt in dessen Fähigkeit, Autokorrekturphänomene auf die sein Gleichgewicht bedrohenden internen oder externen Elemente auszuüben. Das Bonmot «Je mehr Wandel, desto mehr bleibt alles beim Alten», das in Cafés und Kantinen oft zu hören ist, wenn es um Maßnahmen einer Unternehmensleitung oder der Regierung geht, vermittelt sehr gut, in welchem Maße die vorgenommenen Veränderungen lediglich zu Lösungen auf der ersten Ebene führen: Lösungen, die eben gerade dazu beitragen, Steuerungsmechanismen auszulösen, die als homöostatisch bezeichnet werden, weil sie das System in seinem Zustand halten. In ähnlicher Weise versuchen auch wir, meist unwissentlich, Dinge zu verändern, indem «immer alles aufs Gleiche hinausläuft». Dieser Wandel 1. Ordnung durch Retroaktion ist allerdings in bestimmten Fällen unzureichend. Gelingt es einem menschlichen System nicht mehr, seinen Austausch durch die üblichen Maßnahmen der Autokorrektur und Anpassung zu regulieren, und bewirken die «Lösungen durch gesunden Menschenverstand», dass die Probleme weiter bestehen oder gar neue geschaffen werden, so gerät das System in die Krise: Das heißt, im System sind Veränderungen auf einer anderen, der zweiten Ebene erforderlich, und sollten sie nicht vorgenommen werden, erkrankt das System.

Der Wandel 2. Ordnung: Entwicklung

Der Wandel 2. Ordnung ist charakterisiert durch die Tatsache, dass es das System selbst ist, das sich verändert oder modifiziert wird. Um auf eine von Paul Watzlawick entliehene Metapher zurückzugreifen: Der Wandel 1. Ordnung gleicht der Wirkung des Thermostaten, der die Temperatur nach thermischen Variablen reguliert, oder des Gaspedals im Auto, das es ermöglicht, schneller, aber immer noch in der selben Gangart zu fahren, während der Wandel 2. Ordnung einer Intervention an der Gangschaltung entspricht, die das Auto über eine Veränderung der Gangart auf eine Ebene höherer Leistung bringt. Würde also der Fahrer angesichts eines Steilhangs (Wechsel des Kontexts) einfach nur «ein wenig stärker beschleunigen», würde er lediglich eine Veränderung auf der 1. Ebene bewirken. Die Lösung würde das Problem ausweiten, da das Auto (man denke sich einen Motor mit kleinem Hubraum) bei zunehmender Leistungsschwäche immer schwieriger vorankäme und am Ende zweifellos stecken bliebe! In diesem Beispiel entspricht die Lösung, den Gang zu wechseln, um die Gangart des Motors zu ändern, exakt einer Veränderung auf der 2. Ebene.

Der Weg hin zu einem Wandel 2. Ordnung in einem menschlichen System erfordert, die Regeln umzuformen, welche es regieren. Und diese Modifikation von Regeln eines menschlichen Systems unterliegt, wie wir in den folgenden Kapiteln sehen werden, einer Rekonstruktion der Wirklichkeit, einem Wandel der Prämissen, ja der Hypothesen oder Voraussetzungen. Dieser Wandel 2. Ordnung, um den sich die Gruppe von Palo Alto besonders bemüht hat, interessiert in diesem Werk an erster Stelle.

Verändern zu wollen genügt nicht

Oft ist es einfacher, «immer mehr» zu tun, als es «immer besser» zu machen. Der quantitative Wandel ist vor allem von materiellen Lösungen abhängig, während der qualitative Wandel von immateriellen Veränderungen abhängt. Er resultiert aus einem Vorstellungswandel, aus dem sich neue Interaktionsweisen ergeben. Ein qualitativer Wandel oder Kulturwandel lässt sich nicht verordnen, er ist informeller Art, eine Veränderung der Betrachtungsweise der Dinge. Er ist außerdem umso besser zu bewirken, als er unbewusst, ohne Willensanstrengung geschieht, ein wenig wie die Veränderungen des Atemrhythmus, die spontan, unwissentlich ablaufen.

Einen Wandel kultureller Art in den menschlichen Systemen zu verordnen, schafft im Allgemeinen ein wenig mehr Unbeweglichkeit. Indem sie das Diktat als Nichtakzeptieren ihrer Identität wahrnehmen, erleben sie es als Aggression und reagieren, indem sie der Nichtakzeptanz die gesamte Energie ihrer Widerstände entgegensetzen. Nichts verdeutlicht besser die Schwierigkeit, einen qualitativen Wandel herbeizuführen, als der berühmte, Edgar Faure zugeschriebene Satz bei der Einführung seiner Reform des nationalen Bildungswesens: «Indem die Umstellung verordnet wurde», sagte er, «hat sich die Unbeweglichkeit in Gang gesetzt, und ich weiß nicht, wie ich sie aufhalten soll.» Auf die gleiche Weise wird ein Individuum, das in Frage gestellt wird, zur Verteidigung seine Widerstände mobilisieren. Auf einer allgemeineren Ebene stellen wir außerdem fest, dass genau die Institutionen, die am meisten Gegenstand ungeschickter Reformversuche waren und die Folgen zu tragen hatten, sich auch als diejenigen erweisen, den es am schwersten fällt, sich zu entwickeln.

Respekt vor menschlichen Systemen und deren Wertschätzung dynamisieren deren Ressourcen für die Entwicklung: Paradoxerweise ist man genau in dem Moment bereit, sich zu verändern, wenn man sich gegenseitig akzeptiert und akzeptiert fühlt. Ließen sich die Verluste durch fehlenden Respekt und Nichtberücksichtigen der Ökologie von Systemen, d. h. durch Missachtung[1] in der Arbeitswelt wie übrigens auch in der Welt der Therapie

---

1   siehe das Werk von d'Hervé Sérieyx, *Le Zéro Mépris*, InterEditions, Paris, 1989

beziffern, würde man sich der Kosten dieser schädlichen Haltungen beim Umsetzen von Veränderungen erst richtig bewusst. Jedes menschliche System (Individuum, Dienstleister, Unternehmen, Einrichtung), das sich in seiner Identität getroffen fühlt, wird sich verteidigen, um diese Frustration auszugleichen, statt seine Ressourcen und Kompetenzen zu nutzen, um seine Entwicklung weiterzuverfolgen.

Ein Wandel lässt sich umso leichter bewirken, je mehr man auf die Ressourcen zurückgreift, die jedes menschliche System zu seiner Entwicklung besitzt, und je mehr man vermeidet, Befehle und Anordnungen zu geben, die im Allgemeinen als Störung und Unterbrechung des Gleichgewichts erlebt werden: Das ist die Grundbedingung, um die Kooperation des Systems in seiner Entwicklungsdynamik zu gewinnen, und dieses Vorgehen erfordert die ganze Wachsamkeit des den Wandel Betreibenden. Setzt dieser den Schwerpunkt auf die Fehler und Funktionsstörungen des Systems und versucht, sie als Erstes zu beseitigen, wird er dieses System sehr wahrscheinlich aktivieren und es damit in seinen Funktionsstörungen bestärken. Jedes menschliche System, von der Monade bis zu den größten Institutionen, hat das Grundbedürfnis, zunächst einmal anerkannt und wertgeschätzt zu werden, um sich zu entwickeln. Einen Wandel in einem System bewirken zu wollen, besteht nicht in dem Versuch, dessen Funktionsstörungen zu beseitigen, sondern vielmehr darin, die nützlichen Funktionen im System zu entdecken, um sie anschließend zur Umsetzung des Wandels zu nutzen. Auf diese Weise sind die Ressourcen und Kompetenzen des Systems leicht zu mobilisieren, um den gewünschten Wandel zu erreichen. Der Wandel ist ausgesprochen paradox.

Die negativen Folgen eines verordneten Kulturwandels verdeutlichen die Auroux-Gesetze aus dem Jahre 1982. Ihr Ziel war, in Unternehmen einer bestimmten Größe die Organisation von Versammlungen zur allgemeinen Aussprache der Angestellten obligat zu machen. Nun zeigt ein Rückblick über mehrere Jahre, dass diese Verpflichtung kaum Wirkung hatte. Eine Gruppe von Personen dazu zu bewegen, sich auszusprechen, erfordert seitens der Animateure zunächst einmal ganz spezielle Kompetenzen. Eine ganze Reihe von Unternehmen stellte aus Zeit-, Investitions- und Motivationsgründen keine ausreichenden Ausbildungsmittel zur Verfügung, um diesen verordneten Wandel umzusetzen. Im Übrigen hatten diese Versammlungen zur allgemeinen Aussprache nicht immer klar umrissene Ziele: Gewiss, die Angestellten sollten sich zu den Problemen der Lebensqualität am Arbeitsplatz äußern, aber ein derart vieldimensionales Thema ist schwer zu behandeln, ohne dass es irgendwohin abgleitet. Außerdem sahen die Gewerkschaften diese neue Einrichtung tendenziell als ein indirektes Mittel zur Schwächung ihres Einflusses unter den Mitarbeitern. Nach einiger Zeit hatten immer mehr Angestellte das Gefühl, in diesen Versammlungen Zeit und Energie zu verschwenden und blieben nach und nach fern. Die Unternehmensleitungen interpretierten ihrerseits diese Abneigung als Zeichen von Desinteresse und ließen diese Versammlungen aus der Mode kommen.

Parallel dazu bedauerte ein Teil der Angestellten, die damit zufrieden waren, endlich einen Ort und Zeit zu haben, um ihre Probleme und Anregungen darzulegen, dass sie nicht gehört wurden und ihre Vorschläge unbeantwortet blieben. Natürlich hat jede dieser Entitäten – Leitung, Gewerkschaften und Angestellte – den Misserfolg dieser berühmten Versammlungen zur allgemeinen Aussprache zu erklären versucht, woraus gegenseitige Anklagen erwuchsen, die ihrerseits neue Probleme der Beziehungen und der internen Kommunikation schufen.

Die rasche Entstehung und Ausbreitung von Modemittelchen kann dazu führen, dass man mit zunehmenden Wechseln der Managementmethode auch «immer mehr vom Selben» erzeugt. Und in der Tat haben die Veränderungen der Unternehmenskultur, wie die Schaffung von Qualitätszirkeln, das Ausarbeiten eines Unternehmensprojektes, partizipatives Management, Versammlungen zur allgemeinen Aussprache der Angestellten etc. in dem Augenblick alle Chancen zu scheitern, wo sie sich nicht in einen Prozess des Wandels 2. Ordnung einfügen. Dies gilt auch für zwischenmenschliche Beziehungen und auf individueller Ebene.

2 Jeder Wandel resultiert aus einem Lernprozess oder impliziert ihn

Die Umsetzung eines Wandels 2. Ordnung impliziert notwendigerweise einen Lernprozess, der sich auf eine Veränderung von Prämissen und Geisteshaltungen erstreckt, welche wiederum eine Veränderung im System bewirken. Falls wir «sind, was wir gelernt haben», können wir uns entwickeln, indem wir immer weiter lernen und vor allem, indem wir das neu Gelernte praktizieren. Jede Veränderung führt entweder zum Erwerb neuen Wissens oder zur Neukonstruktion der Wirklichkeit: Dieses Lernen kann bewusst oder unbewusst, kognitiver oder technischer Art oder auch verhaltensbezogen sein.

Die drei Lernniveaus nach Bateson

Bateson hat auch dargelegt, wie sich Lernen vollzieht. Seine Beiträge haben sich für Praktizierende der Kurztherapie als sehr nutzbringend erwiesen, um neue Strategien zur Förderung von Wandel umzusetzen. Bateson unterscheidet vier Ebenen des Lernens, unter denen er einen essenziellen Begriff herausarbeitet: den der Diskontinuität.

Lernen 0

Die Ebene 0 des Lernens entspricht dem Reflexbogen und bezeichnet alle Fälle, in denen ein stets gleicher Stimulus systematisch dieselbe Reaktion bewirkt, zum Beispiel die Bewegung, mit der wir instinktiv die Hand von einer zu heißen Wärmequelle zurückziehen.

Lernen 1

Bei der Ebene 1 geht es um Konditionieren; sie erinnert an die Geschichte des Pawlow'schen Hundes. Das Lernen 1 entspricht einer Veränderung im Lernen 0: Der Hund, welcher den instinktiven Reflex des Speichelflusses beim Ertönen der Klingel zunächst nicht hatte, lernt jetzt, beim Klingelton Speichel abzusondern. Und sofern sich der Kontext des Klingeltons nicht ändert, hat der Hund ein für alle Mal seine Reaktion gelernt, sobald die Klingel ertönt.

Lernen 2

Auf der zweiten Ebene des Lernens geht es nicht mehr einfach nur um das Erlernen einer systematischen Reaktion auf einen Reiz, sondern um den Transfer desselben Lernens auf andere Kontexte. Das Subjekt lernt zu lernen: Es vermag Gelerntes zu übertragen. Das Lernen 2 gleicht dem klassischen Prozess der Verallgemeinerung, dessen wir uns alle bedienen, wenn wir scheinbar unterschiedliche Kontexte vereinen. Habe ich beispielsweise gelernt, ein Auto zu fahren, so kann ich anschließend jedes beliebige Auto fahren. Die menschlichen Verhaltensweisen, welche die Grundlage der individuellen Sozialisation bilden, können als Lernen 2 gelten.

Lernen 3, der Zugang zu tief greifendem Wandel

Das Erreichen von Lernen 3 fällt in den Bereich der Psychotherapie, der persönlichen Entwicklung und der Umsetzung von Wandel in einem Unternehmen. Lernen 3 ist ein Indikator für die Leistung von Ausbildungsgängen in Management, Kommunikation und Umsetzung von Wandel, bei denen es um Transformation von Mentalitäten und Verhaltensweisen geht: Dies sollte oberstes Ziel von Ausbildungsgängen im Unternehmensmanagement sein. Denn nur Lernen 3 erlaubt es einem System, auf die 2. Ebene des Wandels zu gelangen, während Lernen 2 das System eben gerade im Zustand der Verstärkung seiner Homöostase verharren lässt. Lernen 3 besteht im Modifizieren der Prämissen, welche die Lernvorgänge 2 gesteuert haben, um schließlich neue und geeignetere Verhaltensweisen hervorzubringen. Bateson zufolge muss das Individuum Ebene 3 des Lernens beschreiten, wenn durch Lernvorgänge auf Ebene 2 Widersprüche, Unangemessenheiten, Leid und Blockaden entstanden sind. Wenn also das auf Ebene 2 Gelernte als Quelle von Krankheit, Fehlschlägen und Unzufriedenheit seine Wirkung auf das Individuum verliert, muss es lernen, seine durch Lernen 2 erworbenen Gewohnheiten zu ändern, d.h. seine Verhaltensweisen in jeweils geeigneterem Kontext neu zu orientieren.

Verhält sich jemand beispielsweise jedes Mal aggressiv, wenn man ihn ärgert, und schadet ihm diese Aggressivität, so ist es nötig, zum Lernen 3 überzugehen. Dies wird es ihm ermöglichen, seine Aggressivität auf Situationen zu beschränken, in denen diese sich als stichhaltig erweist: In bestimmten Fällen ist es von Nutzen, aggressiv sein zu können. Die Umsetzung von Lernen 3 durch die Person selbst ist jedoch schwieriger, da sie von einer Neuinterpretation der Wirklichkeit und nicht vom Bemühen oder vom Willen abhängt. Ist bei einer Person Lernen 3 erreicht, so geschah dies vielmehr spontan, unfreiwillig, intuitiv. Meist ist es Folge eines Ereignisses im Leben des Betreffenden, das so bedeutend ist, dass es gleichzeitig eine automatische Veränderung seiner Weltanschauung herbeiführt.

Lernen 3 ist notwendigerweise von einer Neudefinition der eigenen Person und in der Folge auch der an der problematischen Interaktion beteiligten Personen begleitet. Wie wir sehen werden, resultiert Lernen 3 aus einer Neukonstruktion der Wirklichkeit. Sie ist Ergebnis einer Neuordnung, die durch Freisetzen der kreativen Dimension des Individuums zu anderen, besser geeigneten Reaktionen führt. Kunstwerke und große wissenschaftliche Entdeckungen gehen auf Lernen 3 zurück.

Alle aus Lernvorgängen auf Ebene 2 hervorgegangenen Lösungen laufen einer Evolution zuwider, indem sie Veränderungen auf der 1. Ebene erzeugen, der Ebene, die die Situationen eben gerade aufrechterhält und die Homöostase von Systemen verstärkt. Die vielfältigen Reformen im nationalen Bildungswesen, die verschiedenen Maßnahmen gegen die ständig wachsende Arbeitslosigkeit sowie zur Senkung der Kosten im Gesundheitswesen zeigen, wie unwirksam Lösungen auf der 2. Ebene sind, um den Wandel in einem System in Gang zu setzen.

Informelle, formelle und technische Lernprozesse

Die Entwicklung von Individuen und Systemen verläuft zwangsläufig über neue Lernprozesse, seien sie informeller, formeller oder technischer Art. Diese andere Klassifikation von Lernen geht zurück auf Edward Hall[2], Anthropologe und Spezialist in interkultureller Kommunikation, genauer gesagt: in nonverbalen Systemen. So wie die Kultur uns auf informelle Weise formt, hat auch ein Großteil unserer verhaltensbezogenen Lernprozesse außerhalb der Bereiche unseres Bewusstseins im Laufe unserer Interaktionen unter Gleichgestellten stattgefunden. Das informelle Lernen deckt den

---

2 Der amerikanische Anthropologe Edward Hall gehörte zur Gruppe von Palo Alto. Er untersuchte die Systeme nonverbaler Kommunikation.

Bereich von Aktivitäten ab, die wir irgendwann unbewusst und meist durch Imitieren von Vorbildern gelernt haben – ein natürliches Phänomen der Formung des Menschen. Diese informellen Lerninhalte haben sich nach und nach in unseren Alltag integriert, um zu kulturellen Zeichen und erworbenen Automatismen zu werden. Reisen ins Ausland sind in dieser Hinsicht reich an Anschauungsmaterial.

Das formelle Lernen ist von ganz anderer Natur: Es entstammt einem Autoritätsmodell, das ohne Erklärungen Vorschriften macht und Befehle erteilt. Auf diese Weise haben wir Rechtschreibung, Grammatik, Tanzen, das Einmaleins und die Grundregeln eines Mindestmaßes an Sozialverhalten gelernt ....

Was das technische Lernen betrifft, so verbindet es den Erwerb formeller Lerninhalte mit Techniken, die – einmal gelehrt, beschrieben und erklärt – erprobt und schließlich integriert werden. Die Verknüpfung von formellen Lerninhalten und Techniken führt zu neuen Formen des «Gewusst wie», die ihrerseits auf höchster Bewusstseinsebene erworben werden.

Formelles, technisches und informelles Lernen durchdringen sich indessen, vermischen sich und sind in Wirklichkeit schwer voneinander zu trennen. Alle drei existieren gemeinsam und interagieren in einem komplexen, kreisförmigen Prozess; sie bilden ein Ganzes, das die Entwicklung des Individuums bewirkt. Technische Neuerungen begünstigen das Auftreten kultureller Veränderungen. So hat beispielsweise die Erfindung der oralen Kontrazeptiva, Frucht einer technischen Entwicklung, stark dazu beigetragen, den Begriff der Keuschheit in Frage zu stellen, indem durch diese Entwicklung auch ein kultureller Wandel im Ausleben von Sexualität begünstigt wurde. Ebenso kann die Übernahme einer neuen Funktion einen spontanen und tiefen Wandel der Prämissen und Verhaltensweisen des Betroffenen bewirken. Erwähnt sei auch die beträchtliche Entwicklung des Verhaltens von Kindern und Jugendlichen: Vergleicht man die Spielzeuge und Gerätschaften, mit denen sie im Alltag umgehen, mit denen früherer Generationen, so lässt sich das Ausmaß des Einflusses neuer Techniken und Technologien auf das Individuum ermessen. In der Arbeitswelt hat die Ausbreitung des Computers auf allen Ebenen der Hierarchie die Organisation von Aufgaben wie von zwischenmenschlichen Beziehungen verändert, vor allem bei Führungskräften und ihrem Sekretariat. Heutzutage tippt jeder unabhängig von Diplomen und Status auf einer Tastatur. Die Kultur produziert Technologie, die wiederum das Verhalten, d. h. die Kultur beeinflusst. Ein kultureller Wandel kann einem Wandel auf der 3. Ebene gleichgesetzt werden, der unbewusst, unter dem Einfluss vielfältiger technischer, formeller und informeller Faktoren zu Stande gekommen ist.

Ein echter Wandel bestünde im erfolgreichen unbewussten Lernen neuer Denk- und Verhaltensweisen. So wie wir lernen, uns zu verhalten, indem wir unbewusst die Anderen zum Vorbild nehmen, wissen wir nun, dass es klüger ist, anderen «durch das Verhalten zu zeigen», was wir von ihnen erwarten, statt es ihnen zu «befehlen». «Der Weise setzt zunächst seine Worte in die Tat um und spricht dann seinen Handlungen entsprechend», sagte Konfuzius. Wenn wir wollen, dass die Anderen tolerant oder kooperativ sind, so sind Verhaltensweisen der Toleranz und Kooperation wahrscheinlich förderlicher als Vorhaltungen oder Befehle, die allgemein kontraproduktiv sind.

Wandel geschieht durch Lernen.
Den Zugang dazu vermittelt allein Lernen 3, das ein System in seiner Finalität, in einer Neudefinition seiner selbst oder der Wirklichkeit impliziert.
Ein echter Wandel bestünde meist im erfolgreichen unbewussten Lernen neuer Denk- und Verhaltensweisen.

3 Hindernisse des Wandels

In seinen beiden populärwissenschaftlichen Werken, *Faites vous-même votre malheur* (dt.: «Anleitung zum Unglücklichsein», 2004) und *Comment réussir à échouer* (dt.: «Vom Schlechten des Guten oder Hekates Lösungen», 1991) veranschaulicht Paul Watzlawick eine ganze Reihe von Verhaltensweisen im Alltag, die uns bei unserem Wunsch nach Veränderung letztlich eine Falle stellen. Es geht hier nicht um das Verbreiten von Rezepten, die stets zu einem Ergebnis führen, sondern darum, einen Rahmen und eine Methode zu vermitteln, die besser geeignet sind, Probleme zu lösen und Wandel zu bewirken.

Zur Bedeutung gewisser Voraussetzungen

> *Nicht das Unwissen der Menschen bereitet Probleme,*
> *sondern die Gesamtheit falschen Wissens.*
> Mark Twain

Prämissen sind Basisaffirmationen, Voraussetzungen, die unser Denken und Handeln legitimieren. Sie konditionieren weitgehend unsere Erfahrungen und geben unseren Möglichkeiten und unserem Werden weit mehr als wir glauben eine Richtung. Die in Forschung und Praxis Tätigen der Schule von Palo Alto haben eine ganze Reihe dieser Prämissen, Tabus, Dogmen und Ideen, die die Lösung komplexer Probleme und den Wandel in menschlichen Systemen behindern, gesammelt und geordnet. Die Problematik des Wandels lässt sich in der von Frederic Vester formulierten und von Paul Watzlawick in seinem Werk «Münchhausens Zopf oder: Psychotherapie und ‹Wirklichkeit›» wieder aufgegriffenen Weise zusammenfassen: «Einer Änderung unseres Denkens und Handelns […] steht weniger der Mangel an geistigen und technischen Möglichkeiten entgegen als vielmehr ein ungeheurer Ballast an Traditionen und Tabus, an Lehrmeinungen und Dogmen. Obwohl keineswegs genetisch verankert, wurden sie doch von Generation zu Generation als unverrückbare ‹Wahrheiten› weitergegeben.» (Watzlawick 1989, S. 125). Auf diese Weise haben wir eine ganze Reihe von Prämissen übernommen, von denen manche die Probleme, die wir eigentlich lösen wollen, fortschreiben. Einige davon, die sich zur Lösung unserer alltäglichen Probleme als besonders ineffektiv erwiesen haben, sollen hier dargestellt werden.

Immer neue Versuche und Ursachenforschung

Viele Menschen haben Jahre ihres Lebens in Therapie verbracht und dabei viele Erklärungen für ihr Leid geerntet, ohne daraus befriedigende Resultate zu ziehen. Außerdem bestehen einige der Probleme fort. Wie ist das möglich? Die Antwort auf diese Frage bringt eine erste, weit verbreitete Prämisse ans Licht, nämlich, man dürfe nach einem Fehlschlag nie den Mut verlieren, sondern müsse es «immer wieder aufs Neue versuchen», bis man die erhofften Ergebnisse erreicht habe. Außerdem werden eben diejenigen, welche beharrlich nach einem besseren Sein suchen, durch eine andere Prämisse konditioniert, der zufolge man, um ein Problem zu lösen, zunächst einmal nach dessen Ursachen suchen müsse. Diese zwingende Voraussetzung bildet die Grundlage der traditionellen Therapie. Fügen wir dem die andere Prämisse hinzu, der zufolge diese Suche nach den Ursachen Zeit, ja sogar viel Zeit benötigt, dann haben wir im Wesentlichen die Antwort auf die oben gestellte Frage. So kann ein Ineinandergreifen von Prämissen einen Menschen in Misserfolg verstricken.

Die in der Kurztherapie praktizierten Interventionen entsprechend dem am Mental Research Institute in Palo Alto entwickelten Rahmen kehren diese verschiedenen Prämissen um, und zwar zuerst einmal diejenige, der zufolge Bewusstwerdung die Vorbedingung bildet, ohne die weder eine Besserung noch eine Verhaltensänderung zu bewirken ist. «Es geht nicht darum, die Bedeutung der Vergangenheit zu leugnen, sondern darum, die herkömmliche Annahme in Frage zu stellen, ein Problem sei nur zu lösen, wenn man seine Ursachen kenne», betont Paul Watzlawick.

Komplexe Probleme fordern komplexe Lösungen, Erfolg hat seinen Preis etc.

Eine weitere, ebenfalls gut verankerte Prämisse besteht darin, zu glauben, die Komplexität von Lösungen müsse der Komplexität der bestehenden Probleme entsprechen. Wenn wir also in der Kurztherapie ganz kleine Lösungen vorschlagen, scheinen unsere mit dem Ansatz der klassischen Therapie vertrauten Klienten überrascht und voller Zweifel: Es fällt ihnen schwer, sich vorzustellen, dass eine kleine Lösung große Wirkungen haben kann.

Damit verbunden gibt es durchaus noch andere Prämissen, die vor allem aus der jüdisch-christlichen Moral hervorgegangen sind und erhebliches

Leiden verursachen können. So muss man wissen, dass das Leben hart ist, dass es Mühen und ständige Opfer fordert, und dass Erfolg seinen Preis hat: Wappnen wir uns also zum Kampf und halten durch …. All dies konditioniert unsere Lebensführung stark. Viele Eltern, die sich peinlich genau nach dieser Art von Ideen richten, sind darum ständig bestrebt, sich ihnen anzupassen, um ihre Rolle möglichst gut zu erfüllen. Und sollten ihre Bemühungen, diesen Prämissen entsprechend gute Eltern zu sein, nicht die erwarteten Früchte tragen, so dächten sie nicht daran, diese Prämissen zu untersuchen, um deren Sachdienlichkeit zu verifizieren. Entweder, sie werfen ihren Kindern vor, undankbar und egoistisch zu sein (nach allem, was sie für sie getan haben), oder sie machen sich Selbstvorwürfe wegen ihrer Unfähigkeit, sie zu erziehen. Nicht eine Sekunde lang vermögen sie die Tatsache ins Auge zu fassen, dass eben gerade ihre Prämissen den Grund ihres Scheiterns darstellen. Dieses Infragestellen ist jedoch schwierig, denn ihre Sicht der Welt bildet für sie eine «echte Wirklichkeit», die sich nicht hinterfragen lässt.

Der Beitrag der Schule von Palo Alto markiert einen totalen Bruch mit der klassischen Konzeption von Therapie und mit der Lösung menschlicher Probleme im Allgemeinen. In dem von Thomas Kuhn, Historiker und Wissenschaftsphilosoph, definierten Sinne schlägt sie ein neues Paradigma vor: einen neuen Komplex von Glaubenssätzen, Werten und Techniken, aus denen Lösungsstrategien hervorgehen, die wirksamer sind als die des alten Modells. Von anderen Prämissen und Denkwerkzeugen in diesem Buch ausgehend laden wir daher unsere Leser ein, einen neuen Denksport zu praktizieren, der sie vor gewissen geistigen Lähmungen, aber auch vor eventuellen rigiden Verhaltensweisen zu schützen vermag.

Abkapselung und Rigidität von Lernen 2

Wenn Situationen wirken, als seien sie nicht zu bewältigen, so bedeutet das nicht, dass sie sich nicht managen lassen: Man muss sie vor allem anders angehen. Wenn jemand eines Problems wegen Rat sucht, so hat er im Allgemeinen bereits alle ihm dafür möglich erscheinenden Lösungen wieder und wieder umzusetzen versucht. Dies geschah jedoch im Rahmen seiner Konstruktion der Wirklichkeit, die seine Betrachtung des Problems einschränkt. Die von dieser Person angestrebten Lösungen entstammen im Allgemeinen der Klasse der beim Lernen 2 gelernten Inhalte, und da diese nur zu einem Wandel 1. Ordnung führen, tragen sie eben gerade zur Aufrechterhaltung des Problems bei.

Die Affen und die Banane

Diese banalen Blockadesituationen erinnern an jenes diabolische Experiment mit Affen: Die Versuchsleiter taten Bananen in ein Gefäß, dessen Öffnung so berechnet war, dass die Affen die Hand zwar hineinstecken, aber nicht mehr herausziehen konnten, sobald sie eine Banane ergriffen hatten. Was also taten die Affen, um aus dieser Falle herauszukommen? Sie mühten sich ab in dem verzweifelten Versuch, ihre um die Banane geklammerte Hand herauszuziehen. Und obwohl gerade die Wahl dieser Lösung ihr Problem erst schuf, waren sie außer Stande, sich davon zu lösen. Erst mussten sie ihre Lösung aufgeben, d. h. aufhören, die Banane zu umklammern, dann das Gefäß umkippen, damit es herunterfällt, um anschließend die Banane essen zu können. Leider ist diese auf Lernen 3 und einem Wandel 2. Ordnung beruhende Lösung unseren Primatenvettern nicht zugänglich. Indessen reagieren auch wir recht oft wie diese Affen, wenn wir uns von unseren Lerninhalten auf Ebene 2 in die Falle locken lassen, während uns die Ebene 3 doch zugänglich ist. Ohne uns darüber klar zu sein, schaffen wir uns unsere Probleme auf dieselbe Weise, indem wir «immer ein wenig mehr» dieselben Lösungen der 2. Ebene wiederholen: Wie diese Affen werden wir zu Gefangenen unseres mentalen Universums.

Der Übergang zu Lernen 3 erfordert geistiges «Loslassen»

Der Übergang auf das Niveau von Lernen 3 erfordert oft die Intervention eines Experten für Wandel oder einer dritten, ein wenig kreativen und vor allem außerhalb des Problems stehenden Person. Deren Intervention besteht zunächst einmal darin, das Problem aus dem ungeeigneten Rahmen herauszulösen, in welchem es von der betroffenen Person zunächst gesehen wurde, um es in einem neuen und für sie besser handhabbaren Rahmen neu zu definieren. Diese dem Menschen eigene Fähigkeit zu Lernen 3 ermöglicht uns, selbstgestellten Fallen zu entgehen. Lernen 3 erfordert jedoch eine Art «geistigen Loslassens», das wiederum zu einer sachdienlicheren Lösung führt.[3] Und genau darin liegt der tiefe und dauerhafte Wandel.

Die Blockaden, an denen wir uns stoßen, entstehen meist durch die Rigidität unserer geistigen Konstrukte. Die meisten Menschen klagen darüber, von anderen bedrängt zu werden, die hartnäckig darum ringen, sie zu verändern.

---

3 siehe Kapitel 16 zu den guten Eigenschaften der indirekten Kommunikation, Abschnitt *Die Sprache der zwei Gehirne* und Abschnitt *Die hypnotische Kommunikation nach Milton Erickson*

Sie ziehen nicht in Betracht, dass sie im Grunde nur ihre Sichtweise des anderen und die Art ihrer Beziehungen zu ihm verändern können und sonst nichts: So beschränken sie sich selbst, indem sie ihrerseits andere ohne deren Wissen einschränken. Unsere Blockaden resultieren meist aus unseren Gewissheiten und unseren Annahmen über die anderen sowie aus unseren – Situationen einschränkenden – Interpretationen. Auf ebendiese Weise beschränken wir auch unsere Möglichkeiten, anders zu reagieren.

Es gibt keine unverrückbare und einzige Lösung

Eine der am stärksten einschränkenden Gewissheiten ist zu glauben, ein Problem habe nur eine einzige mögliche Lösung. Eine andere weit verbreitete Gewissheit besteht in dem Glauben, eine Lösung, die sich einmal als wirksam erwiesen hat, müsse dies immer sein. Diese Überzeugung findet sich häufig bei Eltern, die Lösungen mit guten Resultaten von einem Kind auf das andere übertragen wollen, als sei die Wirklichkeit unantastbar, als dürften sie um der Gerechtigkeit willen keinen Unterschied zwischen ihren Kindern machen, als gebe es nur einen Weg, um ein Ziel zu erreichen. Neigen nicht Eltern bei einem ungehorsamen Kind dazu, ihre Ratschläge vergeblich, stets ein wenig lauter und öfter zu wiederholen, obwohl sie keine Wirkung zeigen? Zur Überwindung dieser Blockade muss man sie dazu bringen, die Situation anders zu sehen, um ihre Interaktionsweise so zu verändern, dass man ihnen gehorcht: So werden sie andere Ausdrücke, andere Kommunikationsstrategien und wirksamere Anweisungen finden. Sie werden auch andere Kontexte nutzen, um sich besser verständlich zu machen. Hat ein Verhalten nicht die erwartete Wirkung, lautet die Grundregel, die Situation erneut zu betrachten, um neue Verhaltensweisen in Gang zu setzen mit dem Ziel, das gewünschte Resultat herbeizuführen.

Wenn Menschen in ihren Beziehungen scheitern, täuschen sie sich oft hinsichtlich ihrer Gegner: Sie konzentrieren sich derart auf den anderen, den sie «zähmen» möchten, dass sie nicht mehr in der erforderlichen Weise loslassen können, um zunächst einmal den eigenen Standpunkt zu revidieren. Manche Eltern erschöpfen sich auf diese Weise darin, ihre Kinder ändern zu wollen, während es ihnen durch Umstellung ihrer eigenen Ansichten und damit auch ihres Verhaltens gelänge, wiederum die Reaktionen ihrer Kinder zu verändern. Hat unser Verhalten indessen nicht die gewünschte Wirkung, so bezichtigen wir zunächst einmal die Rigidität oder die fehlende Bereitschaft der anderen und vergessen dabei, dass deren Rigidität uns auf unsere eigene zurückverweist. Auf diese Weise übergehen wir Chancen zu vermeiden, dass wir uns in Beziehungsspiele einschließen.

Die Standardlösungen «aus gesundem Menschenverstand»

Der gesunde Menschenverstand muss wohl leider die am besten verteilte Sache auf der Welt sein! In unser aller Erziehung kommen an hervorragender Stelle diese angeblich auf gesundem Menschenverstand beruhenden «Standardlösungen» vor. Hat man uns nach einem Fehlschlag nicht schon eindringlich empfohlen, es erneut zu versuchen und uns vor allem nicht entmutigen zu lassen, solange wir noch nicht erfolgreich waren? Das große Problem dieser Lösungen aus gesundem Menschenverstand heraus liegt darin, dass sie meist durch Nachahmung erlernt und wie von selbst über Generationen weitergegeben werden. Sie sind nur sehr schwer zu hinterfragen, da sie in unserer Konstruktion der Wirklichkeit verankert sind.

Lösungen aus gesundem Menschenverstand heraus sind auch ein Merkmal des Konservatismus, dessen ausgeprägte Vorliebe für den Fortbestand der Dinge ihre Umsetzung zur logischen Folge macht. Indessen besteht unsere Gesellschaft nicht ausschließlich aus Konservativen. Auch eine ganze Reihe von «Progressiven», Reformern – wie die übrigen Opfer der Rigidität von Lernen 2 – wenden sie an. So können sich rechts- und linksgerichtete Regierungen abwechseln und zu denselben Resultaten des «Nicht-Wandels» kommen, sofern dies nicht dem Gegenteil dessen entspricht, was sie gerne erreicht hätten. In beiden Fällen werden Lösungen der gleichen Art umgesetzt, hervorgegangen aus Lernen 2 und dem Wandel 1. Ordnung. Die große Neuerung der Schule von Palo Alto liegt darin, aufgezeigt zu haben, wie diese «aus gesundem Menschenverstand heraus» getroffenen Lösungen paradoxerweise ein wenig mehr Beständigkeit und nicht etwa Wandel mit sich bringen. Wird nicht jemand, der umsonst versucht, eine schmerzhafte Erinnerung zu vergessen, nur umso mehr daran denken? Wer wird sich nicht in dem Bestreben, natürlich zu erscheinen, ein wenig mehr kontrollieren und dabei jede Spontaneität verlieren? Oft machen Lösungen aus gesundem Menschenverstand heraus eine bloße Schwierigkeit zum unlösbaren, stetig wachsenden Problem.

Hier ein Beispiel für Lösungen durch gesunden Menschenverstand: Louis, eine junge, vor einigen Monaten eingestellte Führungskraft, macht einen Strategiefehler bei einem seiner Kunden und verliert ihn. Sein Vorgesetzter reagiert sehr schlecht: Er gesteht ihm diesen Fehler nicht zu und hält die junge Führungskraft auf Anhieb für wenig kompetent. Louis verliert das Vertrauen zu ihm, und da er sich gegenüber seinem Vorgesetzten unwohl fühlt, zieht er sich zurück in der Ansicht, es sei von jetzt an besser, nicht allzu viel über seine Aktivitäten und Resultate zu sprechen. Sein Vorgesetzter interpretiert dieses Verhalten als Zeichen der Demotivation und der Unfähigkeit zur Kommunikation, und das Verhältnis zwischen den beiden wird zusehends angespannt. Louis, irgendwie ausgeschlossen, wird deprimiert und zweifelt zunehmd an seinen Fähigkeiten, während sein Vorgesetzter, sich seinerseits in schlechter Umgebung fühlend, ihn ausschließt und sich damit einer Zusammenarbeit beraubt, die für ihn notwendig wäre. All diese wechselseitigen Lösungen aus gesundem Menschenverstand heraus (Entwertung – Reaktion – Ausschluss) haben das Problem von Anfang an verschärft, indem sie die Beteiligten jeweils in ihre individuelle Sackgasse getrieben haben. Von einer linearen Logik abgeleitet sind diese Lösungen ungeeignet zur Lösung menschlicher Probleme, deren Komplexität durch ihre zirkuläre Logik gekennzeichnet ist. Wer hat nicht schon die Frustration verspürt, der Logik des gesunden Menschenverstandes nach «sein Bestes getan» zu haben, um dann festzustellen, dass alles nur schlimmer geworden ist?

In einer komplexen Gesellschaft, wo soziale und wirtschaftliche Sektoren in der Krise stecken, kann der aus Lernen 2 hervorgegangene gesunde Menschenverstand nicht den erwarteten Wandel bewirken. Solange sich die Gesellschaft langsam entwickelte, weil die sozialen Interaktionen weniger zahlreich waren, war der gesunde Menschenverstand zweifellos weniger schädlich. Heute, bei Schwindel erregender Zunahme der Interaktionen und beschleunigtem Wandel, können diese obendrein zwangsläufig zeitlich verschobenen Lösungen aus gesundem Menschenverstand heraus die Beständigkeit von Problemen unserer Gesellschaften nur erhöhen.

Die «Patendlösungen» – Weg mit den Ursachen, dann verschwindet das Problem!

Während Lösungen aus gesundem Menschenverstand heraus darauf abzielen, die Ursachen von Problemen zu behandeln, um sie zu lösen, sind «Patendlösungen» dadurch charakterisiert, dass sie das Problem weniger zu lösen als vielmehr zu beseitigen trachten, indem sie die vorgebliche/n Ursache/n eliminieren. Noch schwerer wiegt das Risiko, dass sich unsere Gesellschaften von den «Patendlösungen», wie sie Paul Watzlawick (1991, S. 7) nannte, in die Falle locken lassen, denn letztere sind Teil der Logik des gesunden Menschenverstandes, der diesmal auf die Spitze getrieben wird. Eine ernste Warnung in diesem Zusammenhang ist beispielsweise die Zunahme von Parteien der extremen Rechten oder des Fundamentalismus. Die Entscheidung zum Krieg ist das typische Beispiel einer «Patendlösungen», deren kurz-, mittel- und langfristige Konsequenzen im Allgemeinen dramatisch sind. Totalitäre Parteien oder Extremisten sind die Vorreiter der «Patendlösungen»: In Frankreich fehlen Arbeitsplätze, verjagen wir also alle Ausländer und sperren die Grenzen für Importe, und das Problem der Arbeitslosigkeit ist geregelt.

«Immer mehr Information» für «immer weniger Kommunikation»

Je mehr wir über Maschinen und technische Annehmlichkeiten verfügen, um rascher handeln und Zeit gewinnen zu können, umso mehr leiden wir darunter, immer weniger freie Zeit zu haben. Diese zu unserer Befreiung geschaffenen Annehmlichkeiten versklaven uns paradoxerweise ein wenig mehr. Die spektakuläre Entwicklung von Kommunikationsmitteln, welche die physische Distanz zwischen Menschen beseitigen sollen, trägt gleichzeitig dazu bei, dass diese sich stärker isoliert fühlen. Vor allem in den Unternehmen führt die grenzenlose Flut an Informationshandreichungen, wie etwa Rundbriefe für das Personal, Firmenzeitungen, Videojournale, die Entwicklung der Informatik und Telematik etc. dazu, dass die Menschen stärker abgekapselt und ihrer menschlichen Kontakte beraubt sind.

Unter der Wirkung einer Mischung aus schlechter Kommunikation und Informationsmangel versucht man die Probleme interner Kommunikation zu lösen, indem technische Instrumente geschaffen werden, die in Wirklichkeit die Beziehungen zwischen den Individuen schwächen. Reduziert man das qualitative Problem der internen Kommunikation auf das Zirkulieren von Information, so lassen sich auch nur technische und quantitative Lösungen finden, die dem tatsächlichen Beziehungsproblem nicht gerecht werden. Gewiss ist die Reibungslosigkeit des Austauschs von Informationen eine für das Management unverzichtbare Bedingung, aber sie ist nicht hinreichend, denn ein effektives Management beruht im Grunde auf der Qualität von Beziehungen, die wiederum den Austausch von Information im Unternehmen befreit und entwickelt.

Die technologischen Lösungen indessen bringen keinerlei Abhilfe bei den Beziehungsproblemen im Unternehmen. In Wirklichkeit trennt ein Informationsprozess die Menschen umso stärker voneinander, je «effektiver» er ist, und macht damit die Kommunikation immer formeller und unpersönlicher. Die Leistung eines Informationssystems müsste daran gemessen werden, ob es die zwischenmenschliche Kommunikation in ihrer Beziehungsdimension fördert. Die Qualität der Beziehung ist eine vorrangige Bedingung für den Austausch von Informationen.

Die Komplexität von Kommunikationsproblemen ergibt sich daraus, dass sie von qualitativen Lösungen, von Lernen 3 und vom Wandel 2. Ordnung bzw. systemischen Wandel abhängen. Weit davon entfernt, «immer mehr» Information zu produzieren und zu verbreiten, geht es vielmehr darum, durch Verändern der Regeln und herrschenden Prämissen die Arten menschlicher Beziehung zu entwickeln.

So stecken wir nun in einem Paradoxon ohnegleichen: Obwohl den Menschen noch nie zuvor so zahlreiche, ausgefeilte und vielfältige Mittel zur

Verfügung standen, um untereinander zu kommunizieren, klagen sie über ihre Einsamkeit und darüber, sich immer weniger zu hören und zu verstehen. Indem sie die Probleme der Kommunikation zu beseitigen sucht, trägt die Revolution der Information weiter zur Störung der zwischenmenschlichen Kommunikation bei.

Der Einfluss von Utopien und die Illusion von Kontrolle

Herr,

gib mir den Mut, die Dinge zu verändern,
die sich verändern lassen,
gib mir die Kraft, die Dinge zu akzeptieren,
die sich nicht verändern lassen.
Gib mir vor allem die Klarheit,
zwischen beiden zu unterscheiden.

Gebet eines Mannes der Tat

Der Einfluss von Utopien

Watzlawick erwähnt zwei wichtige Formen der Utopie: die *negative* Utopie, für die es keine Lösung gibt, und die *positive* Utopie, die eine Welt ohne Probleme vermittelt. So betont er in *Changements* (dt.: «Lösungen»): «Wenn also ein schrecklicher Vereinfacher jemand ist, der eine wirkliche Schwierigkeit für unwirklich erklärt, dann ist sein weltanschaulicher Antipode der Utopist, der eine unmögliche Lösung für möglich hält.» (Watzlawick, Weakland und Fisch 2001, S. 69). Hat nicht jenes Königreich universeller Aussöhnung oder die berühmte, von Karl Marx angekündigte «perfekte Gesellschaft» unmittelbar zu politischem Terror und zu Willkür geführt? Die Formulierung des Dichters Hölderlin verdeutlicht dies: «Immerhin hat das den Staat zur Hölle gemacht, dass ihn der Mensch zu seinem Himmel machen wollte.» (zit. nach Watzlawick, Weakland und Fisch 2001, S. 81). In *Un Nouveau Commencement* gibt Edgar Morin eine weise Anregung: «Wie soll Wandel, Transformation vor sich gehen? Müssen wir nicht zunächst einmal unrealistische Träume aufgeben … und wenn wir die Vorstellung eines Paradieses auf Erden beseitigt haben, müssen wir dann nicht versuchen, ein Fegefeuer zu entfachen?»

Das Utopie-Syndrom ist bedingt durch die Jagd nach dem vollkommenen Glück und den Willen, unrealistische Ziele wie Selbsterkenntnis, Selbstverwirklichung, vollkommener Friede und Gelassenheit, die Einswerdung der Person für immer und ewig etc. zu erreichen. Ein Wandlungsziel in derart vagen, umfassenden und unrealistischen Begriffen zu formulieren, kann nur Lösungen hervorbringen, die neue und noch mehr Probleme schaffen. Eben gerade diese utopischen und unmöglich zu erfüllenden Erwartungen bewirken einen Großteil der iatrogenen psychischen Leiden. Die Kliniker der Schule von Palo Alto lehnen diese utopischen Forderungen ab, die zum Teil von der humanistischen Psychologie und vor allem von dem gegenwärtig modernen «Newage» eingebracht wurden. Scheitern und Verzweiflung sind sicher, sobald man sich damit abmüht, unerreichbare Ziele zu erreichen. Wenn ich bei meinen Interventionen die Begriffe des anstehenden Wandels umreiße, achte ich sehr darauf, aus jeder utopischen Forderung hinreichend konkrete Ziele herauszuarbeiten, die sich in kurzer Zeit erreichen lassen und schon bei der nächsten Sitzung zeigen, dass ein erster Wandel bereits eingetreten ist.

Die Illusion von Kontrolle

Die Illusion von Kontrolle wiederum entspricht dem Definieren von Zielen des Wandels in völlig inadäquaten Begriffen[4]: Viele versuchen umsonst, Erwartungen zu entsprechen, die insofern völlig illusorisch sind, als deren Erfüllung nicht in ihrer Verantwortung liegt. Ein klassisches Beispiel ist das des Menschen, der glaubt, sein Problem sei gelöst, wenn es ihm gelingt, einen anderen Menschen umzuformen oder – besser noch – wenn sich der andere von sich aus ändert. Es gibt noch viele andere Illusionen, denn die Welt der Illusionen ist unendlich: So etwa Thomas, jener nostalgische Ehemann, der sich so sehr wünscht, Anne, seine Frau, würde wieder zu «jener», die er einst kannte. Als ob seine Frau wie ein unbelebtes Objekt in der Lage wäre, statisch zu sein oder ihm auf Abruf zur Verfügung zu stehen und aus Liebe zu ihm wieder zu der werden könnte, die sie einmal gewesen ist. Und dann ist da noch der Fall jener Mutter, Christine, die erklärt, sie könne erst an dem Tag glücklich sein, an dem ihre Tochter glücklich ist. Diese Illusionen einseitiger Kontrolle entspringen der Überzeugung, Drohungen, Erpressung, Feilschen, Beschwören oder Gewalt seien die einzigen Mittel, sich Respekt zu verschaffen, andere dazu zu bringen, sich zu entwickeln oder ein für alle Mal für Ordnung zu sorgen. In ihren extremen Formen können sie, ähnlich den Lösungen aus gesundem Menschenverstand heraus, zu «Patendlösungen» wie Suizid, physischem Ausschluss oder Elimination des Anderen etc. führen.

---

4 Wir werden in Kapitel 20 sehen, welche Fragen man sich wirklich stellen muss, um ein echtes Ziel für einen Wandel zu definieren.

«In dem Bemühen, das Unerreichbare zu erreichen, machen wir das Erreichbare unmöglich», dieser Satz von Paul Watzlawick dient mir stets als Warnleuchte bei meinen Interventionen. In meinen Seminaren bin ich beispielsweise mit unrealistischen Aussagen konfrontiert, wie etwa: «Unsere Geisteshaltungen müssen sich entwickeln» oder «Unsere Unternehmenskultur muss sich ändern». Probleme im Sinne eines «Wandels der Geisteshaltung» oder eines kulturellen Wandels lösen zu wollen, fällt noch vor jedem Wandel in den Bereich von Illusion und innerer Falle. Wie oft hören wir Reaktionen wie: «Ich werde weniger kontrollieren, wenn sie mir bewiesen haben, dass sie wie verantwortungsbewusste Menschen arbeiten» oder «Ich werde ihn nicht mehr kritisieren, wenn er sich geändert hat»? Diese Art von Kuhhandel führt zu Blockadesituationen: Einerseits kommt es in schädlicher Weise zur Umkehrung des chronologisch wirksamen Ablaufs, der den Wandel fördern würde, zum anderen nährt sie das Fortbestehen eben jener Haltungen, die den Angesprochenen vorgeworfen werden. Ein Mensch durchläuft seine Evolution, seine Entwicklung umso besser, je mehr er sich akzeptiert und respektiert fühlt.

Es sind gerade unsere Prämissen sowie unsere lineare Art, komplexe Probleme anzugehen, die den Wandel am häufigsten behindern. Jeder Wandel muss zunächst eine Rekonstruktion der Wirklichkeit durchlaufen.

Es sind meist unsere vorgefertigten Vorstellungen von der Welt, den anderen und uns selbst, Vorstellungen, die ein vorgeblich «gesunder Menschenverstand» uns von Kindesbeinen an einschärft, die den Wandel in eine Sackgasse locken.
Ein und dasselbe Problem kann mehrere Lösungen haben.

Zweiter Teil
Wandel entspringt einer neuen Lesart von Wirklichkeit

Da unsere Wahrnehmungen von unseren Denkprozessen gestaltet werden, fällt es uns sehr schwer zu entdecken, was offensichtlich ist, und zwar einfach deshalb, weil unsere alten Gedankengänge unsere Fähigkeit blockieren, Altes mit neuen Augen zu sehen.

Gottfried Wilhelm Leibniz

4 Die Wirklichkeit, ein geistiges Konstrukt

Vom Positivismus zum Konstruktivismus

Wie die Begriffe Wandel und Beständigkeit steht auch der Begriff «Wirklichkeit» im Mittelpunkt philosophischer und wissenschaftlicher Diskussionen. Für die Positivisten, die noch bis vor knapp einem halben Jahrhundert die Welt der Wissenschaft dominierten, waren die Daten der Wirklichkeit solche, die sich dem Beobachter darboten: Dieser konstruierte sie nicht, er empfing sie lediglich. Heutzutage herrscht eindeutig Konsens dahingehend, dass die Daten des Beobachters nicht objektiv sein können, da dieser einen bestimmenden Einfluss auf das ausübt, was er zu beobachten vorgibt. So bleibt jede Erkenntnis relativ. Die von uns wahrgenommene Wirklichkeit, die Welt, welche wir begreifen, sind eigentlich die Prägungen unseres Geistes: «Du siehst die Welt nicht, wie sie ist, sondern wie du bist», heißt es im Talmud. Die wirkliche Welt entzieht sich uns unerbittlich, denn wir haben es nie mit der Wirklichkeit zu tun, sondern mit deren Abbildern, mit Vorstellungen. Für Paul Watzlawick «konstruiert der Mensch im wahrsten Sinne des Wortes seine Wirklichkeit, um dann dort unabhängig vom Menschen zu reagieren und schließlich zu der überraschenden Einsicht zu gelangen, dass seine Reaktionen sowohl Ursache als auch Wirkung seiner Konstruktion der Wirklichkeit sind». Demnach hat Watzlawick zwei Ebenen der Wirklichkeit definiert und bezeichnet sie als «Wirklichkeit 1. Ordnung», die von unseren Sinnen wahrgenommen wird, und «Wirklichkeit 2. Ordnung», das Universum der Bedeutungen, die wir den Dingen zuweisen. Diese Unterscheidung zweier Ordnungen ähnelt dem 1. Postulat der allgemeinen Semantik: «Die Landkarte ist nicht das Territorium». Das Territorium bildet die Wirklichkeit 1. Ordnung, während die Landkarte die Wirklichkeit 2. Ordnung darstellt. Und genau auf das Modifizieren, Erweitern oder Ergänzen dieser geistigen Landkarte oder Wirklichkeit 2. Ordnung zielen die von den Therapeuten der Schule von Palo Alto praktizierten Techniken des Wandels ab, wenn diese Wirklichkeit ihren Klienten schadet und ihnen nicht erlaubt, sich auf zufrieden stellende Weise dem Erreichen ihrer Ziele zu widmen.

Für die Konstruktivisten[5] werden die Gegebenheiten der Wirklichkeit vom Beobachter konstruiert, der allein anhand dieser Wirklichkeit 2. Ordnung zu handeln vermag. Für sie steht fest, dass es keine wahre oder falsche Lesart der Wirklichkeit gibt, sondern einfach nur Lesarten, die uns helfen und unsere Möglichkeiten mehren und andere, die sie einschränken. Der Konstruktivismus hat neue Perspektiven in den Bereichen Therapie und Problemlösen eröffnet. In dieser Logik wird der Therapeut hauptsächlich herauszufinden suchen, wie das Problem vom Subjekt konstruiert wurde. Aus dem Beobachten und Zuhören, wie der Klient seine Wirklichkeit konstruiert, erkennen wir sowohl, wo sein Problem als auch, wo dessen Lösung liegt: Unsere Probleme werden uns nicht eingegeben, wir konstruieren sie selbst.

Im konstruktivistischen Ansatz ist die Wirklichkeit nicht vorbestimmt, sie wird ständig neu konstruiert, auch wenn sie sich nicht verändert. Demnach beruhen die am Mental Research Institute in Palo Alto entwickelten Interventionen, die eine Anwendung des konstruktivistischen Denkens darstellen, auf direkten Interventionen in der Wirklichkeit 2. Ordnung. Der Wandel in den menschlichen Systemen geschieht vor allen durch kognitive Modifikation: Die Gegebenheiten der problematischen Situation bleiben dieselben, werden jedoch neu angeordnet, um das Problem lösen zu können. Wenn jede Theorie stets nur das Resultat eines geistigen Konstruktes ist, so wird laut Paul Watzlawick *eine Theorie als einer anderen Theorie überlegen gelten, wenn sie eine größere Handlungswirksamkeit erlaubt.* Es geht deshalb nicht mehr darum zu wissen, was wahr ist, sondern darum, zu suchen, was nützlich ist und funktioniert. In der Welt der Wissenschaft gibt es keine ewige Wahrheit, und schon gar nicht in einer so ungreifbaren Domäne wie unserem subjektiven Erleben. Allein gültiges Kriterium ist die größtmögliche Wirksamkeit einer Aussage gegenüber der anderen.

Die Konstruktion eines Problems hängt vor allem von Interaktionen zwischen dem Individuum und dessen Umgebung ab. Ein und dieselbe Situation kann von einem Menschen als Problem oder Bedrohung wahrgenommen werden, während jemand anderes darin eine Chance oder eine neutrale Situation sieht. So stellt sich ein Problem nur dann, wenn es von jemandem gestellt wird. Unsere kartesianische Kultur hat den Glauben hervorgebracht, Probleme bestünden aus sich selbst heraus. Dabei gibt es keine von einem Beobachter unabhängige Wirklichkeit. Als Beobachter sind wir sowohl Handelnder als auch Zuschauer, Schöpfer und Erbauer dessen, was wir für «wirklich» halten. Das konstruktivistische Modell impliziert demnach, dass das Subjekt angesichts einer Wirklichkeit die Freiheit hat, verschiedene Lesarten zu erfinden und auszuwählen. Darin liegt seine Verantwortung.

---

5   siehe *La Modélisation des systèmes complexes*, J.-J. Le Moigne, Dunod, Paris, 1990

Vom Mythos Objektivität zum Prinzip Verantwortung

Die Wirklichkeit, von der wir sprechen, sagt Watzlawick, ist das Ergebnis unserer «Erfindung», unserer «geistigen Konstruktion», die mehr oder weniger Perspektiven und Sackgassen mit sich bringt. Wenn nun aber jede Wirklichkeit das Ergebnis eines geistigen Konstruktes ist, warum laden wir dann nicht unsere Gesprächspartner ein, ihre Wirklichkeit anders zu konstruieren und wahrzunehmen, um daraus mehr Handlungsmöglichkeiten und Zufriedenheit zu ziehen? Wir befinden uns hier im Kern der pädagogischen und therapeutischen Dimension unserer Interventionen, nämlich unseren Klienten beizubringen, die Brille zu wechseln, um ihre Wahrnehmungen der Wirklichkeit zu verändern und um sie dahin zu bringen, anders zu reagieren.

Was wir wahrnehmen, ist nicht «die» Wirklichkeit, sondern «eine» unter mehreren Wirklichkeiten, und zwar diejenige, welche für uns aus unserer ganz eigenen Sicht der Welt heraus wahrnehmbar ist, aber andererseits nur eine unter mehreren Möglichkeiten darstellt. Oft stoßen wir eben gerade dadurch auf Probleme, dass wir uns in eine einzige, die Wirklichkeit limitierende Lesart einschließen und uns auf eine einzige Sprache beschränken, um sie zu verstehen. Die Wirklichkeit, wie wir sie wahrnehmen, ist für sich genommen nicht existent, sondern das Produkt der Struktur unseres Nervensystems. Farbe beispielsweise existiert in der «objektiven» Welt nicht, sondern ist ein internes Produkt des Nervensystems. Für den Biologen und Kognitionswissenschaftler Francisco Varela[6] ist das Phänomen Farbe zum einen mit dem Erleben, dem Handeln und der Biologie der Rasse, zum anderen mit den kulturellen Gegebenheiten der Umwelt verbunden. Demnach befände sich Farbe weder in der Wirklichkeit noch im Kopf, sondern in der Beziehung zwischen beiden, für die es immer noch keine Untersuchungsmethode gibt.

Wenn wir die Welt wahrnehmen, ohne zu wissen, wie wir dies tun, so wissen wir einfach, dass wir tendenziell diejenigen Fakten selektionieren, die mit unserer Sichtweise des Augenblicks in Einklang stehen. Was also bleibt dem Menschen zu erfinden, wenn nicht «die Konstruktion eines um sich wissenden Bewusstseins des Bewusstseins», um eine Formulierung des Soziologen Edgar Morin ebenso aufzugreifen wie dessen epistemologischen Wunsch: «Möge der Beobachter sich selbst beim Beobachten der Systeme beobachten, und möge er bestrebt sein, sein eigenes Bewusstsein zu erkennen». Edgar Morin spricht damit die Idee der Dissoziation, den Begriff der Metaposition

---

6 F. Varela, *L'inscription corporelle de l'Esprit*, Le Seuil, Paris, 1993, S. 212–232

des Beobachters an, die natürlich, was uns betrifft, in der idealen Position des Beraters und Therapeuten besteht. Aber lässt sich diese Position auch immer genau im Augenblick der Wahrnehmung einnehmen? Sie gleicht der berühmten Aufforderung: «Erkenne dich selbst», der wir kaum zu folgen vermögen. Wie soll man auf diese meisterliche Beziehungsfalle («double bind»)[7] reagieren, wenn nicht dadurch, dass man sie vorläufig in einer realistischeren Perspektive neu situiert, d. h. indem man die Verantwortung für unsere subjektive Konstruktion der Wirklichkeit übernimmt. Diese mit dem Freiraum des Menschen verbundene Verantwortung bildet den Kern der Ethik und ist zurzeit Gegenstand von Überlegungen zu den sozialen Folgen der Anwendung neuer wissenschaftlicher Erkenntnisse.

Kognitive Prozesse und Konstruktion der Wirklichkeit

Unsere Kognitionen oder mentalen Arbeitsgänge beeinflussen unsere Wahrnehmungen, Gefühle und Handlungen und werden ihrerseits von diesen beeinflusst. Indem sie unsere Wahrnehmung filtern, lenken sie uns ohne unser Wissen. Die kognitiven Prozesse, mittels derer wir die Wirklichkeit erfahren, sind Teil jenes Materials, aus dem unsere Probleme entstehen können. Herausgearbeitet wurde dieses sich selbst validierende System aus Glauben und Wahrnehmung von Gregory Bateson. Die Art der Problemstellung im Alltag, in der Therapie und in der Ausbildung erfordert demnach unsere höchste Wachsamkeit. Erst recht, wenn wir als Therapeuten oder Ausbilder handeln, müssen wir sehr auf die kognitiven Mechanismen unserer Klienten achten. Der amerikanische Psychiater und Spezialist für Depression, A. Beck, hat besonders die kognitiven Prozesse hervorgehoben, deren sich der Depressive unbewusst bedient und die ihn nur noch weiter in die Depression treiben. Die depressive Person wählt und bewahrt aus einer Situation nur diejenigen Details, die sie in ihren negativen Überzeugungen bestärken, ohne die für sie nutzbringenden und positiven Aspekte wahrzunehmen. Darüber hinaus neigt sie zu willkürlichem Folgern, das heißt, sie zieht anhand unzureichender Fakten voreilige Schlüsse. Und in ihrer Neigung zu exzessiver Verallgemeinerung bezieht sie in missbräuchlicher Weise eine unglückliche Erfahrung auf zukünftige Situationen, da es ihr außerordentlich schwer fällt, zwischen gestern und heute, heute und morgen, hier und dort etc. zu unterscheiden. Vor allem verfällt sie leicht in übermäßige Schuldzuweisungen, indem sie sich als schuldig an Situationen

---

7 Die Doppelbindung («double bind»), Bedrohung und Herausforderung, wird in Kapitel 15 untersucht.

erlebt, die von ihr völlig unabhängig sind. Ferner neigt die depressive Person vorzugsweise zu einem umfassend dichotomen Denken, das sich in einer grob binären Wahrnehmungs- und Argumentationsweise zeigt. Ihr zufolge kann man nur gut «oder» böse sein, Zwischenstufen gibt es nicht, weil der Betreffende sie nicht oder nicht mehr zu unterscheiden vermag.

Aus demselben Blickwinkel heraus hat das Neurolinguistische Programmieren (NLP) relativ präzise, orientierende Kennzeichen herausgearbeitet, die «Metaprogrammen» gleichgesetzt werden – eine Art Meta-Software zur Informationsbearbeitung mit ganz erheblichen Auswirkungen auf die Ausrichtung unseres Interagierens. Sie dient dem Identifizieren der kognitiven Strukturen an der Basis unserer Konstruktion der Wirklichkeit. Obwohl anfechtbar, wenn sie zum Gegenstand missbräuchlicher Verallgemeinerung hinsichtlich der Person werden, der wir zuhören, erlauben sie dennoch, unser Zuhören und daher unsere Eingriffe in die Konstruktion der Wirklichkeit unseres Gesprächspartners zu schärfen.

Der kognitive Ansatz der Kommunikation ist ein kostbares Instrument, um herauszufinden, wie unsere Gesprächspartner ihre mentalen Probleme konstruiert haben. Er besteht darin, das «Wie» des Denkens der Betreffenden ebenso aufmerksam zu beachten wie das «Was». Unsere Kommunikation ist Produkt einer geistigen Vorgehensweise, die sich wahrnehmen lässt, indem man mentalen Prozessen zuhört.

5 Grenzen und Filter der Wahrnehmung

Zu Beginn des 18. Jahrhunderts stellte der irische Bischof und Philosoph George Berkeley als Erster eine Theorie des Sehens auf und interessierte sich für die Prinzipien des Prozesses der menschlichen Erkenntnis. Ihm zufolge werden die Dinge ausschließlich über die Sinne wahrgenommen, sonst würden sie im Bewusstsein, für das es keine andere Quelle als die sensible Wahrnehmung gibt, nicht existieren: «Alles Seiende existiert nur in seiner Eigenschaft als von einem wahrnehmenden Subjekt Wahrgenommenes.» So gelangt Berkeley zu jener Aussage, die uns in unserem Zusammenhang besonders interessiert: «Sein ist Wahrgenommenwerden.» (*«Esse est percipi.»*) Das Sein existiert demnach nicht aus sich selbst heraus, sondern nur insoweit, als es wahrgenommen wird. Und um wahrgenommen zu werden, braucht es jemanden, der wahrnimmt. Demnach lautet seine zweite Formel: «Sein ist Wahrnehmen.» (*«Esse est percipere.»*) So bestehen die beiden einzigen uns zugänglichen Seinsweisen im Wahrnehmen und Wahrgenommen-Werden.

Der Mensch kann jedoch die ihn umgebenden Phänomene nur in den engen Grenzen seiner sensorischen Fähigkeiten beobachten. Zahlreiche Filter schieben sich zwischen die Wirklichkeit und unsere Wahrnehmung derselben: die Filter unserer beschränkten fünf Sinne, die Filter unserer auf früheren Erfahrungen – gelebt oder übernommen – beruhenden Glaubenssätze, die Filter unseres geographischen, kulturellen, sozialen, intellektuellen und imaginären Umfelds. Dieses komplexe Ensemble von Filtern erklärt die immense Vielfalt der menschlichen Wahrnehmung und Vorgehensweisen und gleichzeitig all die Komplexität der Kommunikation, die aus dieser unendlichen Verflechtung von Interaktionen und Rückwirkungen resultiert.

Wahrnehmung resultiert aus Erinnerungen, Projektionen und Erwartungen

Wir nehmen die Wirklichkeit wahr, wie unser Gedächtnis uns darauf vorbereitet, sie wahrzunehmen. Tendenziell «sehen» wir mehr mit dem Gedächtnis als mit den Augen. Beim Beobachten von etwas Neuem versuchen wir etwas wiederzufinden, das sich bereits in unserem Gedächtnis befindet. Wir assoziieren damit sofort ein bereits registriertes Bild und benennen es nach etwas, das wir schon früher einmal erlebt haben. Indem wir auf diese Weise Unbekanntes mit Bekanntem überlagern, vollziehen wir eine Projektion. Je nach unseren Erwartungen, Vorhersagen und Kenntnissen nehmen wir nicht dieselben Dingen wahr. Die Wahrnehmung des Meeres durch einen Urlauber aus Paris ist im Vergleich zu einem hauptberuflichen Seemann zwangsläufig nur sehr grob, zum einen, weil es für beide jeweils eine andere Herausforderung darstellt, zum anderen, weil jeder der beiden in einem anderen Handlungskontext steht.

Unsere Erwartungen und Absichten bilden die Saat unserer Wahrnehmungen. Daher nehmen wir wahr, was wir wahrzunehmen suchen: Haben Sie noch nie bemerkt, dass Sie nach dem Kauf eines neuen Autos viel häufiger dazu neigen, ähnliche Fahrzeuge um sich herum wahrzunehmen? Auch führt uns die Tatsache, einem anderen bestimmte Qualitäten oder Fehler zuzuweisen, im Allgemeinen dahin, dies auf Dauer zu tun. Unsere Wahrnehmungen bestehen demnach nicht in objektiven Fakten, sondern darin, mehr oder weniger bewusst oder unbewusst eine Wahl zu treffen. Der Vergleich von Zeugenaussagen bestätigt: Sind drei Personen Zeuge desselben Unfalls, so ist die Chance, drei identische Aussagen zu erhalten, nur sehr gering. Nachdem jeder von ihnen dieselbe Wirklichkeit auf unterschiedliche Weise betrachtet hat, differenziert und selektioniert auch jeder von ihnen jeweils andere Aspekte. Eine ganze Reihe von Schwierigkeiten der zwischenmenschlichen Kommunikation rührt von diesem Phänomen ebenso stark individualisierter wie partieller Wahrnehmungen her. Indem wir die Präzision unserer sensorischen Wahrnehmung weiterentwickeln, verleihen wir der uns umgebenden Wirklichkeit allerdings mehr Konturen und Nuancen.

Was wir wahrnehmen, spiegelt auch unseren inneren Zustand wider und ist Echo unseres augenblicklichen emotionalen Zustandes. Demnach befindet sich unsere Wahrnehmung der Wirklichkeit gänzlich in Bewegung. Bevor man also eine Situation oder Person beschreibt, bestünde eine gute Vorsichtsmaßnahme darin, sich zu fragen, unter welchem subjektiven, sensorischen oder intellektuellen Blickwinkel wir sie aufgefasst haben. Die objektive und die subjektive Welt durchdringen einander. Untrennbar beeinflussen sie sich notwendigerweise gegenseitig. In dem Maße, in dem wir uns unbewusst in uns selbst betrachten, während wir nach draußen schauen, spiegelt sich unser eigener Geisteszustand ebenso im Außen, wie sich dieses in unserem Geisteszustand spiegelt.

Die entstellenden Effekte von Theorien

Theorien sollen uns helfen, die Menschen im Allgemeinen zu verstehen. Das Problem ist: Niemand kann eine «Person im Allgemeinen» sein. Jeder von uns ist eine komplexe und einzigartige Person.

Theorien gleichen Glasfaserkabeln, die bestimmte Aspekte der Wirklichkeit vor anderen selektionieren und auf diese Weise unsere Wahrnehmung einschränken. Schlimmer noch: Hegel betont: «Wenn die Tatsachen nicht mit der Theorie übereinstimmen – umso schlimmer für die Tatsachen.» (zit. nach Watzlawick 1989, S. 179.) Einstein geht noch weiter: «Es ist durchaus falsch zu versuchen, eine Theorie nur auf beobachtbaren Größen aufzubauen. In Wirklichkeit tritt gerade das Gegenteil ein. Die Theorie bestimmt, was wir beobachten können.» (zit. nach Watzlawick 1989, S. 122.) Gleiches gilt für jeden, der vorgibt, im Anderen wie in einem offenen Buch zu lesen.

Persönlichkeitstheoretiker und diejenigen, welche allzu sehr an ihre Theorien glauben, laufen Gefahr, die Beobachtung ihrer Klienten selektiv zu gestalten. Die Interpretationsraster menschlicher Verhaltensweisen beeinflussen in selektiver Weise die Beobachtungen des Praktikers, mit der Gefahr, ihn in eine schlechte Ausgangslage zu versetzen, um sein Gegenüber kennen zu lernen, sich seiner Logik zu öffnen und es so in seiner Einzigartigkeit zu entdecken. Beim Analysieren seiner Therapiesitzungen neigt er folglich dazu, in den Ergebnissen die Bestätigung der Ausgangstheorie wiederzufinden. Im Stande, die von ihm nicht verifizierten Informationen zu ignorieren, läuft er Gefahr des entstellten Beobachtens und verzerrten Zuhörens. Diesbezüglich wandte sich Milton Erickson gegen jede Klassifikation, die in der Praxis der Psychotherapie stets zu interpretativ und simplifizierend sei.

Je mehr man bestrebt ist, zum Kern der Persönlichkeit vorzustoßen, desto mehr erkennt man, dass die Wirklichkeit des Anderen unendlich viel komplexer ist als die Theorien, welche sie beschreiben und vereinfachen. Was wir vom Gegenüber wahrnehmen, resultiert aus unserer selektiven und relativen Subjektivität, da man den «anderen» nicht von «sich» isolieren kann. Wenn wir also über den anderen urteilen, so sprechen wir damit ausschließlich das Erleben unserer Interaktionen mit ihm oder von anderen entlehnte Erfahrungen an. Wir glauben, die Wirklichkeit des anderen wahrzunehmen, während wir den Eindruck wahrnehmen, den er auf uns macht.

Von der Persönlichkeit eines Individuums kennen wir – lassen Sie uns bescheiden bleiben – kaum mehr als die äußeren Erscheinungsformen, d. h. die verbalen und nonverbalen Verhaltens- und Mikroverhaltensweisen. Und dann müssen wir noch sehr wachsam zwischen unseren Interpretationen und unseren Beobachtungen differenzieren. Ob diese verbalen und non-verbalen Verhaltens- und Mikroverhaltensweisen dann wiederum das Ergebnis bewusster oder unbewusster Lernprozesse sind, können wir nicht beurteilen. Bestenfalls können wir den Umfang des Verhaltensrepertoires unseres Gesprächspartners konstatieren. Es drängt sich aber noch eine weitere Einschränkung auf: Da das Repertoire in stetem Werden begriffen ist, können wir uns keine definitiven Schlussfolgerungen über den anderen gestatten; wir können lediglich konstatieren, was er in diesem Augenblick tut, und von Projektionen in seine Vergangenheit wie in seine Zukunft Abstand nehmen. Die einzige und nutzbringende Evaluation, ganz besonders im Coaching und in der Therapie, besteht darin, beim anderen die Lerninhalte herauszuarbeiten, die zu erwerben ihm nützlich wäre, um sein Problem zu lösen. Unsere Erkenntnis des anderen kann nur eingeschränkt und subjektiv sein; sie verpflichtet uns zu Weisheit und Klarheit, denn wir sind verantwortlich für das, was wir anderen sagen.

Entwicklung der sensorischen Wahrnehmungsschärfe und Zugang zum sechsten Sinn

Unsere Kapazität zur Aufnahme neuer sensorischer Informationen ist umgekehrt proportional zur Anzahl bereits vorhandener Vorurteile und Deutungen. Lassen Sie uns unsere Vorurteile zurückfahren, denn sie stören und verschließen unsere sensiblen Rezeptoren gegenüber jeder Information, die unseren Standpunkt in Frage stellen könnte.

Die Entwicklung unserer sensorischen Wahrnehmungsschärfe hängt von unserer Fähigkeit ab, uns im Wahrnehmen von Unterschieden zu trainieren. Sie sind es, die Wirklichkeit mehr Kontur verleihen, sie interessant machen und das Meiste an Informationen liefern[8]. Erickson, der all seine Genialität daraus zog, dass er seine Klienten genau beobachtete und ihnen aufmerksam zuhörte, riet seinen Schülern eindringlich, sich im Wahrnehmen von Unterschieden zu trainieren. Eines Tages zeigte er beispielsweise einem seiner Klienten ein grünes Blatt und bat ihn, alle Abstufungen von Grün zu betrachten, die dieses Blatt aufwies. Dadurch versorgen wir unser Gehirn mit subtilen Informationen, die zur Entwicklung unserer Fähigkeiten des Unterscheidens und der Intuition beitragen. Das chinesische Sprichwort, demzufolge man «alte Landschaften mit neuen Augen betrachten» solle, suggeriert im Grunde dasselbe. Wir nutzen unsere sensorischen Fähigkeiten zu wenig

---

8 «Was wir als ‹Information› bezeichnen, ist eigentlich ein Unterschied, der einen
   Unterschied bewirkt.» (G. Bateson)

und schmälern dadurch unseren Bereich des Erkennbaren und von daher auch unsere Möglichkeiten, darauf einzuwirken. Nichts ist demjenigen verborgen, sagt ein sicher übertriebenes Sprichwort, der sich seiner Augen und Ohren zu bedienen weiß. Auch die Sophisten behaupteten: «Wer im Reproduzieren von schon Gesehenem, bereits Gehörtem verharrt, lebt im Szenario des Schon-Gelebten, so jemand denkt nicht.» Bevor wir uns allzu rasch durch unsere Deduktionen und Extrapolationen konditionieren lassen, müssen wir zur Intensivierung unserer Kontaktaufnahme mit der Wirklichkeit unbedingt an die Basis unserer Wahrnehmung zurückkehren und lernen, diese zu schärfen. Indem man Erklären und Rationalisieren dem Zuhören und Beobachten vorzieht, verliert man den Kontakt mit der konkreten Wirklichkeit.

Lassen Sie mich diese Darlegungen durch ein Gleichnis veranschaulichen. Ein Ozeandampfer liegt im Hafen von Le Havre fest, nachdem bei der Ausfahrt alle Maschinen ausgefallen waren. Der Chef-Mechaniker und sein Team, hoch qualifiziert und diplomiert, eilen in den Maschinenraum, um die Ursache der Panne festzustellen und Lösungen zu finden. Stunden vergehen ergebnislos. Der Kapitän beschließt entmutigt, auf der Brücke ein wenig Luft zu schnappen, als ihm ein Schaulustiger zuruft: «Na, immer noch nicht weg?» «Nein», antwortet der Kapitän, «wir haben einen schweren Maschinenschaden.» Da erzählt ihm der Schaulustige, es gebe im Hafen einen Mann, einfach und ohne Diplom, gewiss, aber mit dem Ruf, ein wahres Genie in Sachen Mechanik zu sein. Obwohl ein wenig skeptisch, bittet der Kapitän den Schaulustigen, den Mann kommen zu lassen. Dieser kommt an Bord und folgt dem Kapitän schüchtern in den Maschinenraum. Dort beobachtet er schweigsam und aufmerksam alles, was es zu beobachten gibt, lauscht wachsam auf die feinsten Geräusche, die er hören kann. Es dauert eine ganze Weile, bis er schließlich ohne Zögern seinen Hammer emporschwingt und sicher und präzise auf eines der Räderwerke schlägt. Alles kommt wieder in Gang. Der Kapitän, ebenso erfreut wie erstaunt, beglückwünscht ihn warmherzig und fragt, wie viel er ihm schuldig sei. «Sie schulden mir 1000 Euro.» Und angesichts der erkennbaren Überraschung des Kapitäns erläutert er seine Rechnung im Einzelnen: «990 Euro für Beobachten, Hören, Fühlen, Wahrnehmen und Nachdenken, und 10 Euro für den Schlag mit dem Hammer.»

Viele Fehler bei der Analyse, Vorausplanung und Lösung erklären sich daraus, dass wir nur die Vorderseite der Probleme betrachten, die wir intellektuell zu klären wissen. In seinem Buch *Voir* geht der Anthropologe Carlos Castaneda darauf ein, indem er über seine Erfahrungen mit seinem Meister, Don Juan, berichtet, der ihm im Wesentlichen beibringen wollte, zu sehen. Wenn Don Juan also zu Carlos Castaneda sagte: «Carlitos, hast du das gesehen?», antwortete Castaneda sehr oft: «Nein, ich habe nichts gesehen.» Dies wiederholte sich noch etliche Male, bis Don Juan eines Tages lachte und sagte: «Carlitos, du verstehst nur, Dinge zu sehen, die du zu erklären weißt, aber wenn du das Erklären irgendwann aufgibst, wirst du endlich zu sehen beginnen.» Don Juan wollte mit dieser Aussage Carlos Castaneda dessen wissenschaftliche Herangehensweise bewusst machen. Es ist klar, dass das Wirkliche für Don Juan vor allem «erstaunlich» war. Genauso stellen wir auch in der Therapie fest, dass wir einen Auslöser für einen Wandel vor allem dadurch aktivieren, dass wir beim Klienten Erstaunen hervorrufen. Das Erstaunen erlaubt uns, in allen Dingen unvermutetes Potenzial zu entdecken. Denn bedeutet Erstaunen nicht gerade, innezuhalten und den nötigen Abstand zu gewinnen, um wahrzunehmen, bevor man reagiert, und um gleichzeitig neue Möglichkeiten zu entdecken? Das Erstaunen ist Teil des Entdeckerglücks.

Unabhängig von einem Beobachter gibt es keine objektive Wirklichkeit. Sein bedeutet, wahrgenommen zu werden und wahrzunehmen.
Zahlreiche Filter schieben sich zwischen die Wirklichkeit und unsere Wahrnehmung derselben: der Filter unserer fünf Sinne, die Filter unserer Glaubenssätze sowie die unserer geographischen, kulturellen, sozialen intellektuellen und imaginären Umgebung.
Es gibt eine ungeheure Vielfalt menschlicher Wahrnehmungen und Vorgehensweisen.
Die gesamte Komplexität der Kommunikation resultiert aus einer innigen Verflechtung von Interaktionen und Rückwirkungen.
Was wir wahrnehmen, ist die Spiegelung unserer Vorstellung des Augenblicks, deren Echo unser emotionaler Zustand bildet. Unsere Wahrnehmung der Wirklichkeit ist daher in völliger Bewegung.
Indem man Erklären und Rationalisieren dem Zuhören und Beobachten vorzieht, verliert man den Kontakt zur konkreten Wirklichkeit.
Unser Unbewusstes besitzt Informationen, zu denen unser Bewusstes in gewöhnlichem Zustand keinen direkten Zugang hat.

Sobald es uns gelingt, Unterschiede wahrzunehmen, die wir zuvor noch nie wahrgenommen haben, werden Dinge und Lebewesen viel interessanter. Diese Haltung erlaubt es uns nicht nur, öfters einmal zu staunen, sondern auch, den sechsten Sinn, die Intuition zu entwickeln, die in der Kommunikation von erheblicher Bedeutung ist. Die Emergenz der Intuition beruht auf folgenden Hypothesen: Indem wir uns auf die Wahrnehmung der äußeren Wirklichkeit konzentrieren, erzeugen wir in uns gleichzeitig «Leere» und Schweigen und blenden unser inneres Stimmengewirr aus. Diesen Zustand der Bewusstseinserweiterung braucht unser Unbewusstes, um seine Talente der Intuition zum Tragen zu bringen. Unser Unbewusstes verfügt demnach über Informationen, zu denen unser Bewusstes im Normalzustand keinen direkten Zugang hat. Die Praxis des Zen, die Hypnose nach Erickson und die Selbsthypnose erleichtern diesen Zugang. Ein qualitativ hochwertiger Dialog

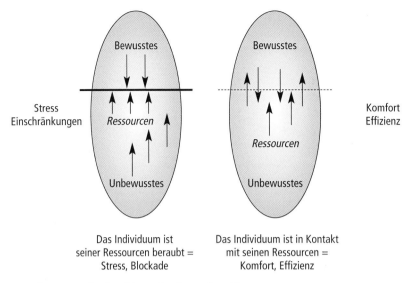

Das Phänomen der Intuition oder der sechste Sinn

zeichnet sich dadurch aus, dass die Gesprächspartner dank wachsamen Zuhörens und Beobachtens einer wie der andere auf diese unbewusste Ebene gelangen, wo die Intuition liegt: Dies nenne ich *hypnotische Kommunikation*[9]. Unser Unbewusstes gewinnt viel mehr Informationen als das Bewusste es könnte: Die Kommunikation auf hohem Niveau oder *«hypnotische Kommunikation»* erlaubt das wechselseitige «Gebären» dieses vor allem beim Lösen unserer Probleme kostbaren Wissens.

Unsere Interpretationen sind Richtschnur unseres Lebens

Eine Situation, ein Verhalten umfasst stets mehrere Lesarten bzw. Interpretationen. Wenn dem aber so ist, warum nicht diese verschiedenen möglichen Interpretationen untersuchen und diejenigen auswählen, welche die meisten Handlungsmöglichkeiten eröffnen? Dass dieselbe Situation von dem einen als Chance, von dem anderen als Bedrohung interpretiert wird, muss uns dazu bringen, unsere Gewissheit hinsichtlich einer fatalen, ungreifbaren oder nicht handhabbaren Wirklichkeit zu relativieren. In dieser Hinsicht bringen die Marketing-Lehrenden in ihren Kursen häufig folgende Geschichte: Der

---

9   siehe Kapitel 16, Abschnitt *Die hypnotische Kommunikation nach Milton Erickson*

Vertriebsleiter einer Schuhfabrik entsendet einen seiner Mitarbeiter, um einen sehr abgelegenen Markt in einer Gegend zu erkunden, die mit der modernen Zivilisation noch sehr wenig in Berührung gekommen ist. Nach einigen Tagen schickt der Mitarbeiter seinem Vertriebsleiter folgendes Resümee: «Hier können wir nichts tun, denn hier trägt niemand Schuhe.» Indessen hat ein Konkurrenzunternehmen zur selben Zeit ebenfalls einen Repräsentanten dorthin geschickt, der seinem Vorgesetzten zwei oder drei Tage später die Botschaft zukommen lässt: «Hervorragend. Hier trägt niemand Schuhe, es ist noch alles drin!» Das Individuum hat tatsächlich diese fabelhafte Fähigkeit, sich selbst eine «besser handhabbare» Wirklichkeit zu konstruieren. Wohl bekannte Formulierungen wie «Dieser Mensch ist konstruktiv» oder «Er schafft es immer, sich aus den übelsten Situationen herauszuwinden» und «Sie sieht stets die gute Seite der Dinge» sind ein Zeichen dafür.

Die Rigidität unserer Interpretationen macht uns unfähig, zu staunen und zu entdecken. Eine rigide oder verschlossene Person ist derart auf ihre Präsuppositionen bzw. Vorannahmen fixiert, dass es ihr unmöglich wird, Informationen zu akzeptieren, die ihre Gewissheiten destabilisieren würden. Ihre Erfahrungen erfüllen bei dieser Person nicht mehr die Funktion von Wachstum, weil sie tendenziell so damit umgeht, dass die Erfahrungen ihre Grundgewissheiten bestätigen. Das Sich-Öffnen für den Wandel, das für diesen Menschen vorteilhaft wäre, bestünde nicht so sehr darin, ins Unbekannte aufzubrechen, sondern lediglich dasjenige erneut zu betrachten, was er zu kennen glaubt.

Beobachtung → Interpretation → Reaktion

Der Wandel geht aus einer Neuinterpretation der als problematisch angesehenen Gegebenheiten, nicht aus deren Erklärung hervor. Indem wir beispielsweise modifizieren, wie ein Vater das Verhalten seines Sohnes interpretiert, verändern wir auch dessen Bild von ihm, und indem er ihn anders sieht, wird er sich ihm gegenüber auch anders verhalten. Daher zeigt sich echter Wandel im Handeln. Die stets zufallsbedingten, rationalen Erklärungen mit dem Ziel, das Warum von Verhaltensweisen zu verstehen und verständlich zu machen, führen nur selten zu spontanen Wandlungen.

> Unsere Erwartungen und Intentionen geben unseren Wahrnehmungen die Richtung.
> Ein Fakt an sich ist ohne Sinn; es kann so viele Sinngebungen haben, wie es Subjekte gibt, die es betrachten, und Blickwinkel, unter denen es betrachtet wird.

6 Die Umdeutung – wichtigste Etappe des Wandels

*«Die Dinge verändern sich nicht,
verändere deine Art, sie zu sehen,
das genügt.»*

Laotse

Die Relevanz der Umdeutung als Dreh- und Angelpunkt des Wandels beruht auf der immensen Vielfalt subjektiver Wirklichkeiten, über die wir berichtet haben. Umdeuten heißt einer Definition von Paul Watzlawick zufolge, *«den begrifflichen und gefühlsmäßigen Rahmen, in dem eine Sachlage erlebt und beurteilt wird, durch einen anderen zu ersetzen, der den ‹Tatsachen› ebenso gut oder sogar besser gerecht wird, und dadurch ihre Gesamtbedeutung ändert».* Damit eine Umdeutung ihre Funktion vollständig erfüllt, muss man sich ein Minimum der Weltanschauung des anderen aneignen, um einen Teil davon in die Konstruktion der neuen Deutung zu reintegrieren. Die Leistung einer Umdeutung wird daran gemessen, ob sie spontan «neue organisatorische Ressourcen» im Geist der jeweiligen Gesprächspartner hervorruft.

Ein berühmtes, von Paul Watzlawick zitiertes Beispiel ist das eines Offiziers, der bei einem Aufruhr im 19. Jahrhundert den Befehl erhielt, die Demonstrierenden auseinanderzutreiben, indem er «auf das Pack schießen lässt». Er ließ seine Soldaten schussbereit vor der Menge Aufstellung nehmen und wandte sich dann an die Demonstranten: «Meine Damen und Herren, ich habe Befehl, auf das Pack zu schießen. Da ich aber hier viele ehrenhafte Bürger sehe, bitte ich diese zu gehen, damit ich ohne Fehl auf das echte Pack schießen lassen kann.» Es scheint als habe sich der Platz in wenigen Minuten geleert!

Es sei hier noch einmal ausdrücklich gesagt, dass die Umdeutung natürlich nicht auf die *Wahrhaftigkeit* einer anderen Sichtweise abhebt, sondern auf deren *Wirksamkeit.* Die Umdeutung erlaubt, dem Eingesperrtsein in einen nichtoperationalen Rahmen zu entrinnen und lässt einen Möglichkeiten entdecken, die man in der früheren Weise, die Wirklichkeit auszuleuchten, nicht hätte ins Auge fassen können. Um akzeptiert zu werden, darf

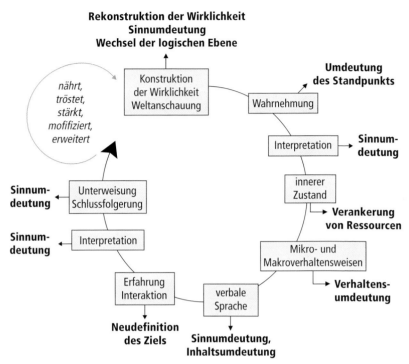

Die verschiedenen Parameter, welche in einem System neu einstellbar sind…

Die zirkuläre Logik der Kommunikation (1)

eine Umdeutung jedoch keinesfalls im Widerspruch zur Weltanschauung der Person stehen, sie muss mit dem System seiner Werte und Erwartungen kompatibel sein.

Im Rahmen meiner Seminare oder Einzelsitzungen bestehen meine Interventionen genau darin, angesichts einer problematischen Situation eine Neuinterpretation anzuregen, die das Feld möglicher Lösungen erweitert und neue, besser geeignete Lösungen hervorruft. Einen Seminarteilnehmer beispielsweise dazu zu bringen, die Haltung seines Vorgesetzten ihm gegenüber in einer für ihre Beziehung günstigeren Weise zu sehen, wird bei dem Teilnehmer ein anderes Verhalten bewirken, das wiederum dazu beiträgt, eine befriedigendere Beziehung zu schaffen. Wer mit einem anderen Menschen Schwierigkeiten hat, ist im Allgemeinen der Ansicht, guten Glaubens und objektiv zu handeln, während er doch Teil seines Beziehungsproblems ist. Er liefert uns jedoch die Orientierungspunkte seiner mentalen Landkarte, die ihn dazu gebracht haben, die Haltung des anderen negativ zu beurteilen. Meine Intervention besteht also darin, seine Orientierungspunkte wieder

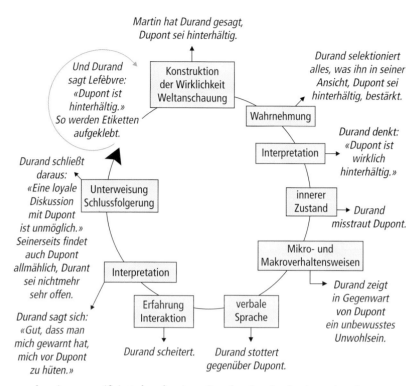

…oder wie man verifiziert, dass der eigene Standpunkt oder die eigene Annahme richtig ist

Die zirkuläre Logik der Kommunikation (2)

aufzunehmen und ihm andere vorzuschlagen, die seinen Standpunkt konstruktiv umwandeln und Verhaltensweisen bei ihm hervorbringen, die für seine Beziehungen vorteilhaft sind. Die Person selbst kann ihre Ausgangsinterpretationen nicht von sich aus revidieren, da sie in Bezug auf ihren Standpunkt kohärent und insofern respektabel sind. Daher ist für jeden der Dialog so notwendig, denn es fällt uns sehr schwer, unsere Interpretationen zu korrigieren, wie wir zu Beginn des Buches gesehen haben.

Der Einfluss der Umdeutung ist eng verbunden mit der Qualität der Beziehung, die wir zu der anderen Person aufbauen. Damit eine Umdeutung ihre Wandlungsfunktion auch voll erfüllt, muss sie die Ökologie des anderen respektieren und in ihm gleichzeitig hinreichend Erstaunen und Motivation hervorrufen, um sich zu wandeln. Jemanden in Erstaunen zu versetzen läuft darauf hinaus, sein altgewohntes Denken anzuhalten, um ihn für eine neue Wahrnehmung empfänglich zu machen, die ihn dazu bringt, neue Verhaltensweisen freizulegen. Wenn meine Klienten Annahmen oder Interpretationen formulieren, die sie behindern, ist es mir immer wieder eine Freude, mittels der Umdeutung Möglichkeiten ans Licht zu bringen, die sie im Dunkeln gelassen haben.

Die Kunst der Umdeutung gleicht der des Kunstschaffenden und des Wissenschaftlers, die jeder auf seine Weise in der Wirklichkeit neue Erhellung, neue Resonanz suchen, um ihr andere Dimensionen und Bedeutungen zu geben, wie etwa Picasso, «der aus einem gelben Fleck eine Sonne und aus der Sonne einen einfachen gelben Fleck macht». Die Praxis der Umdeutung gibt der Umsetzung von Wandel und der Therapie eine ästhetische und kreative Dimension; sie ist mitreißend, nicht nur für den, der darauf zurückgreift, sondern auch für denjenigen, der die anderen Aspekte seiner Wirklichkeit entdeckt. Je nach der Reaktion, die man beim anderen hervorrufen möchte, kann die Umdeutung mobilisierend, beruhigend, pädagogisch, provozierend, verwirrend, humoristisch sein – alles Attribute, die mächtige Hebel für den Wandel darstellen. In meinen Seminaren macht es den Teilnehmenden immer sehr viel Vergnügen, sich wechselseitig im Umdeuten zu üben.

Gleichwohl sei hier noch einmal hervorgehoben, dass *eine Umdeutung ökologisch sein muss*, um berücksichtigt zu werden, und zwar auf zwei Ebenen: Sie muss das psychische Gleichgewicht des Gesprächspartners respektieren, um akzeptiert und in seine Weltanschauung integriert zu werden, aber sie muss auch *eventuell mögliche schädliche Folgen* für das interaktionelle und soziale Umfeld des Betreffenden berücksichtigen. Um festzustellen, wo man auf stichhaltige Weise umdeuten sollte, muss man herausfinden, «wie der andere sein Problem konstruiert hat». Die Umdeutung kann nämlich auf mehreren Ebenen der Wirklichkeitskonstruktion vorgenommen werden. Abhängig von der logischen Ebene, auf der das Problem entstanden ist, könnte die Umdeutung auf den Wahrnehmungskontext (Umdeutung des Standpunkts), den konzeptuellen Kontext (Sinnumdeutung oder Umdeutung der logischen Ebene) oder den relationalen Kontext (Verhaltensumdeutung) abzielen.

Umdeutung des Standpunkts

Die Umdeutung ist hier darauf ausgerichtet, die Wahrnehmungsebene zu verändern, indem die Blickwinkel sowie die Lage des Standpunkts verändert werden. Da wir die Wirklichkeit nur von unserem Standpunkt aus wahrnehmen können, und da wir unsere eigene Position auf Grund der menschlichen Neigung zum Egozentrismus tendenziell für zentral halten, ist unsere Wahrnehmung der Wirklichkeit partiell und parteiisch. So hält jeder von uns seinen Anteil an Wahrheit und Irrtum, wie wir bereits gesehen haben.

Dank des Austauschs mit unseren Mitmenschen und beeinflussender Effekte lässt sich dieser Standpunkt jedoch verlagern und ausweiten: Was bei dem einen klar erscheint, kann bei dem anderen konfus wirken. Demnach behauptete Erickson, dass sich die Art und Weise, in der ein Therapeut seinen Klienten versteht, entscheidend auf die Therapieergebnisse auswirkt: «Je nach Sichtweise wird ein Patient zum Problembündel oder zur Ressourcensammlung.» Um das Bild der gleichzeitig halb vollen und halb leeren Flasche aufzugreifen, ist es genauso realistisch, die Medaille von der Rückseite, wie die Rückseite der Medaille zu zeigen.

Es geht indessen weder darum, einem naiven Optimismus (alles ist schön, alle Welt ist freundlich!) das Wort zu reden, noch für einen radikalen Pessimismus zu optieren (alle sind böse, die ganze Welt ist schlecht!), denn diese beiden binären Sichtweisen der Wirklichkeit sind beide partiell, eingeschränkt und beschränkend. Es geht ganz einfach darum aufzuzeigen, dass wir unsere Möglichkeiten begrenzen, wenn wir nur den einschränkenden Teil der Wirklichkeit wahrnehmen, ebenso wie wir Enttäuschungen riskieren, wenn wir nur den optimistischen Anteil wahrnehmen. Hervé, einer meiner Freunde und Lehrkraft, teilt mir seine Kritik an Paul, einem gemeinsamen Studenten, mit. Er beklagt:

– *dessen fehlende Motivation …*

Da ich nicht die Möglichkeit habe, mit ihm über dieses Thema zu diskutieren, gebe ich wenigstens folgende Anregung:

– *Hast du nicht bemerkt, dass Paul bei seiner Arbeit seit kurzem etwas motivierter scheint? Ich habe das Gefühl, er ändert sich.*

Durch Reorientieren seiner Beobachtung [10] lege ich ihm nahe, aufmerksam zu sein und Verhaltensweisen von Paul zu selektionieren, die meine Hypothese validieren. Die kleinen Veränderungen von Paul erhöhen für Hervé die Chancen, sie hervorzurufen: Nachdem sich Hervés Blick verändert hat, wird er sich gegenüber Paul anders verhalten, und es ist durchaus wahrscheinlich, dass er sie induziert. Da menschliche Beziehungen nun einmal zirkulärkausal verlaufen, da wir uns stets in einer kybernetischen Schleife befinden, warum sollen wir die Gelegenheiten nicht nutzen?

In einer schwierigen Situation vergraben sich die Menschen derart in ihrem Problem, dass sie weder den nötigen Abstand haben noch weit genug darüber stehen, um zu evaluieren. Damit lösen sie einen derartigen «Zoom-Effekt» aus, dass ihnen bestimmte Standpunkte entgehen, weil sie sie mas-

---

10 siehe Kapitel 17 zu den Taktiken der Intervention, Abschnitt *In gespannte Erwartung versetzen*

kiert haben. Die Intervention besteht demnach im Schaffen einer Distanzierung, durch die sich verschiedene und für die Lösung des Problems nutzbringende Blickwinkel öffnen. Unsere Konfrontation mit einer Person in Schwierigkeiten muss dazu führen, sie von der schwierigen Situation loszulösen[11], damit sie offen ist für eine angemessenere und für sie vorteilhaftere Erhellung. Bisweilen kann es schon genügen, meinen Sessel mit ihrem zu tauschen!

Umdeutung des Sinnes

Die Sinnumdeutung geht von denselben wahrgenommenen Fakten aus, schlägt dafür jedoch andere Interpretationen vor: Ziel ist, einer Situation einen neuen Sinn zu geben, ja sogar, einem Wort eine andere Bedeutung zuzuweisen. Pierre, einem etwas «rückständigen» Vater, der sich beklagt über die:

– *Eigenwilligkeit meiner Tochter Juliette …*

könnte man beispielsweise antworten:

– *Ja, Sie möchten sagen, dass Ihre Tochter wirklich weiß, was sie will. Das wird ihr im Leben helfen. Vor allem gegenüber Jungen, die ein wenig zu zudringlich sind.*

In diesem Beispiel bewirkte die Umdeutung, dass mein Gesprächspartner die nützliche Funktion von Eigenwilligkeit entdeckte: Für diesen Vater wurde die Eigenwilligkeit seiner Tochter zu einem Trumpf. Es sind weniger die Verhaltensweisen anderer, die wiederum die unsrigen ihnen gegenüber beeinflussen, sondern die Bedeutungen, Vermutungen und Interpretationen, die wir ihnen zuweisen.

Umdeutung des Verhaltens

Die Verhaltensumdeutung stützt sich auf die Tatsache, dass die Erklärung, allein und im Grunde stets hypothetisch, keine hinreichende Bedingung darstellt, um sich zu verändern. Wir haben es in den vorangehenden Kapiteln gesehen. Verhaltensumdeutung beruht auf dem systemischen Denken: Zum einen ist jedes Verhalten eng mit der Weltanschauung der handelnden Person verbunden, zum anderen muss dieses Verhalten als eine Reaktion der

---

11 siehe Kapitel 17, Abschnitt *Die Dissoziation oder Metaposition*

Anpassung an den Kontext, in dem es sich abspielt, betrachtet werden, und schließlich verbirgt jedes Verhalten eine positive Intention oder erfüllt eine nützliche Funktion, die zu Tage gefördert werden muss, um den gewünschten Wandel zu bewirken.

Wenn jemand an einem Verhalten leidet, das er sich selbst oder einem anderen entgegenhält, so erklärt er im Allgemeinen:

– *Ich würde mich gerne davon befreien (oder das Verhalten dieser Person ändern), aber ich schaffe es nicht.*

Anschließend gleitet er im Allgemeinen in alle möglichen psychologischen Erklärungen ab, um die Wohlbegründetheit seiner Position darzulegen. Dann reorientieren wir ihn, indem wir beispielsweise antworten:

– *Damit ich die Situation gut verstehe, ist es wichtig, dass Sie mir zunächst einmal sagen, welches Ziel Sie im Auge haben, wenn Sie sich so verhalten. Noch vor jeder Veränderung möchte ich, dass wir die nützliche Funktion dieses Verhaltens aufdecken, bevor wir es eliminieren. Gibt es Zusammenhänge, in denen es sehr nutzbringend wäre, wenn Sie noch darüber verfügen könnten?*

Hängt das Problem mit dem Verhalten einer Person aus ihrer Umgebung zusammen, so würden wir den Betreffenden bitten, darüber nachzudenken, welche positive Intention diese Person haben könnte, wenn sie sich so verhält. Bei diesen Fragen sind unsere Gesprächspartner im Allgemeinen überrascht.

Die Umdeutung erlaubt auch, *die Person von ihrer negativen Emotion zu lösen* (Dissoziation), da sie sie in eine Meta-Position versetzt: Sie wird nun dazu gebracht, ihr Problem in einem anderen intellektuellen, aber auch emotionalen Rahmen zu lösen. Da wir unser Vorgehen an den Zielen und nicht mehr am Problem ausrichten, verändert sich überdies die Empfänglichkeit des Betreffenden, da er geistig bereits neue Handlungsmöglichkeiten wahrnimmt. Ihm positive Intentionen, nützliche Funktionen für das beklagte Verhalten zu suggerieren, bringt ihn wiederum dazu, seine Eigenwahrnehmung oder die Wahrnehmung des anderen zu modifizieren.

Auf einem meiner Seminare erklärte ein Teilnehmer rumänischer Abstammung, der perfekt Französisch sprach, es fiele ihm sehr schwer, sich verständlich zu machen, man würfe ihm vor, zu schnell zu sprechen und schlecht zu artikulieren. All dies traf tatsächlich zu. Ich fragte ihn dennoch, ob er eine Vorstellung von der nutzbringenden Funktion und den Vorteilen seiner Aussprache habe und was sie ihm einbrächte. Bevor er auf diese Frage verbal antwortete, zeigte er nonverbale Reaktionen des Erstaunens und meinte dann sehr rasch und schlecht artikuliert:

– *Nein, ich sehe darin weder Nutzen noch Vorteil.*

Ich hörte ihm zu, indem ich ihm mit leichtem Lächeln ostentativ das Ohr zuwandte, so wie auch er bei seiner Antwort gelächelt hatte, und bat ihn dann (obwohl ich es natürlich genau verstanden hatte), das Gesagte zu wiederholen. Das tat er. Darauf antwortete ich ihm in vertrauensvollem Ton:

– *Wissen Sie, dass Sie Ihre Zuhörer nötigen, Ihnen und allem, was Sie sagen, gegenüber besonders aufmerksam zu sein …. Zu manchen Gelegenheiten kann es durchaus von Nutzen sein, wenn man weiß, wie man die Aufmerksamkeit der anderen gewinnt …. Ich kenne Menschen, die diese Fähigkeit hin und wieder gut brauchen könnten.*

Mein Gesprächspartner lächelte leicht, antwortete nicht und blieb stumm. Er schien zugleich zweifelnd und ein wenig schelmisch und zeigte zugleich eine Art von Erleichterung, von Ressourcenzustand, wie die NLP Praktizierenden sagen würden, winzige Zeichen, die anzeigten, dass der «Samen» der Umdeutung in ihm vielleicht schon im Keimen begriffen war. Da ich ihn nicht wirklich kannte, regte ich eine weitere Umdeutung an, um die positive Intention seines zu raschen Sprechens zu würdigen:

– *Wenn man eine Fremdsprache sehr gut beherrscht, neigt man oft dazu, zu rasch zu sprechen, vielleicht, weil man dadurch beweisen möchte, dass man sie sich gut angeeignet hat. Meist ist das jedoch vollkommen unnütz, weil es den anderen schon klar ist.*

Und schließlich habe ich ihm folgende Lösung vorgeschlagen [12]:

– *Wenn Sie das nächste Mal intervenieren möchten, sprechen Sie wie gewohnt, aber viel schneller. Das kann eine interessante Erfahrung werden.*

Kurz darauf intervenierte er in einer derart hastigen und undeutlichen Sprache, dass er sofort in Lachen ausbrach …. Während einer Pause, ein paar Stunden nach dieser Episode, kamen Teilnehmer zu mir und sagten: «Haben Sie bemerkt, dass er seinen Redefluss verlangsamt hat und man ihn besser versteht?» Ich stimmte ihnen zu, bat sie aber dennoch, mit ihren Bemerkungen zu warten, jedoch ihre Aufmerksamkeit deutlich zu zeigen, wenn dieser Herr spräche. (Wenn es zu einer Verhaltensänderung kommt, ist es wenig elegant und vor allem nicht besonders sinnvoll, es dem Betreffenden sofort zu Bewusstsein zu bringen, das wäre ein strategischer Fehler.). Am Ende des Tages, als wir eine Video-Übung machen wollten, meldete sich eben dieser Teilnehmer freiwillig, was er bislang nicht getan hatte. Als wir die Übung

---

12 siehe Kapitel 17, Abschnitt *Symptomverschreibung und Ermutigung zum Widerstand*

anschauten, konnte er nicht umhin, seine Aussprache zu kommentieren und seine Zufriedenheit zum Ausdruck zu bringen:

– *Es ist seltsam …, gestand er, ich habe mich überhaupt nicht angestrengt. Nicht eine Sekunde habe ich an diese Schwierigkeit gedacht …, aber ich habe den Eindruck, normal zu sprechen.*

Es ist eine ganz bedeutende Regel für einen Wandel, dass dessen Umsetzung umso besser verläuft, wenn sie unbewusst geschieht. Gegen sich selbst kämpfen zu wollen, wie es dieser Teilnehmer seit langem versucht hatte, bildet oft das größte Hindernis für einen Wandel: Es sind im Gegenteil das Entdecken und Anwenden der nutzbringenden Funktion eines Verhaltens oder der Entdeckung seiner positiven Intention (mit oder ohne Symptomverschreibung), die das Loslassen zu Beginn eines jeden tief greifenden Wandels ermöglichen.

Weniger die Geschehnisse schränken uns ein, als vielmehr die Interpretation, die wir ihnen zuweisen.

Das Beispiel erfolgreicher Menschen zeigt uns, dass deren Leben weniger durch ihre Erlebnisse als vielmehr durch die Art bestimmt wird, in der sie sie betrachten und darauf reagieren.

Der Rahmen, in dem wir eine Situation wahrnehmen, bestimmt den Sinn, den wir ihr zuweisen.

Dritter Teil
Unsere Denkweisen reformieren – ein Muss

Wir urteilen nur über Modelle.

Paul Valéry

7 Die Grenzen des analytischen Modells und der disjunktiven Logik

Wandel bedeutet vor allem, anders zu denken

Da unsere Wahrnehmungen von unseren Denkweisen geformt werden, fällt es uns sehr schwer, Offensichtliches zu entdecken, und zwar einfach deshalb, weil unsere alten Denkweisen uns daran hindern, Altes mit neuen Augen zu sehen. Nichts ist zählebiger als die «Modelle» und Logiken des Denkens. Dabei ist es zur Umsetzung von Wandel zuallererst einmal nötig, anders zu denken, um anders zu handeln. Auch wenn die uns beherrschenden Denkmodelle und Logiken rigide sind, hört deshalb die Umwelt nicht auf, sich zu verändern, und daher werden sie eines Tages obsolet. Weit davon entfernt, unsere traditionellen Denkweisen zu verurteilen, schlagen wir dennoch vor, sie zu hinterfragen und mit anderen zu vereinen, um sie zu erweitern. Es geht hier nicht darum, neue Wahrheiten zu verkünden: Das Problem von Denkweisen liegt nicht darin, ob sie wahr oder falsch sind, sondern ob sie wirksam, nutzbringend und fruchtbar sowie besser geeignet sind, um die Komplexität menschlicher Systeme zu erfassen.

Die Frage lautet daher nicht: «Was muss man denken, um sich zu wandeln?», sondern: «Wie muss man anders denken, um den Wandel zu fördern?» Wir haben gesehen, dass das Denken über Tausende von Wegen verfügt, um die Wirklichkeit zu konstruieren: Welches sind wohl die sachdienlichsten und ökonomischsten, um sich auf einen Wandel zuzubewegen und ihn hervorzurufen? So lautet die Grundfrage beim Umsetzen von Wandel und in der Kurztherapie. Wenn bestimmte Wege, gewisse Logiken unausweichlich in die Sackgasse und zum Fortbestehen von Problemen führen, so führen andere wiederum leichter zu deren Lösung. Wir leben innerhalb von Logiken, die wir unsererseits hinter uns lassen. Sie beruhen auf dem analytischen Modell, einem Erbe vieler verflossener Jahrhunderte. Nun revolutioniert das systemische Modell, eine zeitgenössische Entdeckung, diese klassische Logik. Seine Eignung für das Erfassen menschlicher Systeme macht es operationaler, um den komplexen Problemen der heutigen Zeit zu begegnen. Auf ihm gründet die Logik dieses Werkes und sein Fazit.

Das Erbe der disjunktiven Logik

Als Helden kartesianischen Denkens sind wir zugleich auch dessen Opfer. Von Aristoteles erdacht und von Descartes ausgestaltet, besteht diese binäre Art des Denkens darin, zu unterscheiden, zu zerlegen. Sie bringt uns dazu, zu unterteilen oder entgegenzusetzen, um zu verstehen. So vollzog sich die Entwicklung der Medizin im 20. Jahrhundert im Entstehen von Fachbereichen, obwohl der Organismus ein Ensemble von Systemen und Subsystemen in enger wechselseitiger Abhängigkeit ist. Die Ausführungen von Ray Birdwhistell, einem der Mitglieder der Gruppe von Palo Alto, verdeutlichen die Prägnanz dieser Denkweise: «Ich finde es lächerlich und deplatziert, ein organisches oder soziales System zu unterteilen und zu handeln, als seien wir ein kleines, rotes Auto mit Rädern, Halterungen und anderen abnehmbaren Teilen, die sich nacheinander untersuchen lassen. So ist die Natur nicht [...] die Leber ist nur auf dem Seziertisch des Anatomen eine Leber.» Dennoch hat diese Form des disjunktiven Denkens der Wissenschaft ihren Fortschritt ermöglicht und zu einer ganzen Reihe technologischer Neuerungen geführt: Die Erfindung des Computers der ersten Generation repräsentiert zweifellos die perfekte Umsetzung des binären Denkmodells. Diese disjunktive Logik kann aber auch ganz bewusst eingesetzt werden. In der Therapie ist sie von offensichtlichem Interesse, wenn meine Klienten für sie schädliche Verbindungen oder Assoziationen herstellen; ich greife systematisch darauf zurück, um die zur Lösung ihrer Probleme notwendigen Dissoziationen zu bewirken. Die disjunktive Art zu denken, die seziert und zerlegt, dient auch dem konkreten und spezifischen Definieren von Zielen. Es geht also hier nicht darum, den *Bericht über die Methode*[13], der für die Entwicklung der wissenschaftlichen Forschung in ihrer Anfangsphase von entscheidender Bedeutung war, auf den Index zu setzen. Die Entdeckung der Komplexität und die Entwicklung des Wissens zwingen uns jedoch, uns mit neuen Denkwerkzeugen zu versehen[14]: Denn was gestern galt und nützlich war, kann sich heute als falsch und hinderlich erweisen. Würde Descartes heute wieder auf die Erde zurückkehren, zöge sein Genie zweifellos den größten Nutzen aus den neuen Daten der Wissenschaft, und sicher würde er einen neuen *Bericht über*

---

13 René Descartes (1596–1650): *Discours de la Méthode*, 1637 (A. d. Ü.)
14 «Indem man komplexe Probleme für kompliziert hielt und mit analytischen Methoden behandelte, hat man sie nur noch komplexer gemacht», schreibt Jean-Louis Le Moigne in *La Modélisation des systèmes complexes*.

die Methode verfassen. Edgar Morin[15], Soziologe und Epistemologe, hat sich dem großen Projekt gewidmet, Perspektiven für den Wandel im Bewusstsein herauszuarbeiten, eine Methode zur Erfassung der Komplexität des Wirklichen zu erstellen.

Binäres Argumentieren oder die Logik des ausgeschlossenen Dritten

Die binäre Art zu argumentieren bringt uns dazu, Probleme im Sinne eines Dilemmas, eines Widerspruchs oder eines Gegensatzes zu stellen. Aber genügt dies, um zu glauben, die Wirklichkeit sei so konstruiert?

In gewissen Werken über das neue Management gefallen sich die Autoren oft darin, zwischen Intuition und Rationalität zu unterscheiden, um sie einander gegenüberzustellen. Dabei enthält jedes intuitive Denken seine verborgene rationale Seite, wie jedes rationale Denken seinen Anteil an Intuition verbirgt. Es ist ein Mythos zu glauben, ein Gedanke könne jeweils strikt rational oder emotional sein, dies läuft letztlich darauf hinaus, an die Existenz von «Trennwänden» zwischen den Anteilen des Gehirns und vor allem zwischen der rechten und linken Hemisphäre zu glauben. Rationales und intuitives Denken sind untrennbar und nähren sich gegenseitig. Kant meint genau dies, wenn er schreibt: «Begriffe ohne Intuition sind hohl, und Intuitionen ohne Begriffe sind blind.» Im Gegenteil: Indem wir ihre intrinsische Komplementarität anerkennen und die Ressourcen beider Denkmodelle kombinieren und in Einklang bringen, fördern wir das Entstehen einer präziseren Intuition und einer sachdienlicheren weil nuancierteren Rationalität. Um mit Edgar Morin zu sprechen: «Strikt rationales Denken brächte uns ebenso in Gefahr, wahnsinnig zu werden, wie strikt intuitives Denken. In extremer Ausprägung führt das eine wie das andere ad absurdum».

Im Übrigen bemerke ich bei meinen Seminaren sehr oft die in Firmen gängige Tendenz, die technischen Probleme von den menschlichen Problemen zu trennen, um sie gegeneinander zu setzen: Erstere werden als rational, letztere als irrational, weil rein affektiv eingeordnet. Aber selbst wenn man zugibt, dass technische und menschliche Probleme ineinander verwoben und untrennbar sind, lassen sich viele Menschen beim Herangehen an diese Probleme noch immer von ihrer kartesianischen Logik konditionieren. Ihre im Allgemeinen technische und im Wesentlichen auf dem binären und linearen Modus beruhende Ausbildung ist allerdings wenig geeignet, die komplexen Managementprobleme zu lösen, denn diese unterliegen nicht jener disjunktiven, mechanistische Lösungen hervorbringenden Logik. Die

---

15 siehe Literaturverzeichnis

Herausforderungen der Unternehmen haben sich in ihrer Konfiguration geändert, indem sie komplexer wurden; sie liegen vor allem in der Fähigkeit zur Innovation sowie in der Qualitätskontrolle der produzierten Güter und Dienstleistungen. Dies impliziert neue Kompetenzen im Management menschlicher Beziehungen und Ressourcen, und dies wiederum erfordert, die Denkwerkzeuge von Managern wieder auf den neuesten Stand zu bringen.

Die Folgen des binären Denkens

Die binäre Art des Denkens wird besonders gefährlich, wenn sie zum Manichäismus mit all seinen Begleiterscheinungen, wie Dualismus, Fanatismus und Ausschluss führt. Beim Analysieren der Verantwortungsbereiche totalitärer Ideologien hat Paul Watzlawick ebenso wie Edgar Morin gezeigt, in welchem Ausmaß Ideologien aus dem Wahn einer bis ins Absurde getriebenen Rationalität resultieren können. In ihren extremen Ausprägungen sind sowohl die Rationalität wie die Irrationalität Trägerinnen von Mythen, die in unserer Geschichte zu den schlimmsten Gräueltaten geführt haben: Hat nicht der Nationalsozialismus den Rassismus als wissenschaftliche Wahrheit in die Biologie einführen wollen? Hat sich nicht der Stalinismus der genetischen Betrachtungsweise bedient? Und sprechen nicht manche heutzutage von ethnischer Säuberung? Ähnliche Schrecken resultieren aus Religionen, die zu Fanatismus neigen. Manichäisches Denken bildet den Hintergrund für «Patendlösungen», über die ich in Kapitel 3 gesprochen habe. Diese radikalen Lösungen in Form eines Nullsummenspiels gestatten nur zwei Möglichkeiten, von denen die eine die andere eliminiert. Um zu gewinnen, ist es zwingend erforderlich, dass der andere verliert bzw. – schlimmer noch – um zu überleben, muss man notwendigerweise den anderen eliminieren. Die Hypothese eines Spiels, dessen Summe ungleich Null ist, d. h. aus dem zwei Gewinner hervorgehen, ist in einer binären Argumentation allerdings unmöglich, während dieses Spiel, wie wir sehen werden, in einer interaktionellen Argumentationsweise spielbar ist.

Lineare Kausalität, Determinismus und Kulpabilisation

Lineare Kausalität lässt sich wie folgt zusammenfassen: A verursacht B, das wiederum C auslöst und dies in einer unendlichen Kette von Ursache und Wirkung. Menschliche Probleme werden im Allgemeinen noch immer in dieser Weise aufgefasst, vor allem in Unternehmen. Damit wird der Ursprung des Problems meist zu den anderen verlagert: Dienstleistungen,

Personen, der Markt, die Konjunktur …. Dieses Vorgehen demotiviert und kulpabilisiert nicht nur und nimmt den Menschen die Verantwortung, sondern blockiert auch deren Möglichkeiten zur Veränderung. Derart gelagerte Probleme führen meist zu ungeeigneten Lösungen, die das System erstarren lassen oder es noch ein wenig mehr durcheinander bringen. Wie viel Zeit und Energie werden mit Diskutieren verschwendet, um die an Funktionsstörungen schuldigen Sündenböcke herauszufinden? Wie oft hören wir: «Wenn das hier nicht läuft, dann wegen der Verwaltung» oder: «Wenn es hier Arbeitslosigkeit gibt, dann wegen der Konkurrenz aus Asien und Südosteuropa» oder auch: «… wegen der technologischen Entwicklung, die Arbeitsplätze vernichtet». Einen Schuldigen zu finden führt nur selten auf den Weg der Lösung und entspringt eher dem Wunsch, das Übel ein für alle Mal auszurotten. Will man das Übel unterschiedslos ausrotten, geschieht es oft, dass man gleichzeitig auch das darin enthaltene Heilmittel beseitigt. Diese anklagende Haltung, den Schuldigen oder Kranken anderenorts zu suchen, ermöglicht es einem auch, sich selbst für ganz gesund und frei von Verantwortung zu halten und dies auch nach außen zu vermitteln.

Die Umkehreffekte des Vorhersagens bzw. -sehens

Die lineare Logik führt dazu, Kausalität zu denken, ohne die Rückwirkung, d. h. Effekte als Folge ihrer eigenen Ursachen, zu berücksichtigen. Diese Logik bringt Situationen mit sich, die es vielleicht niemals gegeben hätte, wenn man nicht ihre Existenz vorhergesehen hätte. Vor einigen Jahren wurde in Frankreich eine mögliche Zuckerverknappung angekündigt. Durch diese Information in Panik versetzt, stürzten die Franzosen also in die Läden, um sich «vorsorglich» mit möglichst viel Zucker einzudecken. Natürlich trat nach einigen Tagen die angekündigte Vorhersage ein: In den Läden gab es kein Körnchen Zucker mehr. Alle sozialen oder ökonomischen Informationen bergen die Gefahr «sich selbst erfüllender Prophezeiungen» – umso besser, wenn die vorhergesagten Ereignisse wünschenswert sind, ansonsten ist es nicht gut. Das Vorhersagen bzw.- sehen eines Ereignisses begünstigt unaufhaltsam dessen Eintritt. Schon Thomas Hobbes[16] hob diesen Sachverhalt seinerzeit hervor: «Die Vorhersage ist oft die Hauptursache des vorhergesagten Ereignisses.»

Der Ankündigungseffekt stellt ein komplexes Problem von Verantwortlichkeit und Ethik dar: schlecht evaluiert und unzureichend unter Kontrolle

---

16 Thomas Hobbes (1588–1679), englischer Philosoph und Politologe, Autor der bekannten Formulierung: «Der Mensch ist dem Menschen ein Wolf».

kann eine Ankündigung zum Ausgangspunkt von Problemen und Krisen werden, die vermeidbar gewesen wären. Je nach dem Widerhall, den ein prädiktives Ereignis oder eine prädiktive Information findet, lösen die Medien ihrerseits gesellschaftliche Reaktionen aus, deren nicht unbedingt wünschenswerten Niederschlag sie nicht unter Kontrolle haben. Damit sind auch wir gehalten, in allen Bereichen unseres Lebens – in der Familie, in der Paarbeziehung, am Arbeitsplatz etc. – wachsam zu sein.

Auf einer anderen Ebene birgt die gegenwärtige Entwicklung der «prädiktiven» Medizin, die auf die Prävention einer Reihe von Erkrankungen abzielt, im Keim das vergleichbare Risiko, Krankheiten zu entwickeln, die niemals hätten auftreten können: Damit stehen auch die medizinische Verantwortlichkeit und Ethik auf dem Prüfstand. In einem seiner *Propos sur le bonheur*[17] (Abhandlung über das Glück) mit dem Titel «Crainte est maladie» (Furcht ist Krankheit) sprach der Philosoph Alain das Problem an: «Thales, Bias, Demokrit und die anderen berühmten Greise alter Zeiten hatten zweifellos keinen besonders guten Blutdruck, als ihnen die Haare auszufallen begannen, aber davon wussten sie nichts, was kein geringer Vorteil war. Die Einzelgänger der Thebais[18] waren in einer noch besseren Position, da sie den Tod erhofften, statt ihn zu fürchten, lebten sie sehr lange. Würde man die Unruhe und die Furcht physiologisch und sehr eingehend untersuchen, so sähe man, dass es sich um Krankheiten handelt, die zu anderen hinzukommen und deren Verlauf beschleunigen, dergestalt, dass derjenige, der weiß, dass er krank ist und dies nach dem Medizinorakel im Vorhinein weiß, doppelt krank ist. Mir ist klar, dass die Furcht uns dazu bringt, Krankheit durch Diät und Medikamente zu bekämpfen, aber welche Diät und welche Medikamente würden uns von der Furcht heilen?»

- Die Frage lautet nicht: «Was muss man denken, um sich zu verändern?», sondern: «Wie muss man anders denken, um den Wandel zu fördern?»
- Die binäre Art zu argumentieren bringt uns dazu, Probleme im Sinne eines Dilemmas, eines Widerspruchs oder eines Gegensatzes zu stellen.
- Rationales und intuitives Denken sind untrennbar und nähren sich gegenseitig.
- Die disjunktive Logik ist nützlich, um schädliche Vermischungen oder Assoziationen zu reduzieren und die für die Problemlösung notwendigen Dissoziationen zu bewirken. Gleichzeitig dient sie dem konkreten und spezifischen Definieren von Zielen.

---

17 Gallimard, Paris, 1992
18 Jean Racine (1639–1699), *La Thébaïde ou Les frères ennemies* (*Die Thebais* oder *Die feindlichen Brüder*; 1664) bzw. Publius Papinius Statius (40–96 n. Chr.), Thebais, *Zug der Sieben gegen Theben* (A. d. Ü.)

- Sie ist schädlich, wenn sie dazu führt, im Sinne von Ursache und Wirkung sowie im Sinne einer Suche nach Schuldigen und von Umkehreffekten des Vorhersagens bzw. -sehens zu denken.
- Binäres und lineares Denken sind nicht geeignet, um die Wandlungsprobleme eines menschlichen Systems – ob Individuum oder Organisation – zu lösen, denn der Wandel unterliegt keiner zu mechanistischen Lösungen führenden Logik.
- Die Umsetzung des Wandels erfordert zunächst einmal, anders zu denken, um anders zu handeln.

Der folgende Sketsch von Raymond Devos zeigt auf spielerische, aber nichtsdestoweniger realistische Weise die bisweilen umgekehrten Effekte des Voraussagens, vor allem bei der Astrologie, die sich enormer Beliebtheit erfreut:

Ich weiß nicht, ob Sie Horoskope lesen …. Ich tue es jeden Morgen.
Vor acht Tagen lese ich in meinem Horoskop: «Auseinandersetzungen und Streit in der Ehe.»
Ich gehe zu meiner Frau:
– Was machst du?
– Nichts.
– Also …. Warum streitest du?
Seitdem haben wir Krach!
Heute Morgen lese ich in meinem Horoskop: «Gefahr von Unfällen.» Also schaue ich am Steuer meines Wagens den ganzen Tag nach links … nach rechts … nichts! Nichts!
Ich sage mir: «Vielleicht habe ich mich getäuscht.»
Und wie ich so nachschaue in der Zeitung neben mir auf dem Sitz … Rums! … Das war's!
Der Fahrer steigt aus und sagt:
– Sie hätten mir ausweichen können!
– Keinesfalls, es war vorherbestimmt!
– Wie das?
– Der Unfall steht schon in der Zeitung!
– Unser Unfall ist schon in der Zeitung?
– Von Ihrem weiß ich nichts, aber meiner steht drin!
– Ihrer ist meiner!
– Oh! … Eh! … Eine Sekunde! … Unter welchem Sternzeichen sind Sie geboren?
– Waage!
– Waage?
Ich schaue unter Waage nach und sage:
– Nein, Sie haben keinen Unfall! … Sie täuschen sich, mein Lieber!
Ein Polizist kommt und sagt:
– Haben Sie mein Zeichen nicht gesehen?
– Nehmen Sie die Zeitung, und schauen Sie nach! … Ich such' doch nicht für jeden das Sternzeichen raus!

Raymond Devos, Matière à rire, Éditions Olivier Orban, Paris, 1991

8 Die Relevanz des systemischen Modells und der vernetzenden Logik

Das systemische Denken ist ein neuer Abschnitt in der Geschichte des Denkens, eine neue Logik zum Erfassen der Welt: Ohne daraus eine unverrückbare Wahrheit zu machen, erlaubt es, sich eine neue Sichtweise der Wirklichkeit anzueignen und eröffnet andere Reaktionsperspektiven. Dieses In-Frage-Stellen des linearen und disjunktiven Denkens ist keine Niederlage des Denkens. Weit gefehlt! «Es ist im Gegenteil ein Sieg des Geistes insofern, als der menschliche Geist über jene wunderbare Fähigkeit verfügt, die unvermeidlichen Mängel des von ihm Konstruierten noch vor dessen Vollendung selbstständig aufzuspüren.» (Albert Jacquart, *Au péril de la science?*). Der systemische Ansatz stellt einen neuen epistemologischen Glaubensakt dar, und es ist interessant, ihn zu erproben.

Ein Denken, das vernetzt

Das systemische Modell ist eher auf die Interaktionen von Elementen eines Systems als auf die einzelnen Elemente ausgerichtet. Wenn es in einer ersten Phase von Nutzen ist, die Elemente eines Systems zu identifizieren und voneinander abzugrenzen, so geschieht dies, um sie im Hinblick auf ein umfassendes Verstehen besser miteinander zu verknüpfen. Während das analytische Modell dazu führt, ein Phänomen zu isolieren, um es besser studieren und beherrschen zu können, verfolgt der systemische Ansatz dagegen das Erfassen seiner Interaktionen und vielfältigen Verbindungen.

Die vernetzende Logik lädt ein, sich vom Diktat des Richtig/Falsch, Schwarz/Weiß, Normal/Anormal, von These und Antithese sowie von der verstümmelnden Dichotomie Meister/Schüler, Mann/Frau, Lenker/Gelenkter, Pflegender/Gepflegter zu befreien. Allesamt sind es in Wirklichkeit die beiden untrennbaren Seiten ein und derselben Wirklichkeit. Auf diese Weise entdecken wir also, dass wir durch Integrieren und Verbinden zweier scheinbar widersprüchlicher, aber komplementärer Aspekte ein und derselben Wirklichkeit eine dritte Dimension der Wirklichkeit aufdecken, nämlich die der Interaktionen zwischen diesen beiden Komponenten. Eins plus eins ergibt also nicht mehr zwei, sondern drei! Der systemische Ansatz nimmt als Beobachtungs- und Interventionsfeld eben gerade diese Dimension der Interaktion, die in vernetzten, ganzheitlichen und zirkulären Logiken voll umgesetzt wird. Er versetzt Elemente, Ideen und Personen zurück in ihren jeweiligen relationalen Kontext und berücksichtigt systematisch die wechselseitigen Abhängigkeiten und Rückwirkungen .... Wo das disjunktive Denken die Elemente herausschneiden und Grenzen errichten würde, baut der systemische Ansatz Brücken.

«Und» und «mit» sind die bevorzugten koordinierenden (beiordnenden) Konjunktionen des vernetzten Denkens, während das disjunktive Denken eher *oder, gegen* oder *aber* verwendet.
Neigt der disjunktive Modus eher zum Teilen, Subtrahieren und Ausschließen, bevorzugt der vernetzte Modus die Multiplikation, den Einschluss, die Kombination.

Angesichts des anderen geht es also nicht mehr um mich oder ihn, sondern um die Interaktion zwischen mir und dem anderen, welche das «Wir» konstruiert, das die *emergente Qualität der Beziehung* bildet. Aus systemischer Sicht liegen die Wahrnehmung eines Problems und die Suche nach entsprechenden Lösungen in der Anwendung eines integrativen und kreativen Ansatzes, bei dem es je nach Kontext darum geht, die ursprünglichen Widersprüche in Einklang zu bringen oder miteinander zu versöhnen. Dieser Ansatz impliziert ein intellektuelles Loslassen, das sich nur über einen Wechsel der logischen Ebene bewirken lässt, um über die Widersprüche, die wir in automatisch konditionierter Weise wahrnehmen, hinauszugelangen und sie zu transzendieren. Aus dieser Perspektive werden die Beziehungen zwischen den Dingen wichtiger als die Unterscheidungen. Das Verhalten von Elementen eines Systems wird nur verständlich, wenn man den interaktionellen Kontext berücksichtigt, in dem sich dieses Verhalten zeigt. So liegt die Leistung eines zwangsläufig aus Führungskräften, Technikern, Verwaltungsangestellten, Sachbearbeitern und Außendienstmitarbeitern bestehenden Unternehmens vorzugsweise in der Qualität von Beziehungen und der Kooperation zwischen den verschiedenen Entitäten als in der jeweils für sich genommenen Qualität seiner Mitarbeiter: Es sind die Beziehungen innerhalb des Unternehmens, welche die emergente Qualität seines Managements und seine Dynamik hervorbringen. Und aus eben diesem Grund konzentrieren wir unsere Interventionen eher auf den jeweiligen interaktionellen Kontext, in den die Individuen gestellt sind, als auf die Individuen selbst. Auch beim Coaching bitten wir unseren Klienten, den interaktionellen Kontext zu beschreiben, in welchem er den dargestellten Schwierigkeiten begegnet.

Vom Dilemma zur objektiven Definition: Ein Wechsel der logischen Ebene

«In der Lehre des Zen gilt das Lernen als Übergang auf eine höhere Ebene, von der aus der Schüler seine Gedanken und Wertvorstellungen losgelöst betrachten kann. Solange der Schüler auf einer Ebene verharrt, eine Vorliebe hat oder über Gut oder Schlecht, Positiv oder Negativ, Spirituell oder Materiell urteilt, ist das Ziel des Lernens nicht erreicht. Ein guter Zen-Meister muss meiner Ansicht nach in der Lage sein, die Kreisförmigkeit oder Einheit und die Komplexität der Situation so deutlich erfassen zu lassen, dass der Schüler dieses Komplexitätsniveau notgedrungen überschreitet.» (F. Varela et al., *L'Inscription corporelle de l'esprit*).

Wenn wir in der Sackgasse eines Problems feststecken, ist es ein guter Reflex, auf eine höhere logische Ebene zu gehen, um einen Ausweg zu eröffnen. Nun liegen aber die Ziele im Verhältnis zu den Mitteln und Lösungen auf einer höheren Ebene. Hinter einem Dilemma verbirgt sich im Allgemeinen ein schlechtes oder nicht identifiziertes Ziel: Dieses muss im ersten Abschnitt der Problemlösung zu Tage gefördert werden, um jene dritte Dimension freizulegen, die zur Ausweitung des Feldes möglicher Lösungen unabdingbar ist.

Nehmen wir das Beispiel eines schon lange mit seiner Arbeit unzufriedenen Menschen, Dominique, die ihr Problem auf klassische Weise mittels einer alternativen Frage bzw. Lösung zum Ausdruck bringt:

– *Muss ich meinen Arbeitsplatz kündigen, oder muss ich mich mit meiner gegenwärtigen Situation zufrieden geben?*

Diese Art, uns zu befragen, hindert uns, eine Situation global zu erfassen. Zwischen zwei Elementen eingezwängt, schlingert die Entscheidungsfindung hin und her und läuft Gefahr, auf lange Zeit blockiert zu sein. Die Hilfe, welche Dominique zunächst einmal zukommen sollte, besteht darin, sie zum Wechsel der logischen Ebene ihrer Fragestellung zu bringen, um ihr Zutritt zu einer logischen Ebene höherer Ordnung zu verschaffen, die geeignet ist, ihr einen neuen, operationaleren Rahmen zu vermitteln. Ihre Entscheidungsfindung ließe sich erleichtern, indem man sie beispielsweise fragt:

– *Was ist für Sie in Ihrem Berufsleben das Wichtigste, das erfüllt sein sollte?*

oder

– *Was würde Ihre Arbeit Ihnen Zusätzliches bieten, wenn sie befriedigender wäre?*

oder auch

– *Welche Arten von Befriedigung erwarten Sie von Ihrem Beruf?*

Ist dieser erste Abschnitt einmal überwunden, so käme damit endlich ihre Kreativität frei und könnte darin investiert werden, «wie» sich ihre Ziele erreichen und ihre Hoffnungen erfüllen ließen. So würde es ihr möglich, ihre Situation auf andere Weise zu betrachten: Arbeitsweisen verändern, neue Arbeitsbereiche und Funktionen aushandeln. Und falls dies in ihrem Umfeld nicht möglich ist, könnte Dominique die Verwirklichung ihrer Vorstellungen an anderer Stelle suchen und ggf. dort die dazu erforderlichen Mittel anwenden. Die Definition des Ziels ist eine Befreiung für die Person. Sie ermöglicht, Ansprüche mit der Wirklichkeit zu verbinden und sachbezogen zu handeln.

Zahlreich sind die jungen Abiturienten, die sich mit besonders unangemessenen binären Fragen quälen, wie etwa: «Soll ich mich für Jura oder besser für Volkswirtschaft einschreiben?» oder «Soll es eine Universität oder eine Hochschule sein?» Ohne ein Ziel im Auge zu haben, können diese Fragen keine Auswahlmöglichkeiten bilden. Die von allen Seiten eingeholten Ratschläge sind im Allgemeinen widersprüchlich und bringen sie nur mehr in Verwirrung. Mit der Zeit stehen diese jungen Abiturienten irgendwann vor der Wand, dazu verurteilt, eine übereilte Entscheidung zu treffen, die ihren (nicht immer erforschten) Wünschen nicht entspricht, sondern sich nach den hier und da verfügbaren Studienplätzen richtet. Gerade dort, wo ein Dilemma besteht, sind die Freiheit der Wahl und die Verantwortung der Entscheidung ausgeschlossen.

Angesichts eines Problems in Form eines Dilemmas hat die Etappe der Definition von Zielen und Klärung von Kriterien oberste Priorität.
Sie gibt Interventionen eine Richtung, erleichtert und orientiert die Suche nach Lösungen, und – was ganz entscheidend ist – dient der Wahrung der Ökologie des Betreffenden bzw. des betroffenen Systems: Jede Lösung muss an das Modell der Welt des betroffenen Systems, d. h. seine Kultur, seine Kriterien, seine Wertvorstellungen, sein Streben sowie seine Finalität in Abhängigkeit von dem es umgebenden Kontext angepasst werden.

Zirkuläre Kausalität, Probabilismus und Verantwortlichkeit

In der zirkulären Logik ist A nicht die Ursache; B ist nicht die Wirkung von A; A und B realisieren sich gleichzeitig; A und B sind zugleich *Ursache und Wirkung*. Beobachten wir beispielsweise ein Paar beim Interagieren: Auch wenn ein Part als Führung, der andere als Geführte/r erscheinen kann, lässt sich unmöglich erkennen, wer damit begonnen hat, diese Position einzunehmen, und man kann auch nur schwer vorhersagen, was der eine ohne den anderen Part wäre. Die Entdeckung des Prinzips der zirkulären Kausalität stellte eine Revolution im Kausalitätsprinzip dar. Sie entspricht einer der größten Veränderungen in unserer Wahrnehmung der Wirklichkeit; diese zirkuläre Logik liegt unserem gesamten komplexen Denken zu Grunde. Im Alltag oft nur unzureichend berücksichtigt, erweist sie sich nichtsdestoweniger als besser an das Verständnis komplexer Systeme und die Umsetzung von Veränderungen in menschlichen Systemen adaptiert. Durch radikales Modifizieren unserer ursprünglichen Konstruktion der Wirklichkeit zwingt sie uns gar, unsere alten Denkgewohnheiten abzulegen.

Sobald wir mit einem menschlichen Problem konfrontiert sind, sehen wir uns der Komplexität gegenüber: Auf Grund der zirkulären Logik treten Ursache und Wirkung gleichzeitig auf, und der Begriff der linearen Kausalität hilft nicht mehr weiter.

Lassen Sie mich dies durch eine Geschichte veranschaulichen: Eines Tages fragt ein Schüler den Meister Nasrudin [19]: «Schicksal, was ist das?», und dieser antwortet: «Es ist eine Abfolge ineinander verwobener Ereignisse, die sich gegenseitig beeinflussen.» «Das verstehe ich nicht», antwortet der Schüler, «denn ich glaube, wir werden vom Gesetz von Ursache und Wirkung regiert.» «Wie du willst», erwiderte der Meister, «aber schau dir dies einmal gut an.» Er wies auf eine Kolonne, die auf der Straße vorüberzog, und sagte: «Du siehst, sie werden diesen Mann hängen. Geschieht das nun, weil ihm jemand ein Geldstück gab, mit dem er sich dann ein Messer gekauft hat, um seinen Mord zu begehen, oder weil ihn jemand gesehen hat, als er ihn beging, oder weil ihn niemand daran gehindert hat, ihn zu begehen?»

Der systemische Ansatz geht von der Hypothese aus, dass es «weniger eines Wandels *im* System als eines Wandels *des* Systems» bedarf bzw. dass weniger eine «Therapie im System als eine Therapie des Systems» nötig ist.

Sobald sich infolge seiner Komplexität nicht mehr alle Ursachen eines Problems registrieren und identifizieren lassen, verliert der analytische klassische und rationale Ansatz seine Wirksamkeit. Indem wir uns auf die Logik der zirkulären Kausalität stützen, eröffnen wir uns die Möglichkeit, einen Wandel 2. Ordnung zu vollziehen, der allein die Evolution des betreffenden Systems gestattet. Dieser neue Ansatz verläuft über eine radikale epistemolo-

---

19 Die Geschichten über Nasrudin sind auf deutsch erschienen bei Herder Spektrum: Idries Shah: Die fabelhaften Heldentaten des weisen Narren Mulla Nasrudin. 2005, 4. Auflage.

gische Erneuerung unserer Furcht vor komplexen Problemen und zwar – im Hinblick auf unsere Darlegungen – vor allem im Bereich der Therapie und der Umsetzung von Wandel.

Disjunktive Logik	Vernetzende Logik
oder gegen Element Ziel: eliminieren	und mit Interaktion Ziel: nutzen, kombinieren
aristotelische Logik des ausgeschlossenen Dritten (d. h. das Eine oder das Andere)	Logik des eingeschlossenen Dritten, des dritten Weges, der höheren Ebene (d. h. sowohl das Eine als auch das Andere)
Stellt gegenüber und unterscheidet, indem die Probleme im Sinne eines Dilemmas, einer Alternative gestellt werden.	Fügt die Dinge aneinander, setzt sie zusammen und verknüpft sie, indem ihre Interaktionen betrachtet werden.
Die Dinge sind wahr *oder* falsch, nützlich *oder* schädlich.	Die Dinge sind zugleich wahr *und* falsch, nützlich *und* schädlich.

9 Der systemische Ansatz, ein Schlüssel zur Umsetzung von Wandel

Mutig ist, Unbekanntes zu erforschen, mutiger noch,
Bekanntes in Frage zu stellen.

Walter Kasper

Historische Grundlagen des analytischen Ansatzes

Das erste bedeutende Werk von Freud, «*Die Traumdeutung*», fällt in eine Epoche[20], in der die Naturwissenschaften und vor allem die Physik dank der analytischen Methode, die Welt zu erfassen, enorme Fortschritte machten. Auch die Spezialisten in den Humanwissenschaften dieser Zeit träumten davon, sich mit denen der Naturwissenschaften zu messen, indem sie verstärkt auf lineare und analytische wissenschaftliche Methoden zurückgriffen. In eben diesem Kontext sind der wissenschaftliche Ansatz Freuds ebenso wie der von Marx zu sehen, die unsere Generationen so sehr geprägt haben. Beide sind unter verschiedenen Blickwinkeln – der eine aus ökonomischer, der andere aus intrapsychischer Sicht – von ein und demselben Ansatz ausgegangen, indem sie die Ursachen menschlichen Leidens im Verborgenen suchten. Zwar ging es bei Marx um den Überbau und bei Freud um das Unbewusste, jedoch wurde bei beiden die Idee des dialektischen Determinismus recht deutlich, wobei Marx dem Determinismus einen weniger kausalen und linearen Charakter zuwies als Freud. Freud und Marx lassen sich also einander annähern anhand der Auswahl ihrer Prämissen, die zur Logik ihres jeweiligen Ansatzes geführt haben. Für den einen wie den anderen lag die wahre Wirklichkeit, diejenige, auf die man reagieren muss, in verborge-

20 1900 (A.d.Ü.)

nen Mechanismen, welche ans Licht zu bringen waren. Vor allem in der Freud'schen Theorie hat jedes Geschehen eine Bedeutung, nichts kann zufällig sein. Und damit haben beide in der Wissenschaftsszene Feindseligkeiten provoziert, da gerade sie jeweils einen wissenschaftlichen Ansatz für sich beanspruchten.

Der Systemismus, ein weiteres Paradigma zur Erfassung menschlicher Systeme

Eine der revolutionärsten Entdeckungen in der ersten Hälfte des 20. Jahrhunderts war die der Kybernetik, aus der Bateson klare Begrifflichkeiten herleitete, um sie nach einem systemischen Ansatz in der Therapie anzuwenden. Die Begrifflichkeiten der Kausalität zirkuläre, der Schleife interaktive bieten ein Modell für das Studium menschlicher Verhaltensweisen und bilden die ersten Grundlagen des systemischen Ansatzes in der Therapie. Jedes Individuum steht in interaktionellen Kontexten, und es sind weniger die Individuen, die gestört werden, als die Interaktionsweisen innerhalb eben dieser Kontexte, die sie stören und es ihnen unmöglich machen, sich diesen auf befriedigende Weise zu stellen. Lassen Sie uns dies anhand eines Beispiels sukzessive verdeutlichen: Nehmen wir an, eine Mutter beklage sich über das aggressive Verhalten ihres Kindes ihr gegenüber. Zunächst einmal würden wir das Etikett «aggressives Verhalten» nicht als ein Merkmal des Kindes betrachten, sondern einfach als seine Art, im aktuellen Zustand des interaktionellen Systems mit seiner Mutter zu reagieren. Demnach gilt das aggressive Verhalten des Kindes lediglich als homöostatische Reaktionen, die nicht notwendigerweise aus intrapsychischen Problemen bei diesem Kind hervorgehen. Außerdem entspricht die Diagnose «aggressives Verhalten meines Kindes» seitens der Mutter ausschließlich «ihrer eigenen» Interpretation des Verhaltens ihres Sohnes. Ferner würden wir diese Mutter zunächst einmal bitten, die Verhaltensweisen, welche sie für aggressiv hält, konkret zu beschreiben und uns den genauen Kontext zu nennen, in welchem sie auftreten. Bei dieser Gelegenheit könnte man zu dem Schluss kommen, dass nicht unbedingt das Kind therapiebedürftig ist, wie die Mutter zunächst dachte. Je nach den Schwierigkeiten, denen man begegnet, könnte man jedoch genötigt sein, das Kind einzubestellen, um es dazu zu bringen, die Situationen, in denen es sich aggressiv verhält, anders zu sehen und angemessener zu reagieren. Da man jedoch meist mit der Mutter arbeitet, d. h. ihre Interpretation des Problems und der Verhaltensweisen ihres Sohnes umdeutet, bringen wir sie dazu, ihre Interaktionen mit ihm spontan zu verändern. Und es hat sich gezeigt, dass die Tatsache einer neuen Wahrnehmung des Problems durch die Mutter im Allgemeinen ausreicht, um wiederum die Reaktionen des Kindes ihr gegenüber zu modifizieren.

Hypothesen mit unterschiedlicher Grundlage

Die analytische Therapie fällt in den Bereich der Tiefenpsychologie: Sie ist erklärend und interpretierend. Indem sie danach strebt, psychische Erscheinungen anhand der Suche nach ihren Ursachen zu erklären, erzeugt sie Theorie. Die Schule von Palo Alto hat für sich einen ganz anderen Ansatz gewählt: Er ist ganzheitlich, umfassend im Sinne von «Mitnehmen», sieht sich weder als erklärend noch als interpretierend, sondern als anwendungsbezogen, indem vorzugsweise die externen, sicht- und hörbaren Äußerungen von Klienten berücksichtigt werden. Die Kurztherapie ist vor allem eine erfinderische und befreiende «Pädagogik der Aktion». Sie konzentriert sich auf das, was im interaktionellen Kontext des Individuums geschieht, ohne sich um das Labyrinth deterministischer Ursachen und Erklärungen zu kümmern.

Diese beiden Ansätze sind unüberbrückbar durch ihre Wahrnehmung der Wirklichkeit getrennt. Für die Psychoanalyse ist das Verborgene stets wirklicher als das, was im Licht geschieht, während man sich beim Ansatz der Kurz- oder strategischen Therapie sorgfältiger dem Beobachten möglichst feiner verbaler, paraverbaler und nonverbaler Nuancen widmet. Dieser Ansatz ist eben gerade durch seine kategorische Ablehnung jeglicher pseudo-explikativer Theorie über menschliches Verhalten charakterisiert und wendet sich gegen die therapeutischen Ansätze, die auf dem Verborgenen gründen.

> Die Bewusstwerdung der – stets hypothetischen – Ursachen eines Problems führt nicht notwendigerweise zu einem Wandel. Um aus einer Sackgasse herauszukommen, muss vor allem die daraus entstehende Handlung provoziert werden.

Zwei Lesarten des Unbewussten – Von Freud zu Erickson

Mit seiner Entdeckung des Unbewussten hat Freud seine Auseinandersetzung mit dem Bewussten unmittelbar vorangetrieben. Ihm zufolge regelt das Bewusste seinen Kampf mit dem Unbewussten über den Mechanismus der Verdrängung, indem es dabei alles Unerträgliche und Inakzeptable zurückweist. Nichtsdestoweniger war Freud der Ansicht, dass dieser unterirdische Teil, den das Unbewusste darstellt, auch weiterhin einen Einfluss auf das Bewusste ausübt. So wurde die Psychoanalyse zu dem Ansatz, der es ermöglichen sollte, diese Verdrängungen aus dem Unbewussten zu extrahieren. Diese mehr als ein Jahrhundert alte Theorie gestaltet auch weiterhin ganz beträchtlich unsere Sicht der Welt, unsere Sprache und unsere Wahrnehmung menschlicher Probleme (Auffassen und Interpretieren von Schnitzern/Versprechern, Fehlleistungen etc.). Wie in der marxistischen Theorie, wo der Klassenkampf eine herausragende Stellung in der Geschichte der Gesellschaften innehat, beruht die freudianische Theorie auf der Vision eines Kampfes des Menschen mit sich selbst, zwischen den Kräften des Unbewussten und des Bewussten – ein Kampf, der auch darauf abzielt, dass das Bewusste seine Freiheit erhält und dass es das Unbewusste akzeptiert. Während die marxistische Theorie ihre Zeit gehabt hat, dominiert der analytische Ansatz noch immer die meisten Psychotherapien und bisweilen sogar jene, die zur Schau tragen, sich davon befreit zu haben.

Wie in der Psychoanalyse steht auch in der Erickson'schen Therapie das Unbewusste im Zentrum, nur dass Erickson ihm eine ganz andere Lesart verliehen hat. Diese hat vor allem die Theoretiker und Praktiker der Schule von Palo Alto stark beeinflusst, darunter vor allem Paul Watzlawick, der Erickson in all seinen Werken oft zitiert. Erickson hat das Unbewusste in minimaler und bescheidener Weise definiert: Ihm zufolge entspricht das Unbewusste dem, was wir wissen, was uns jedoch nicht direkt bewusst ist. Es drückt sich – ihm zufolge – durch paraverbale und nonverbale Mikrosignale aus, die wir aussenden, ohne uns darüber Rechenschaft abzulegen. Für Erickson ist das Unbewusste vor allem nicht dieser Gegner, den Freud daraus gemacht hat; es ist im Gegenteil unser kostbarster Verbündeter und Führer. Er hält es gar für den reichsten Teil des Individuums, den Teil, in welchem alles Gelernte und alle für unsere Entwicklung erforderlichen Ressourcen gespeichert sind. Indessen schließt er sich Freud insofern an, als auch er davon überzeugt ist, dass unsere Verhaltensweisen und Prozesse im Wesentlichen von unserem Unbewussten regiert werden, grenzt sich davon jedoch dadurch ab, dass er sich geweigert hat, eine Theorie der tiefsten Motive für menschliches Verhalten auszuarbeiten.

Nach Erickson'scher Sichtweise des Unbewussten praktizierte Therapie ändert demnach radikal den Geisteszustand und zielt darauf ab, dieses Unbewusste auf ganz andere Weise zu stimulieren[21]. Sie besteht im Wesentlichen darin, dem Klienten beizubringen, *wie er an die Ressourcen seines Unbewussten gelangt*, aber auch darin, wie er aus vergangenen Schwierigkeiten und früherem Leid weitere Ressourcen zieht, die er gleichzeitig aufgebaut hat und die ihm beim Lösen gegenwärtiger Probleme von Nutzen sein werden. Für Erickson bedeutet die Tatsache, dass ein Mensch mit nicht zu bewältigenden Problemen ringt, dass er den Kontakt zu seinen Ressourcen verloren hat und dass die Zusammenarbeit mit seinem Unbewussten schlecht funktioniert, da

---

21 siehe Kapitel 16 zur indirekten Kommunikation und vor allem den Abschnitt *Die hypnotische Kommunikation nach Milton Erickson*

er es nicht mehr zu mobilisieren weiß. Dieser therapeutische Ansatz hat außerdem das Verdienst, die Therapiezeiten erheblich zu verkürzen (daher der Begriff «Kurztherapie»), weil die Therapie nicht mehr die Suche nach weit entfernten und vielfältigen Ursachen von Problemen und Leiden, sondern die Suche nach in der Vergangenheit liegenden verborgenen Ressourcen zum Ziel hat. Sie zielt gleichermaßen darauf ab, Nutzen aus den Widerständen des Klienten zu ziehen und die Lösung der Problems an das Unbewusste zu delegieren, indem man bei Bedarf auf die Hypnose zurückgreift.

Beschreibungen, Ziele und weniger Erklärungen

Diese Tendenz, in der Therapie alles entsprechend dem analytischen Ansatz erklären zu wollen, beruht auf einer linearen Konzeption der Wirklichkeit, die wiederum auf einem deterministischen Glaubensbekenntnis aufgebaut ist. Zu dessen berühmtesten Befürwortern gehört zweifellos der französische Physiker Pierre-Simon de Laplace: «Wir müssen den gegenwärtigen Zustand des Universums als Auswirkung seines früheren und als Ursache seines nachfolgenden Zustandes betrachten», lehrte er zu Beginn des 19. Jahrhunderts. Dieser heute – und sei es nur durch die Entdeckungen der Quantenmechanik – angeschlagene Determinismus ist noch immer stark in den Köpfen verankert und zeigt sich täglich in zahlreichen Redewendungen, die uns zu unserem Nachteil konditionieren.

Analytischer Ansatz	Systemischer Ansatz
binäre, disjunktive Logik lineare Kausalität Orientierung: Vergangenheit – Gegenwart	ternäre, vernetzende Logik zirkuläre Kausalität Orientierung: Gegenwart – Zukunft
Um ein Problem zu lösen, muss man zunächst seine Ursachen kennen.	Um ein Problem zu lösen, muss man zunächst das zu erreichende Ziel klären.
Ist zentriert auf die Erklärung von Funktionsstörungen und Behinderungen des Systems.	Ist zentriert auf die nützlichen Funktionen von Funktionsstörungen und auf die Ressourcen des Systems.
Nährt sich von der Vergangenheit, um Entwicklung zu bewirken.	Nährt sich von der Gegenwart und entwickelt diese abhängig von dem zu erreichenden Ziel.
Die Vergangenheit bestimmt Gegenwart und Zukunft.	Die Projektion der gewünschten Zukunft beeinflusst auch und sehr stark die Gegenwart.
Die Vergangenheit ist ein Reservoir von Erklärungen.	Die Vergangenheit ist ein Reservoir von Ressourcen, aus dem man schöpft.

Ilya Prigogine, Philosoph und Chemiker zugleich, war besonders bemüht zu zeigen, inwiefern «die probabilistische Sichtweise eher zutrifft als die des Laplace'schen Determinismus», wobei er jedoch darauf hinwies, dass der Probabilismus wie der Determinismus lediglich neue Abschnitte des Denkens auf dem Weg der Erkenntnis darstellen.

Im Change-Management wie in der Therapie ist es effektiver, zunächst einmal herauszuarbeiten, *wie* die Dinge und Wesen funktionieren, und die Ziele zu definieren, statt Gefahr zu laufen, in endlose und stets hypothetische Pseudo-Erklärungen abzudriften, wenn nicht gar vor sich hin zu fantasieren.

Wie haben die Angewohnheit, unsere Probleme zu formulieren, nicht indem wir sie beschreiben, sondern indem wir sie erklären: «Wie kann man angesichts des Arbeitskräftemangels und der Arbeitsbelastung noch Zeit haben, um mit den Klienten zu kommunizieren?» «Mein Abteilungsleiter verschließt sich jeder Neuerung. Er ist gegen notwendige Investitionen, um unser Arbeitsgerät zu modernisieren: Was tut man mit jemandem, der es ablehnt, sich der Entwicklung anzupassen und der sich nicht um unsere Alltagsprobleme kümmert?» All diese erklärenden Informationen und diese Urteile schränken die Möglichkeiten zur Lösung des Problems bei dem Beteiligten tendenziell ein, denn sie führen ihn dazu, seine Erklärungen mit den deskriptiven und faktischen Gegebenheiten des Problems zu verwechseln.

Unsere Kultur favorisiert diese erklärende Art, Probleme auszudrücken: Dinge in einer deskriptiven Sprache zu beschreiben, kann ein wenig vulgär und simplistisch erscheinen, während es von größerer intellektueller Wendigkeit, von einem «Raisonnement» zeugt, sie zu erklären. Nur münden Erklärungen nicht notwendigerweise in Veränderungen und tragen eher dazu bei, die Existenz von Problemen zu rechtfertigen. Beim Erklären bezieht man sich im Allgemeinen auf die Vergangenheit oder auf andere Personen. Man äußert im Allgemeinen einschränkende Urteile oder gar fromme Wünsche, die die Passivität oder eine sterile Rebellion eben noch verstärken: Man denkt nach, aber man überlegt nicht, um zu handeln.

Der analytische Ansatz, sehr um die Bewusstwerdung als therapeutisches Heilmittel bemüht, sucht logischerweise die Ursachen eines Problems zu sammeln und stellt zu diesem Zweck in großem Umfang Fragen auf der Grundlage des «Warum?».

Im systemischen Ansatz geht es um das «Was?» und um die zu erreichenden Ziele als Grundlage zur Erfassung von Problemen. Wenn wir in die Gegenwart eingreifen, dann ausgehend von der gewünschten Zukunft. Der analytische Ansatz führt im Gegenteil dazu, die Gegenwart ab der durchgemachten Vergangenheit zu denken und darin einzugreifen. Die Leitlinie des systemischen Ansatzes lässt sich wie folgt zusammenfassen: Die Ziele des/der Betroffenen sind wichtiger als die Ursachen seiner/ihrer Probleme und Funktionsstörungen.

Die Achtung vor der menschlichen Ökologie

Eines der Grundprinzipien der systemischen Therapie und der Umsetzung von Wandel ist, der «Ökologie menschlicher Systeme» nicht zu schaden und ihre Finalität zu berücksichtigen. Geleitet vor allem durch die Prinzipien des Erhalts der Ökologie oder der systematischen Ausnutzung der nützlichen Funktion einer Funktionsstörung zur präzisen Förderung des Wandels im System ist der systemische Ansatz eminent anwendungsbezogen. Er lässt uns der Falle dualistischen Denkens entgehen in dem Sinne, dass er systematisch nützliche, in dem auf den ersten Blick schädlichen Teil enthaltene Elemente zu extrahieren sucht, um sie zu bewahren. Grundlage des analytischen Ansatzes ist der Wille zur Elimination von Blockaden und schädlichen Verhaltensweisen mit all den Umkehreffekten, die dies verbirgt, vor allem dem Auftauchen von Widerständen gegen den Wandel.

Eine unterschiedliche Auswertung von Vergangenheit, Gegenwart und Zukunft

Der systemische Ansatz ist im Wesentlichen an den Richtungen «Gegenwart – Zukunft – Vergangenheit» und «Zukunft – Gegenwart – Vergangenheit» und nicht im linearen Sinne von Zeit, d. h. «Vergangenheit – Gegenwart – Zukunft», orientiert. Er durchläuft die Zukunft auf der Suche nach zu erreichenden Etappen. Er betrachtet die Vergangenheit als Reservoir von Ressourcen und nützlichen Lerninhalten. So integriert er die Zeit auf zirkuläre Weise in ihren drei Dimensionen, ihren Raumzeiten, indem er sie simultan und nicht linear – Vergangenheit, Gegenwart, Zukunft – betrachtet. Der analytische Ansatz bevorzugt die Zeitachse «Gegenwart – Vergangenheit/Vergangenheit – Gegenwart», wobei er sie wie einen Kreuzweg insofern durchläuft, als er dort die Quelle für die Erklärungen gegenwärtiger Probleme sucht. Deterministisch betrachtet er die Zukunft in einer Logik des Vorhersagens bzw. -sehens statt des Prospektiven und der Ungewissheit, wie im Systemismus.

Das analytische Modell nährt in perfekter Weise die Tendenz, die Gegenwart mit den Begriffen der Vergangenheit zu leben. In Begriffen von gestern über das nachzudenken, was heute geschieht, fixiert tendenziell auf absurde Weise Situationen, die von Natur aus in Bewegung sind, denn die Tage folgen einander, aber sie gleichen sich nicht, die Gegebenheiten verändern sich unaufhörlich, und gestern, schon vergangen, kann nicht zurückkehren. So verbringen viele Menschen ihr Leben damit, das Jahr erneut entsprechend den Erfahrungen des vergangenen Jahres durchzuspielen. Es versteht sich von selbst, dass die Vergangenheit einen starken Einfluss auf das Individuum ausübt. Wichtig ist indessen weniger, was unsere Vergangenheit aus uns gemacht hat, als die Lehren, die wir daraus ziehen. Dieser Glaubenssatz bringt uns in unendlicher Wiederkehr der Dinge zu dem Schluss, dass wir völlig durch unsere Geschichte bestimmt sind und nichts daran tun können. Er kann zu Suizidgedanken führen.

Jedes Problem steht gleichzeitig mit einer Vergangenheit, einer Gegenwart und einer Zukunft in Zusammenhang, denn ohne unser Wissen leben wir die drei Zeiten simultan. In seinem therapeutischen Ansatz hat Erickson besonders gut dargestellt, wie man unter Einsatz der Vergangenheit als Reservoir von Ressourcen und Lerninhalten sowie unter Umdeuten der aktuellen Gegebenheiten die Zukunft modifiziert und bereits ein Gutteil des Problems behandelt. Keine zeitliche Orientierung des Denkens enthält mehr Wahrheit als eine andere, es gibt nur solche, die besser an einen Kontext adaptiert und wirksamer sind. Der Schlüssel liegt demnach nicht darin, die eine der anderen vorzuziehen, sondern sie auf andere Weise zu vereinen.

Wenn die Vergangenheit die Gegenwart beeinflusst und auf die Zukunft schließen lässt, so bewirkt auch die Zukunft eine Ausrichtung der Gegenwart, die ihrerseits die Zukunft vorbereitet und unsere Sicht der Vergangenheit modifiziert. Jede Handlung vollzieht sich – ausgehend von einer Vergangenheit und abhängig von einer projektierten, nicht unbedingt bewussten Zukunft – in der Gegenwart. Daher ist es beim Lösen des Problems unverzichtbar, unsere Vision von der Zukunft zu prüfen, um daraus die Richtung unseres Handelns abzuleiten. Dieses Vorgehen hat den Vorteil, uns nicht nur von hinderlichen Gedanken aus der Vergangenheit, sondern auch von Ängsten zu befreien, die uns in der Gegenwart blockieren können. Daher sorge ich in der Therapie wie beim Umsetzen von Veränderungen in einem Unternehmen dafür, dass die Gegenwart wie ein Behältnis eventuell zu rekonstruierender Gegebenheiten angegangen wird, dass die Zukunft wie ein eventueller Hinweis auf zu erwerbende Lerninhalte projektiert wird, und dass die Vergangenheit wie eine Unterweisung und ein Reservoir an Lerninhalten erforscht wird. So laden wir unser Denken ein, flexibler zu sein, um in unseren drei Zeiträumen (Gegenwart – Zukunft – Vergangenheit) zu kreisen.

Für diejenigen, deren zeitliche Orientierung auf die Achse «Vergangenheit – Gegenwart» ausgerichtet ist, wird eine Idee, die bei mehreren Gelegenheiten gut funktioniert hat, zu einer unfehlbaren Wahrheit für die Zukunft und im Absoluten. Und wenn sie nicht mehr richtig funktioniert, stellen die Betreffenden sie nicht in Frage, sondern wenden sich eher gegen die Umstände, gegen die Haltungen und Einstellungen oder gegen die Inkompetenz der Anderen. Der in gewissen sozioprofessionellen Kategorien systematische Wille, erworbene Vorteile um jeden Preis zu wahren, kann die Entwicklung einer Profession hemmen und paradoxerweise zu ihrem Niedergang führen. Oft genug wird der fragliche Vorteil nicht angezweifelt, weil die Verbindung zu der neuen Wirklichkeit nicht hergestellt wurde. Was jedoch gestern als

Vorteil galt, kann sich heute als Entwicklungshemmnis entpuppen. So sind auch die Stellenangebote, die sich vorwiegend an Personen mit Erfahrung richten, nicht notwendigerweise an die zu besetzenden Posten angepasst.

Steigert sich Erfahrung zu unantastbarem Wissen, tötet sie die Kreativität und führt zu Starre und Abgeschlossenheit, das heißt, zur Unfähigkeit, neue Kenntnisse oder neues praktisches Wissen zu erwerben. Wenn jemand seinen Erfahrungsschatz darin investiert, eine der Vergangenheit ähnliche Gegenwart und Zukunft zu gestalten, so stellt sich die Erfahrung in den Dienst der Wiederholung statt der Entwicklung. In diesem Sinne kann Erfahrung die Entwicklung erstarren lassen.

Vom Rationalisieren zum kreativen Denken und zum Staunen

In seinem Werk *Ne restez pas assis sur le meilleur de vous-même* betont der Experte für Kreativität, Roger von Oech: «Neue Ideen zu haben ist leicht. Schwierig ist, fallen zu lassen, was zwei Jahre zuvor gelungen ist, aber bald überholt sein wird.» Kreativität ist charakterisiert durch den Übergang von einem alten zu einem neuen Bezugsrahmen und beruht im Wesentlichen auf einer originellen Art, die Wirklichkeit wahrzunehmen. In *The Act of Creation* (dt.: «Der göttliche Funke: der schöpferische Akt in Kunst und Wissenschaft») führt Arthur Koestler die Begrifflichkeit der «Bisoziation» ein, um die Essenz des kreativen Denkens zu definieren. «Die Bisoziation», schreibt er, «besteht darin, eine Situation oder eine Idee auf zwei Bezugsebenen wahrzunehmen, von denen eine jede ihre eigene innere Logik hat, die gewöhnlich mit der jeweils anderen nicht kompatibel ist.» In unserem Bereich ergibt sie sich aus der Fähigkeit, Probleme auf andere Weise neu zu überdenken, um deren Lösung zu erleichtern. Das traditionelle Denken, außer Stande, traditionelle Rahmen und Schemata zu verlassen, unterscheidet sich durch seine Unfähigkeit, die Zukunft zu imaginieren: Da es ihm nicht gelingt, die Vergangenheit loszulassen, verstümmelt es jegliches Kreativpotenzial.

Das kreative Denken besteht weniger darin, die schlechten Lösungen zu entdecken, als vielmehr darin, die Formulierungen ans Licht zu bringen, die Probleme unlösbar machen, und die Fragen herauszuarbeiten, die in Sackgassen führen. Schlechte Fragen aufzudecken ist eine fruchtbare Einstellung, um zu erneuern und zu verändern. Karikierend ließe sich sagen: Auf das systematische «Warum?» des rationalen Denkens würde das kreative Denken antworten: «Und warum nicht?» Der kreative Mensch ist subversiv, weil er die Reorganisation damit beginnt, zu desorganisieren. Bei dieser Art des Denkens werden komplementäre Kompetenzen beider Hirnhemisphären eingesetzt.

Um einen Wandel bei einem anderen Menschen zu bewirken, müssen zunächst einmal die Einschränkungen durch die linke Hemisphäre[22] zurückgedrängt werden, um das Kreativpotenzial der rechten Hemisphäre besser hervortreten zu lassen: Ein gut geführter Dialog ist mehr als ein Austausch von Wissen, daher brauchen wir den Dialog so sehr, um zu erfinden und zu verändern.

Und schließlich wird im kreativen Denken auch jene ureigenste menschliche Fähigkeit, die des Staunens, geehrt. Das Staunen als eine Art «Standbild» befreit und fördert die Kreativität und Erfindungskraft des Individuums. Zu staunen bedeutet meist, die Betrachtungsweise eines evidenten Phänomens zu der eines erstaunlichen Phänomens zu machen oder auch, ausgehend von einer banalen Wahrnehmung etwas zu denken, das zuvor noch nie gedacht wurde. Heißt es nicht, Newton habe das universelle Prinzip der Schwerkraft entdeckt, indem er einfach nur den Fall eines Apfels beobachtete?

---

22 siehe Kapitel 17 und vor allem den Abschnitt *Die Kunst der Verwirrung*

Vierter Teil
Wandel entsteht und geschieht in der Interaktion

10 Beziehungführen und die Kunst der Einflussnahme

Interaktion als zirkuläres Phänomen

Die Vorstellung von einem linearen Modell der Kommunikation gründet im Bild des Telefons oder einer Tischtennispartie, bei der ein Sender eine Botschaft an einen Empfänger sendet, der anschließend seinerseits zum Sender wird. Diese noch immer sehr stark in den Köpfen verankerte Vorstellung wird dem zirkulären Phänomen der zwischenmenschlichen Kommunikation nicht gerecht. Die Theoretiker der Schule von Palo Alto, vor allem Yves Winkin, beschreiben Kommunikation als einen Prozess, an dem zwar jedes Individuum teilhat, dabei aber weder Ursprung noch Endpunkt ist. Sie vergleichen diesen Prozess der Kommunikation mit einem Orchester, in welchem alle Musiker improvisieren, indem sie sich den anderen anpassen, ohne dass es einen Dirigenten oder eine Partitur gibt. Versetzen wir uns indessen in den jeweils spezifischen Kontext der therapeutischen, managementbezogenen oder pädagogischen Kommunikation, so existiert allerdings ein Dirigent, dessen Talent im Wesentlichen auf seiner Fähigkeit zur Ausrichtung seiner Interventionen beruht, wobei er es gleichzeitig versteht, die Musiker zu lenken, um das angestrebte Ziel besser zu erreichen.

In der Beziehung gibt es keine Trennung zwischen den Individuen. Die Dichotomie zwischen Meister und Schüler, Pflegeperson und Klient, Therapeut und Klient, Verantwortlichem und Untergebenem unterliegt einer linearen und dualistischen Betrachtungsweise von Kommunikation. In der systemischen, zirkulären und orchestralen Natur von Kommunikation ist sie inakzeptabel. Auf epistemologischer Ebene ist es abwegig, in einer Beziehung das Verhalten des Einen als Ursache für das Verhalten des Anderen zu betrachten, da sich beide durch die zirkuläre Kausalität, welche die Interaktionen beherrscht, gegenseitig beeinflussen. Die zwischenmenschliche Beziehung ist daher ein überaus komplexes Phänomen, da sich ihre Merkmale nicht an dem einen oder dem anderen Partner festmachen lassen. Ebenso wenig wie Wasser keine bloße Addition der Eigenschaften von Sauerstoff und Wasserstoff ist, sondern ein ganz besonderes, aus deren Zueinander-in-Beziehung-Treten hervorgehendes Resultat darstellt, sind auch menschliche

Verhaltensweisen weniger an die Individuen selbst, sondern vielmehr an die emergente Qualität ihrer Beziehungen gebunden.

Nehmen wir einmal die häufige Situation einer Ehefrau, die ihren Mann bezichtigt, sich dem Eheleben zu entziehen, während dieser seinerseits seine Frau beschuldigt, Streit zu suchen, sobald er das Haus betritt. Angesichts des häuslichen Klimas bei seiner Ankunft richtet es der Mann so ein, dass er immer später nach Hause kommt, um den gefürchteten Augenblick der Vorwürfe hinauszuzögern, während sich seine Frau ihrerseits immer mehr über die immer längeren Verspätungen ihres Mannes aufregt. Damit hätten wir ein typisches Beispiel für einen Konflikt, der durch die Protagonisten unlösbar gemacht wird, da beide die Situation lediglich aus linearer Perspektive (sie ist schuld) sehen. Jeder der beiden Eheleute versucht also auf ungeschickte Weise, das Verhalten des anderen zu korrigieren, und je mehr er dies tut, desto größer wird das Problem.

Die Irrtümer in der Kommunikation hängen meist damit zusammen, dass das zirkuläre Funktionieren von Kommunikation nicht berücksichtigt wird. Für einen Außenstehenden, der gewohnt ist, die zirkuläre Wirklichkeit der Kommunikation auszulesen und ihre Spiraleffekte kennt, gibt es in dieser Situation keinen Schuldigen. Es geht vor allem darum, die Optik zu wechseln, aus der heraus die beiden Seiten dieses Paares ihren Konflikt wahrnehmen und sie zu fragen, was sie von ihren Beziehungen erwarten. Welches Ziel haben diese Beziehungen? Danach ist es möglich, neue Verhaltensregeln herauszuarbeiten, welche den beiderseitigen Erwartungen entsprechen. Wir werden weiter unten sehen, inwieweit der Rückgriff auf die Zärtlichkeit des Humors und die Tugenden der Kreativität wertvolle Mittel darstellen, um aus diesem Teufelskreis auszubrechen.

Kommunizieren heißt nicht nur Informieren, denn der Information tritt eine zusätzliche, fundamentale Dimension hinzu: die Qualität unserer Beziehung zum Anderen. Die Flüssigkeit des Informationsaustauschs hängt vor allem mit der Qualität herrschender Beziehungen zwischen den Individuen zusammen. Im Wesentlichen sind es gegenseitige Achtung, gegenseitiges Vertrauen, Wertschätzung und gegenseitiger Respekt, welche die Zirkulation und Integration von Information erleichtern. Wenn Information ein System von Zeichen darstellt, so verleiht ihr die Kommunikation, welche die Beziehung einschließt, Sinn. So bringt die gegenwärtige Flut von Handreichungen zur Information[23] einen Verlust an Sinngehalt mit sich und ist ein absolut zwingender Grund, die zwischenmenschliche Kommunikation, d. h. zunächst einmal die Beziehungen zu verbessern. Paradoxerweise krankt das Universum der Kommunikation mehr als jedes andere an seinen Heilmitteln. Es

---

23 Informatik, Telematik, Medien aller Art; eine Flut an Prospekten, Zeitschriften, Traktaten, Hausmitteilungen und unternehmensinternen Hauszeitungen etc.

genügt nicht, mehr Informationen oder Zeichen zu übermitteln, man muss sicherstellen, dass auch Sinngehalt durchkommt, und wissen, dass die Qualität der Beziehung das beste Mittel ist, um dazu beizutragen.

«Kommunizieren» wird oft verwechselt mit «Informieren», und zwar in dem Sinne, dass es im Allgemeinen mit dem Übertragen einer Botschaft gleichgesetzt wird, dass man von der Passivität des Empfängers ausgeht und gleichzeitig dessen Existenz als autonomiebegabtes menschliches Wesen verleugnet. Kommunikation ist vor allem verhaltensbezogen, sie ist Dialog, sie ist Gemeinsamkeit-Schaffen und In-Beziehung-Setzen, um zu handeln, an innerem Reichtum zu gewinnen, zu kooperieren und gemeinsam zu kreieren. Die Kunst des Dialogs besteht zuförderst im Erkennen der Ähnlichkeiten, um sie zu verknüpfen, sodann im Ausnutzen der Unterschiede, um sie zu verbinden und daraus einen Mehrwert zu ziehen. Wenn Kommunikation *inter*personell ist, so ist Information unpersönlich, da sie lediglich darin besteht, eine Botschaft zu produzieren und zu übertragen. Für sich allein genommen und ohne den Effekt von Kommunikation reicht Information nicht aus, um Einfluss zu erzeugen. So motiviert beispielsweise die reine Information über Fahrpläne niemanden, mit dem Zug zu fahren. Kommunikation zielt vor allem darauf ab, beim Angesprochenen einen Effekt zu erzielen. Kommunizieren setzt demnach voraus, zunächst einmal die Erwartungen, Wertvorstellungen und Kriterien des Adressaten zu identifizieren, um einen Informationsinhalt zu konstruieren, der seinem Bezugsrahmen angepasst ist: Auf diese Weise gewinnt Kommunikation ihre «volle Beziehungsdimension» und erfüllt ihre Funktion der Einflussnahme.

Die große Kluft im Bereich menschlicher Kommunikation zeigt sich durch eine zunehmende Verschiebung zwischen der Schwindel erregenden Zunahme von Informationstechnologien und dem unzureichenden Fortschritt auf dem Gebiet der zwischenmenschlichen Kommunikation, die weiterhin archaisch bleibt. So kommunizieren Individuen mehr und mehr mit Hilfe von Instrumenten[24], welche die zwischenmenschliche Kommunikation genau dort schwächen, wo das Problem liegt. Je mehr die Information auf einen einstürmt, desto notwendiger wird es, Kommunikation zu erlernen. Die Effektivität technischer Informationssysteme, vor allem in Unternehmen, müsste genau genommen an ihrer Fähigkeit gemessen werden, den Menschen vom Problem der Information zu befreien, damit er sich dem Problem der Kommunikation in seiner ursprünglichen Bedeutung, nämlich der Bündelung und Vernetzung menschlicher Ressourcen, widmen kann.

---

24 Minitel, SMS, Handy (die jede Unterhaltung im Restaurant oder an öffentlichen Orten unterbrechen oder verhindern), Fernsehen, Anrufbeantworter, «Anklopfen» eines zweiten Anrufers beim Telefonieren

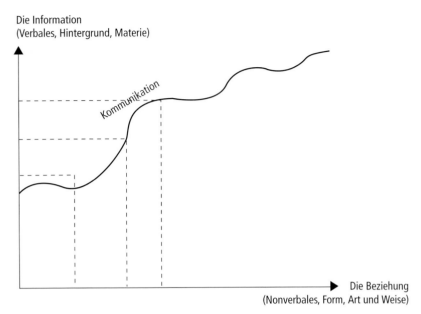

Kommunikation vereint zwei Parameter: Information und Beziehung.

Effektiver Dialog bewirkt Wandel

Die vor allem verhaltensbezogene Kommunikation ist grundsätzlich dazu bestimmt, Effekte zu erzielen, wie Edward Hall, ein auf interkulturelle Kommunikation spezialisierter Anthropologe, hervorhebt: «Es ist wichtiger, die richtige Antwort auszulösen als die richtige Botschaft zu senden.» Eine effektive Kommunikation befiehlt nicht, sondern induziert und zielt darauf ab, den gewünschten Effekt hervorzurufen: Wenn daher eine Botschaft oder ein Verhalten die Sichtweise oder das Verhalten des Anderen im angestrebten Sinn modifiziert, hat effektive Kommunikation stattgefunden. Außer ritueller und konventionsbedingter Kommunikation gibt es kaum Kommunikation, die nicht darauf abzielt, zu beeinflussen und zu wandeln.

Der Wandel vollzieht sich im Austausch. Ist nicht eben dieser Begriff «Austausch» auch in der Wurzel des Begriffs «Wandel» enthalten?[25]

Die Effektivität einer Kommunikation wird daher daran gemessen werden, ob der gewünschte auch dem dann eingetretenen Wandel entspricht. Die Leistung von Kommunikation wird also an den Resultaten und nicht an

---

25 Französisch: *«échange»* für Austausch, *«changement»* für Wandel und Veränderung (A. d. Ü.)

den guten Absichten gemessen. Die Probleme des Widerstands gegen Wandel ergeben sich demnach meist aus unangemessener Kommunikation.

Kommunizieren heißt intervenieren, um den Zustand der Situation des anderen, seine Konstruktion der Wirklichkeit zu verändern, um andere Verhaltensweisen hervorzurufen. Je höher also jemand hierarchisch angesiedelt ist, desto mehr gewinnt seine Kommunikationsaktivität an Gewicht. Studien zufolge widmet ein Manager oder der Leiter eines wichtigen Teams nahezu 80 Prozent seiner Zeit dem Kontakt zu Menschen, um alle möglichen Probleme technischer, administrativer, finanzieller, menschlicher oder politischer Natur zu regeln. Dies ist bei Therapeuten, Ausbildern und Lehrpersonal, für die Kommunikation das Arbeitsmittel par excellence darstellt, noch stärker ausgeprägt. In vielen Berufen, vor allem im Gesundheitssektor, ist es unumgänglich: Jeder in Kontakt mit dem Klienten Stehende muss nicht nur heilen, sondern auch kommunizieren. Aber auch in unserer persönlichen Sphäre als Eltern, Ehepartner, Freund gilt: Über welches Instrument, wenn nicht die Kommunikation, verfügen wir, um besser mit unserer Umgebung zu leben?

Wir konstruieren und entwickeln uns über die Beziehungen, die wir mit den anderen eingehen: Unsere Identität ist ein Prozess und nicht etwas Greifbares und Festes. Folglich trägt auch die Qualität unserer «inneren» Dialoge und unserer Beziehung zu uns selbst in hohem Maße zu unserem Gleichgewicht und damit zu unserer Entwicklung bei. Wir nähren uns gegenseitig durch Interagieren, wobei diese Ernährung für unserer persönliche Entwicklung mehr oder weniger von Nutzen sein kann. Demnach können wir uns je nach der Art unseres Interagierens mit uns selbst und mit den Anderen vergiften oder auftanken. Darauf hören lernen, wie die von uns Angesprochenen denken, scheint einer der grundlegenden Lernprozesse zu sein, die durchlaufen werden müssen. Damit jeder von uns seine Funktion als Agent des Wandels auch wirklich erfüllen kann und damit unsere Interventionen bei unseren Gesprächspartnern das Verlangen wecken, zu kooperieren, ist es unausweichlich, integre Arten der Einflussnahme zu erforschen und sich anzuzeigen. Zu lernen, Blick und Gehör auf die Ressourcen statt auf die Grenzen des Gegenübers zu richten, ist eines der zentralen Prinzipien der Kommunikation von Einfluss; so lässt sich die Aufmerksamkeit unserer Mitmenschen erregen, und so kann man sie angenehm überraschen.

Wirklich mit dem anderen kommunizieren – und dabei das angestrebte Ziel durchaus im Auge zu behalten – heißt, «sich» und seinen Bezugsrahmen zu vergessen, um dem anderen auf dessen Terrain zu begegnen und auf diese Weise dessen Standpunkt «zu erkunden» – was indessen nicht heißt, ihn übernehmen zu müssen. Es ist das Verdienst des Neurolinguistischen Programmierens (NLP), für verfeinerte Instrumente des Zuhörens, des Beobachtens und der Befragung zur Verbesserung unserer Kommunikationskompetenzen gesorgt zu haben, indem man vor allem eine höhere

Flexibilität des Geistes und des Verhaltens erwirbt und gleichzeitig in stärkerem Maße Informationen von unserem Gegenüber gewinnt und nutzt.

Beeinflussen ist unvermeidlich, Manipulieren dagegen nicht

Von dem Augenblick an, wo Beziehung besteht, zwei Menschen füreinander präsent sind, wird notwendigerweise Einfluss ausgeübt, weil man «nicht *nicht* beeinflussen kann». Diese banale Situation zeigt sich etwa wie folgt: Sie befinden sich allein im Wartezimmer eines Arztes und lassen sich also bequem und entspannt nieder, locker blättern Sie in den Zeitschriften, die Sie nachlässig wieder auf den kleinen Tisch werfen. Plötzlich tritt jemand ein. Sofort passt sich Ihre entspannte Haltung spontan an, und Sie legen danach die Zeitschriften etwas vorsichtiger zurück: Die bloße Anwesenheit der anderen Person hat, ohne dass diese etwas gesagt hätte, Ihr Verhalten vollkommen verändert. Obwohl die andere Person dies nicht bewusst wollte, hat sich ihr Einfluss ausgewirkt.

Was immer wir wollen oder tun: Es gibt keine Beziehung ohne Einfluss. Selbst wenn wir nicht antworten, stellt dies eine Antwort dar, die ihren Einfluss ausübt. Zu glauben, wir seien neutral, ist demnach eine Täuschung: Was neutral ist, sendet keine Botschaften, und wir können nicht keine Botschaften senden. Ob wir wollen oder nicht, ob wir schweigen oder nicht, wir können nicht *nicht* kommunizieren und wir können nicht *nicht* beeinflussen. *Das Problem besteht also nicht darin, nicht beeinflussen zu wollen, weil dies unmöglich ist, sondern einen integren Einfluss auszuüben und uns der Effekte, die wir hervorrufen wollen, bewusst zu sein.* Ganz entscheidend ist daher die präzise Klärung von Zielen, um die häufigen Phänomene von Manipulation und Automanipulation in der Kommunikation zu vermeiden. Die Gefahr der Automanipulation besteht, wenn wir nicht genau wissen, was wir wollen. Folglich lassen wir uns unbewusst in eine Richtung ziehen, die wir nicht wünschen.

Um jede Doppeldeutigkeit zu vermeiden, schlagen wir folgende semantische Unterscheidung vor: Den anderen zu manipulieren heißt, ihn von seinen Zielen abzubringen. Diese Manipulation erfolgt bewusst, falls wir diese Ziele kennen, kann jedoch unbewusst sein, wenn wir nicht so vorsorglich waren, sie ihn darlegen zu lassen, und genau dort liegt unsere Verantwortung. Den anderen integer zu beeinflussen, erfordert dagegen im Vorfeld, Ziele auszuhandeln und deren Erreichen durch adaptierte Austauschstrategien zu fördern. *Den Kern jeder Kommunikation bilden demnach die Grundkenntnis von Ethik und der Respekt vor dem anderen.* Sie beruht auf der Verantwortlichkeit, die wir in unsere Reaktionen einbringen, da diese notwendigerweise Auswirkungen auf den anderen haben, die ihm nutzen, aber auch schaden können.

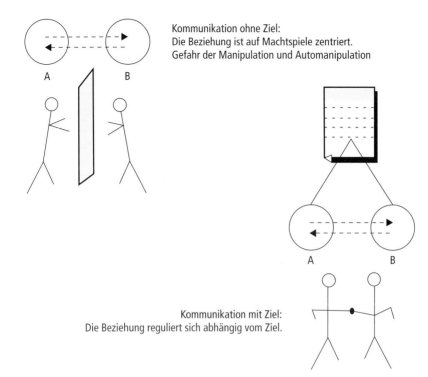

Kommunikation ohne Ziel:
Die Beziehung ist auf Machtspiele zentriert.
Gefahr der Manipulation und Automanipulation

Kommunikation mit Ziel:
Die Beziehung reguliert sich abhängig vom Ziel.

Kommunikation mit und ohne Ziel

Die Teilnehmer meiner Seminare bringen oft Kommunikationsprobleme aus ihren Unternehmen oder Abteilungen ein, indem sie die «Trägheit des Umfeldes» ansprechen. Betrachten wir die Definition des Wortes «Trägheit» im Wörterbuch, so bedeutet es «Eigenschaft der Materie, in Ruhe zu verharren, wenn sie sich in Ruhe befindet, oder in einer Bewegung fortzufahren, wenn sie sich in Bewegung befindet, *sofern sie nicht von einer äußeren Kraft beeinflusst wird*». Soweit es sich um die menschlichen Systeme handelt, besagt der Begriff «Trägheit» nichts anderes als das klassische Phänomen der Widerstände gegen Veränderung. Der Trägheitseffekt resultiert aus erstarrten, inadäquaten und redundanten Interaktionsmodellen, die eben gerade dazu beitragen, Unbeweglichkeit zu schaffen und anschließend aufrechtzuerhalten. Die in der Definition im Wörterbuch eingeführte Gewichtung «sofern sie nicht von einer äußeren Kraft beeinflusst wird» weist auf eben diese naturgegebene Möglichkeit des Einflusses und der Veränderung in der Kommunikation hin.

Die Machtspiele: Symmetrie und Komplementarität

Eines der Axiome der interpersonellen Kommunikation lautet, dass man «seine Beziehung zu einem anderen nicht *nicht* definieren kann». Gregory Bateson, Gründer der Schule von Palo Alto und Autor dieses Axioms, führte zur Beschreibung der verschiedenen Formen interpersoneller Beziehung die Begrifflichkeiten der Symmetrie und der Komplementarität ein. Wir finden sie in größerem Maßstab in den sozialen und internationalen Beziehungen wieder. Jeder Austausch von Kommunikation ist entweder symmetrisch oder komplementär, je nachdem, ob er auf Ähnlichkeit oder Unterschiedlichkeit beruht. Diese beiden Formen von Beziehung stehen im Zentrum aller Interaktionsprozesse, wo das Spiel von Einfluss und Macht stattfindet. Folglich kann man sich gegenüber seinem Gesprächspartner ebenso wenig nicht positionieren, wie man von diesem nicht positioniert werden kann. Jeder von uns definiert demnach bewusst oder unbewusst die Natur der Beziehungen, die er abhängig vom jeweiligen Kontext und von seinen verschiedenen Partnern entwickelt. Die jeder Beziehung innewohnende Macht kommt daher weder der einen noch der anderen Seite zu, sondern wohnt unserer Art inne, die Beziehung nach den dafür geltenden Spielregeln zu definieren.

Zusammengefasst lassen sich in einer komplementären Beziehung eine obere und eine untere Position unterscheiden, während der Begriff der Ebene in der symmetrischen Beziehung verschwindet, indem sich beide Gesprächspartner auf gleiche Höhe begeben.

Nehmen wir beispielsweise eine Beziehung vom komplementären Typ zwischen zwei Personen, Luc und Florent. Wenn Luc die obere, autoritäre und Florent die unterlegene, nachgeordnete Position einnimmt und kein Faktor dieses Interaktionssystem stört, wird sich diese Beziehung dahingehend entwickeln, dass Luc immer autoritärer und Florent immer unterlegener wird. Man wird demnach sagen, dass sich die beiden abstimmen und ergänzen, wobei die Komplementarität die Existenz der beiden Positionen, der hohen wie der niedrigen, aufzwingt. Um die verschiedenen Modelle der Entgegnung in einer Interaktion, d. h. ohne Ebene, zu identifizieren, schlagen die Theoretiker der Schule von Palo Alto folgende Beschreibungen und Kennzeichen vor:

- *Stabile Symmetrie:* Luc und Florent befänden sich in einer symmetrischen und demnach ebenenlosen stabilen Beziehung, wenn Luc seine Position als symmetrisch definieren und diese als solche von Florent akzeptiert würde – und umgekehrt.
- *Stabile Komplementarität:* Beide befänden sich in einer komplementären Beziehung, wenn Luc seine Position als führend definieren würde und sich

als solcher von Florent akzeptiert sähe, indem dieser seine eigene Position als nachgeordnet und sich als solcher von Luc akzeptiert sähe – und umgekehrt.

- *Symmetrisches Ringen um die Führungsposition:* Beide könnten sich auch in einer Beziehung der Konkurrenz um die Führungsposition befinden, indem Luc seine Position als führend definieren und sich durch Florent, der sich seinerseits in eine Führungsposition platzieren würde, in eine nachgeordnete Position verortet sähe.

- *Symmetrisches Ringen um die nachgeordnete Position:* Würde Luc seine Position als nachgeordnet definieren und sähe sich durch Florent, der sich selbst ebenfalls in eine nachgeordnete Position platziert, in eine Führungsposition verortet, so befänden wir uns in einem Ringen um die nachgeordnete Position. Folglich würde Luc zu Florent sagen: *«Sie sind viel besser als ich in der Lage, diesen Bericht abzufassen.»* Luc würde antworten: *«Ich teile Ihre Ansicht nicht, Ihr letzter Bericht ist sehr gelobt worden.»* Worauf Florent antworten würde: *«Sicher, aber es war ja das erste Mal, vielleicht ein Zufall.»*

- *Asymmetrisches Ringen um die Führungsposition und um Symmetrie:* Stellen wir uns nun vor, Luc würde seine Position als führend (komplementäre Beziehung) definieren, sähe sich jedoch gegenüber Florent, der sich im Verhältnis zu Luc in eine symmetrische, d. h. ebenenlose Beziehung verortet, als symmetrisch redefiniert, während Luc ihn als nachgeordnet redefiniert. Wir befänden uns in einem Machtspiel, bei dem Luc die komplementäre Beziehung sucht, indem er die Führungsposition übernimmt, und Luc die symmetrische Beziehung sucht. Folglich würde Luc zu Florent sagen: *«Es ist besser, wenn ich selbst mit dem Bankier verhandle, bereiten Sie mir nur ein paar Argumente vor, die ich dabei anführen kann.»* Florent würde antworten: *«Haben Sie Erfahrung im Verhandeln? Sind Sie sicher, dass Sie erfolgreich sein werden?»* Luc würde dann einige seiner Erfolge nennen. Aber Florent würde insistieren: *«Gewiss, aber sehen Sie, diese Verhandlungen waren nicht besonders schwierig, wenn Sie sich erinnern möchten.»* Und weiter: *«Welche Schwierigkeiten sehen Sie in dieser Verhandlung, die Sie übernehmen möchten?»* Es bestünde also Konkurrenz um die Führungsposition und Dissens hinsichtlich der Art der Beziehung.

- *Asymmetrisches Ringen um die nachgeordnete Position und um Symmetrie:* Und würde Luc schließlich seine Position als nachgeordnet definieren und sähe sich durch Florent als symmetrisch redefiniert, der wiederum seine eigene Position als symmetrisch definieren würde und sich durch Luc als Führungsposition redefiniert sähe, so hätten wir ein weiteres Machtspiel vor uns, bei dem Luc die komplementäre Position anstreben würde, indem er die nachgeordnete Position einnimmt, während Florent die symmetrische Beziehung fordert.

Die symmetrische oder komplementäre Natur einer Beziehung kann jeweils nur in ihrem genauen Kontext definiert werden. Sie ist grundsätzlich relativ und setzt voraus, mindestens drei zwischen den Partnern ausgetauschte Botschaften zu beachten, um den symmetrischen oder komplementären Charakter ihres Austauschs zu evaluieren. Die Theoretiker der Schule von Palo Alto nennen es Reiz, Reaktion und Verstärkung.

Für Luc und Florent gibt es sieben Konfigurationsformen der Interaktion:

- stabile Symmetrie
- stabile Komplementarität
- symmetrisches Ringen um die Führungsposition
- symmetrisches Ringen um die nachgeordnete Position
- asymmetrisches Ringen um die Führungsposition und um Symmetrie
- asymmetrisches Ringen um die nachgeordnete Position und um Symmetrie
- und schließlich die fließenden Übergänge und die Kombinationen der sechs oben beschriebenen interaktionellen Positionen.

Versetzen wir uns nun in eine symmetrische Beziehung. Sie findet sich oft in einem Kontext *gewollter* Gleichheit, die sich aber dennoch in Richtung Rivalität, Eskalation und eines gegenseitigen Sich-Überbietens entwickeln kann, falls eine der beiden Seiten die Gleichheit nicht oder nicht mehr akzeptiert, wobei es keine Rolle spielt, ob es sich dabei um Individuen, Institutionen oder gar Völker handelt. In *Esquisse d'une théorie de la pratique* (dt.: «Entwurf einer Theorie der Praxis: auf der ethnologischen Grundlage der kabylischen Gesellschaft») spricht Pierre Bourdieu dieses Abgleiten der symmetrischen Beziehung in die Eskalation an, als er analysiert, wie die Stämme der Kabylen[26] sich beim Austausch immer prächtigerer Geschenke ruinieren. Die symmetrische Beziehung entwickelt sich in Richtung eines Kräftemessens, der Eskalation, sobald sich die beiden auf gleichen Fuß stellen, wobei sich jeder das Recht nimmt, den anderen zu beurteilen oder danach strebt, besser zu sein. Die symmetrische Beziehung birgt die Gefahr des Wettkampfs, der zur symmetrischen Eskalation, d. h. zu einer vorschnellen Dynamisierung des Interaktionssystems, degenerieren kann. Wer kennt nicht das Beispiel zweier unzertrennlicher Freunde, die schließlich im Streit enden, weil der eine viel mehr Erfolg hat als der andere?

Eine symmetrische Beziehung ist zufrieden stellend, wenn die Partner sich gegenseitig akzeptieren, wie sie sind, und sich gegenseitig Respekt erweisen. In gleicher Weise kann eine komplementäre Beziehung zufrieden stellend sein, wenn jeder, ohne sich unbehaglich zu fühlen, die Definition der Bezie-

---

26 Berber-Volk in Algerien (A. d. Ü.)

hung wahrt und den anderen in seiner Position bestätigt. Diese harmonische Komplementarität ist jedoch stets vom Zerfall gefährdet, wenn nämlich einer der beiden Partner beginnt, sich in dieser Komplementarität frustriert zu fühlen. Die Schwierigkeiten der Kommunikation in Unternehmen haben ihren Ursprung sowohl in der Starre komplementärer hierarchischer Beziehungen, wie sie durch das traditionelle hierarchische System erzeugt werden und Unzufriedenheit hervorrufen, als auch in den symmetrischen Eskalationen, selbst wenn diese im Allgemeinen gut abgefedert sind. Nichtsdestoweniger stellen wir fest, dass es bei den in unseren Seminaren am häufigsten angesprochenen Problemen um hierarchische Beziehungen geht, in denen unsere Teilnehmer eine nachgeordnete Position einnehmen. In irriger Weise besteht nämlich oft die Tendenz, die nachgeordnete Position mit der des Untergebenen und die führende Position mit der des hierarchisch höher Gestellten gleichzusetzen.

Die strategische Nutzung der nachgeordneten Position

Paul Watzlawick hat eine sehr fruchtbare Überlegung zum «strategischen Gebrauch» der Neudefinition von Beziehung, vor allem im Rahmen der therapeutischen Beziehung, beigetragen. Eine komplementäre Beziehung bedeutet nämlich nicht notwendigerweise eine hierarchische Beziehung: Derjenige, welcher sich hierarchisch an die Spitze stellt, ist nicht notwendigerweise auch derjenige, welcher die Beziehung am besten beherrscht. Bisweilen kann man sich fragen, ob es in dem Autoritätsverhältnis zwischen Eltern und Kind nicht gar das Kind ist, welches in Wirklichkeit die Beziehung kontrolliert. Die Macht hat ihren Sitz demnach nicht systematisch in der Führungsposition, sondern paradoxerweise bietet die nachgeordnete Position dem, der sie «freiwillig wählt», oft viel mehr Manövriermöglichkeiten. Dank ihrer niederen Stellung üben die «Schwachen» oft eine außerordentliche Macht aus. In diesem Zusammenhang ist die Anekdote von Jay Haley[27] sehr aussagekräftig. Dieser berichtete über eine Person, die sich von jemandem auf der Straße tragen lassen wollte und sich deshalb entschied, auf dem Bürgersteig scheinbar ohnmächtig zu werden, statt jemandem zu befehlen, sie zu tragen. Eine gut genutzte Schwäche kann also zu einem hervorragend wirksamen Werkzeug werden, um Druck auszuüben. Eine ganze Reihe von Personen haben den Schlüssel zu dieser Kunst, «nicht daran zu rühren», die jener gleicht, mit der gewisse Personen im Unternehmen andere

---

27 herausragendes Mitglied der Gruppe um die Schule von Palo Alto

die Arbeit tun lassen, die eigentlich ihnen zugewiesen wurde. Auf konstruktivere Weise betrachtet, leitet sich aber auch die Kunst, zu delegieren, von derselben Strategie her! Auf einer anderen Ebene ist bekannt, dass gewisse Frauen sich sehr gut daran gewöhnt haben, die Vorteile der nachgeordneten Position zu nutzen, um ihren Einfluss auf die Männer voll auszunutzen … ebenso wie in anderen Bereichen das männliche Gegenstück bekannt ist.

Sich freiwillig in die nachgeordnete Position, statt in die Führungsposition zu begeben erlaubt es in bestimmten Situationen, erheblich mehr Einfluss auszuüben. Ein Verhalten des Unvermögens zu wählen beeinflusst das Verhalten des anderen ebenso gut und oft sogar besser als ein Autoritätsverhalten. Es kann auch zu Erziehungs- und Schulungszwecken genutzt werden. Wenn ich mich ratlos zeige, um meinem Sohn zu helfen, ein mathematisches Problem zu lösen, indem ich ihm sage, ich verstünde die Aussage nicht und er möge mir helfen, zwinge ich ihn, es sich durchzulesen und zu versuchen, es gleichzeitig mit mir zu entschlüsseln. Währenddessen bringe ich ihn dazu, zu lernen – das ist mein Ziel. Auf diese Weise in Führungsposition gebracht, ist mein Sohn besser in der Lage zu lernen, weil ich ihn bitte, es mir beizubringen. Indem ich nonverbal mein Unvermögen hervorhebe, fordere ich meinen Sohn heimlich, still und leise auf, für mich zu sorgen, um ihn in Wirklichkeit dazu zu bringen, für sich selbst zu sorgen. Indem ich ihn in Führungsposition bringe, vereitele ich seine ursprüngliche Taktik, eine subalterne Position aus Passivität und Inkompetenz einzunehmen, damit ich an seiner Stelle seine Aufgaben erledige. In gleicher Weise kann der Manager, welcher sich von seinen Teams mehr Initiative, Verantwortlichkeit und Motivation wünscht, erlernen, die Umkehreffekte der komplementären Beziehung, in der er in Führungsposition gebracht wird, zu vereiteln.

11 Für eine Ethik und eine Ästhetik menschlicher Beziehungen

Den anderen anzuerkennen ist Weisheit, ihn zu kennen ist Illusion

Kommunikation impliziert vor allem das Anerkennen des anderen. Die Kenntnis der eigenen Person wie der des anderen ist Utopie. Stets unvollständig, da niemals erreicht, partiell und damit parteiisch lässt diese vorgebliche Kenntnis des anderen das Bild, das man von ihm hat, und damit notwendigerweise auch unsere Beziehung zu ihm erstarren. Daher scheint uns dringend geboten, die paradoxe Anweisung «Erkenne dich selbst» durch den bescheideneren Rat «Erkenne den anderen, um dich selbst besser zu erkennen und folglich besser erkannt zu werden» zu ersetzen. Vom Kennen zum Anerkennen des anderen überzugehen, scheint ein wirksamerer Weg, die beeinflussenden Effekte eines respektvollen Dialogs zu nutzen. Der Dialog ist der höchste Moment der Wertschätzung des anderen. Schon La Bruyère hob dies auf seine Weise hervor: «Der Geist der Konversation besteht viel weniger darin, ihn zu zeigen, als ihn bei den anderen zu finden.» Das Anerkennen des anderen, seines Wertes und seiner Ressourcen, ist wie ein stählernes Band, das die Individuen in Respekt miteinander verbindet.

Das Individuum entwickelt sich umso leichter, je mehr es sich in seiner Identität respektiert und anerkannt fühlt. Nur der Respekt vor dem anderen erlaubt dessen Entwicklung: Ein konstruktives Selbstbild, sich zu akzeptieren und sich akzeptiert zu fühlen sind die grundlegenden Elemente der menschlichen Entwicklung. Ein Wandel lässt sich nicht auf Misstrauen gründen. Dem anderen zu misstrauen bedeutet, den intrinsischen Wert der Person nicht zu berücksichtigen und sich daher selbst zu täuschen.

In unseren Präsentationskonventionen heben wir im Wesentlichen reflexhaft hervor, was uns von anderen unterscheidet: Wir stellen im Wesentlichen heraus, was wir sind und was wir haben. Wer aber hindert uns, dieses Ritual zu modifizieren und uns im Gegenteil einmal zu präsentieren, indem wir zunächst nicht mehr unsere Unterschiede, sondern die Bande darlegen, die uns mit dem Gegenüber verbinden? Vor allem in Arbeitsbeziehungen ist diese neue Haltung unverzichtbar, um die für eine Kooperation nötigen Bande zu knüpfen. Eine ganze Reihe konflikthafter Probleme zwischen Außen- und Innendienst sowie zwischen Verwaltung und Vertrieb resultieren aus dieser berühmt-berüchtigten Unterscheidung bzw. Trennung, die den Ursprung von Phänomenen der Entwertung und des Misstrauens bildet, welche die Arbeitsbeziehungen vergiften. Indem wir bestrebt sind, zunächst einmal anzuerkennen, «was uns ähnelt und was uns zusammenführt», durchlaufen wir die erste entscheidende Etappe der Kommunikation, nämlich der des Schaffens von Gemeinschaft. Sie erleichtert die Akzeptanz von Unterschieden und fördert das Verlangen, innerlich daran zu gewinnen. Damit wird es überflüssig, auf Angriff oder Verteidigung zurückzugreifen, um sich Anerkennung zu verschaffen. Dieses anfängliche Herstellen von Gemeinschaft schafft den Aufhänger für die Konstruktion des «Wir». Die Natur dieser dritten Dimension, die ebenso unsichtbar wie essenziell ist, trägt enorm zur Entwicklung eines jeden bei, denn es ist die Qualität des «Wir» an der Basis jeder Beziehung, die es jedem ermöglicht, sich zu entwickeln, indem er paradoxerweise selbst ein wenig besser wird. Die Ziffer der menschlichen Beziehung lautet nicht Zwei, sondern Drei: ich, er, wir. Um mit Laotse zu sprechen: «Das Eine zeugt die Zweiheit, und die Zweiheit zeugt die Dreiheit, die das Eine zeugt.»

> Die Beziehungen zwischen «mir» und dem «anderen» produzieren das «Wir», welches wiederum «sowohl den anderen als auch mich selbst» bereichert.

Spiegeleffekt und Echoeffekt

Wie bereits von Laotse gesagt und wie wir alle aus eigener Erfahrung gelernt haben: «Sobald Vertrauen fehlt, schwindet Loyalität.»

Interpersonelle Mitteilungen werden konstruiert in subtilen Spielen einer Resonanz, bei denen wir uns gegenseitig unsere vielfältigen Facetten zusenden und Zweisamkeit oder Zweikampf, Resonanz und Dissonanz schaffen. Wir sind uns gegenseitig Spiegel, auf die wir uns projizieren und in denen wir uns reflektieren. Während manche Spiegel verschönern, machen andere hässlich, aber es gibt auch diejenigen, die ganz einfach nur widerspiegeln und damit Wege eines nutzbringenden Wandels aufzeigen.

Ganz gleich, ob wir zu unserer Familie, zu Kollegen, Klienten oder Studierenden in Beziehung stehen: Je mehr wir ihnen zuhören, desto besser können wir ihre Logik nutzen, um die Macht unseres Einflusses auszuüben. Wir wissen, dass sich mit unseren Gesprächspartnern eine «gewisse Harmonie» eingestellt hat, wenn sie uns ihrerseits auf unserem Terrain aufsuchen. Diese Begegnung ist an den Spiegel- und Echospielen zwischen den Personen leicht zu erkennen. Dieses Phänomen der Mimikry, im NLP als Synchronisation bezeichnet, resultiert aus einem sehr aufmerksamen Zuhören und einer scharfen Beobachtungsgabe, welche der Kommunikation ihre hypnotische Dimension verleihen, wie Erickson sie hervorgehoben hat. Diese Synchronisierung ist eigentlich ein natürlicher Mechanismus, den jeder Mensch unbewusst in Gang setzt, sobald er in seiner Beziehung mit dem anderen hinreichend Vertrauen und Achtung spürt. Sobald wir unseren Gesprächspartner gut begleitet haben, d. h. sobald es uns gelungen ist, uns mit seiner Konstruktion der Wirklichkeit zu synchronisieren, wirkt unser Einfluss in vollem Umfang. Durch Beobachten des Fehlens oder, im Gegenteil, des reichlichen Vorhandenseins von Spiegel- und Echospielen zwischen mehreren Personen können wir die Qualität ihrer Beziehungen und den Grad an Einfluss eines jeden der Beteiligten auf die anderen evaluieren.

> Ihr Gesprächspartner wird Ihnen umso besser zuhören und Sie umso besser verstehen, als er sich in Ihrer Stimme widerhallen hört, sich in Ihrem Blick widerspiegelt und spürt, dass Sie seine Gefühle ein wenig teilen.

Kommunikation als Komposition: zusammen gemeinsame Entwicklung kreieren

Alles geschieht, als sei man bereits mit dem Wissen geboren, wie man Geige spielt, als gälte alle Anstrengung nur noch dem Ziel der Beseitigung jener Gewohnheiten, die diese Virtuosität daran hindern, sich zu manifestieren.

Francisco Varela

Die interpersonelle Kommunikation gleicht der Kunst des Tanzes oder dem Dirigieren eines Orchesters. Ganz wie Künstler, Autoren oder Interpreten berühren wir diejenigen, die uns zuhören und uns beobachten, mehr oder weniger.

Gleichwohl wecken die Eleganz und die Angemessenheit mancher Gesten das Verlangen nach Harmonie bei denen, die darauf ansprechen und die Entwicklung eines jeden favorisieren. Die Begründer des NLP haben demnach die unbewussten Gesten herausragender Kommunikatoren, wie Erickson und Virginia Satir, dargestellt. Diese in ihrer Partitur und Choreographie dargestellten «ausgewählten Stücke» ermöglichen uns die Kenntnis der Grundzüge eines qualitativ hochwertigen Dialogs.

Wenn zwei Menschen miteinander kommunizieren, führen sie eigentlich einen Tanz auf oder spielen ein Musikstück. Je nach ihren Fähigkeiten, sich einander anzupassen, und je nach der Geschmeidigkeit ihrer Reaktionen sind ihre Beziehungen mehr oder weniger harmonisch, geschmeidig, dissonant oder starr. Wenn zwei miteinander Tanzende sich dauerhaft gegenseitig beeinflussen, so misst sich die Ästhetik ihrer gemeinsamen Kreation daran, dass die Zuschauer ebenso wenig wie sie selbst zu erkennen vermögen, «wer» den Tanz führt. Beim Tanz wie in der Kommunikation sind wir in eine Schleife eingeschlossen, in der jeder auf den anderen reagiert.

In *La Nouvelle Communication* (Bateson 1981) verdeutlicht Ray Birdwhistell die unerbittliche Interdependenz menschlicher Beziehungen: «Wir haben gute Salontänzer beobachtet. Wenn wir die Frauen befragen, so erklären sie, der gute Tänzer sei derjenige, der seine Partnerin fest hielte und kraftvoll führen würde. Die Männer sagten, eine gute Tänzerin müsse einen leichten Schritt haben und unmittelbar folgen können. Als wir dann die Bewegungen tatsächlich zerlegt und untersucht haben, entdeckten wir, dass die gute Tänzerin in Wirklichkeit diejenige war, welche den Tanz zu führen wusste, und dass der gute Tänzer derjenige war, welcher die nachzuverfolgende Bewegung im Vorhinein zu spüren wusste.» Mit anderen Worten: Die Harmonie dieser Paare beruhte in Wirklichkeit auf einer spontanen Interdependenz in dem Maße, als das gemeinsame Ziel, nämlich die Qualität des Schauspiels, für jeden der beiden Partner klar war. Diese Beschreibung enthält viele Perspektiven für die Einsetzung eines neuen Managements in Unternehmen.

Wir haben gesehen, dass es bei einem Dialog nicht zwei Personen gibt, die abwechselnd aktiv oder passiv sind, einmal als Sendende, dann als Empfangende: Beide Gesprächspartner sind zugleich aktiv und passiv, Sendende und Empfangende; Reiz, Reaktion und Verstärkung wirken gleichzeitig und wechselseitig. Wenn wir also an einem konflikthaften Dialog teilhaben, präsentieren wir die Abfolge des Austauschs im Allgemeinen zu unseren Gunsten und machen meist den anderen für den Konflikt oder die Blockade verantwortlich. Dabei ist diese Analyse eigentlich insofern absurd, als sie die zirkuläre Wirklichkeit der interpersonellen Kommunikation nicht berücksichtigt. Daher können unsere Interaktionen sowohl die Gestalt eines «Engelskreises» wie eines Teufelskreises annehmen.

Indem wir also bereit sind, auch uns als teilweise für den Konflikt oder die Blockade verantwortlich zu betrachten, vervielfachen wir unsere Möglichkeiten der Intervention. In der Wurzel des Wortes «Verantwortung» findet sich das Verb «antworten»; und es bedarf allerdings neuer Antworten und Einstellungen, wenn man in einem Konflikt blockiert ist.

Die alte Rhetorik lehrte die Kunst, sich zu unterscheiden, sich zu distanzieren und zu überzeugen.
Die neue Rhetorik lehrt die Kunst, sich zu verbinden, die Unterschiede zu verknüpfen, die Gegensätze zu harmonisieren, um den Wunsch nach gemeinsamem Handeln zu wecken.
Sie ist die Kunst, das «Wir» zu bilden, das einigt, statt sich dem «Ich» oder «Ihr» zu widersetzen, das isoliert.
Darin ist sie eine Kom-position, eine Co-Kreation.

«Wenn du tust, was du immer getan, bekommst du auch, was du immer bekommen hast», spricht der Weise. Was wir vom anderen erwarten, zeigt uns, was wir selbst tun müssen, um seine Entwicklung zu fördern. Die interpersonelle Kommunikation unterscheidet sich auch nicht von der Kunst der Zusammenstellung eines Blumenstraußes, die darin besteht, die verschiedenen Blumen, über die wir verfügen, in eine Harmonie zu bringen. Ebenso können hier und da dissonante Töne, subtil kombiniert, eine neue Harmonie ergeben. «Aus Zwietracht geht schönste Harmonie hervor», sagt Epiktet.

Zwar bilden Unterschiede den Ursprung der meisten Kommunikationsprobleme, sind aber zugleich auch diejenigen, welche uns Entwicklung ermöglichen. Nachdem jeder Mensch per definitionem einzigartig ist, liegen Komplexität und Schönheit zwischenmenschlicher Kommunikation eben gerade in der Emergenz einer aus unseren Unterschieden hervorgegangenen Harmonie. Sobald Misstrauen, verbissenes Überzeugen-Wollen oder hartnäckiges Beseitigen von Unterschieden in den Ansichten auftreten, fehlt menschlichen Beziehungen jegliche Ästhetik. Der Ästhetizismus liegt im gegenseitigen Respekt und im Integrieren von Unterschieden, um sie auf kreative Weise zu vereinen, und so bildet sich eine Übereinkunft. Die Beziehungen zu humanisieren bedeutet, sich von instinktiven und archaischen Verhaltensreaktionen von Angriff und Verteidigung zu befreien. Es gibt andere Möglichkeiten des Reagierens auf verbale Aggression als Verteidigung, Flucht oder Gegenangriff. Eine Aggression verbirgt oft ein Anliegen oder eine Furcht, und demnach ist es sachdienlicher, auf der verborgenen statt auf der sichtbaren Ebene der Aggression zu antworten. Die Arbeit mit Widerständen[28] ist von dieser Art: Auch um in einer Diskussion voranzukommen, ist es viel wirksamer, auf die Umdeutung zurückzugreifen, indem man auf kreative Weise die nützliche Funktion von Hindernissen, Einwänden und Kritik ausnutzt, die uns entgegengebracht werden.

---

28 siehe Kapitel 21 und Kapitel 23, Abschnitt *Einwände und Widerstände – Sprungbrett für das Vorankommen*

Ein schöpferischer Dialog gleicht einem tanzenden Paar, das sich derart gut beobachtet, zugehört und abgestimmt hat, dass es sich mühelos weiterentwickelt, ohne herausfinden zu wollen, wer beim Tanzen führt. Wozu auch, wenn sich der Tanz doch entfaltet?

Auch wenn Unterschiede den Ausgangspunkt für die meisten Kommunikationsprobleme darstellen, sind sie es doch, die uns Entwicklung ermöglichen.

Schönheit und Wirksamkeit menschlicher Kommunikation liegen im Aufscheinen einer aus unseren Unterschieden hervorgegangenen Harmonie.

12 Die Genauigkeit im Gewinnen und Behandeln von Information

Wer spricht, säht
Wer zuhört, erntet
und säht zugleich.

Altes Sprichwort

Die drei Ebenen der Informationsgewinnung

Das Zuhören kommt nicht von allein, sondern wird durch Lernen erworben, wie die meisten menschlichen Fertigkeiten. Hören und Beobachten lernen sollten schon in der Grundschule die Basis des Unterrichts bilden, da diese Kompetenzen für den Erfolg des Schülers von wesentlicher Bedeutung sind. Über unsere Aktivitäten hinaus ist das Zuhören auch ganz entscheidend, um unsere Reaktionen an die Situationen anzupassen, denen wir uns gegenüber sehen. Es trägt enorm zur Qualität jeder Beziehung bei. Heißt es nicht, jemandem eine der kostbarsten Qualitäten zuzuweisen, wenn man ihm die Fähigkeit des Zuhörens nachsagt?

Zuhören ist schwierig, denn es impliziert, in uns selbst Stille zu schaffen, d. h. uns für einen Moment von unseren inneren Reaktionen abzukoppeln, um uns auf diese Weise völlig dem anderen anzuschließen, ohne indessen das Ziel der Kommunikation aus den Augen zu verlieren. Schweigsam mit sich selbst zu sein bedeutet, sich zu vergessen: sich selbst innerer Kommentare zu enthalten und seine Antwort nicht schon parat zu haben, bevor der andere zu sprechen aufgehört hat. Wahres Zuhören bedeutet die Dissoziation von sich selbst, d. h. das Einnehmen einer «Metaposition», um die interaktionelle Situation besser ins Auge fassen zu können. Auf diese Art erweist sich Zuhören als eines der besten Instrumente zur Stressprävention. Stress blockiert eben gerade unsere intuitiven Fähigkeiten und den Zugang zu unseren Ressourcen, vor allem der Ruhe und der Wachsamkeit, die wir besonders benötigen. Zuhören mobilisiert auch in vollem Umfang die Aufmerksamkeit des anderen und hält ihn dazu an, sich ganz besonders bewusst zu machen, was er sagt, sodass er auch sich selbst besser versteht. Zuhören und Beobachten fördern das Sich-Öffnen und die Empfänglichkeit, denn sie sind Ausdruck der Wertschätzung für den anderen und zeugen von Respekt gegenüber seiner Subjektivität.

Jemandem «wirklich» zuzuhören impliziert, auf drei aufeinander folgenden Ebenen gegenüber der durch den Gesprächspartner ausgesandten Information aufmerksam zu sein:

• gegenüber seinen *Denkvorgängen* und seiner *Logik*, d. h. seiner Art, in der unser Gesprächspartner seine Wirklichkeit konstruiert: seine Deduktionen, seine Annahmen, seine Interpretationen, die bevorzugt ausgewählten Fakten, die Regeln, die ihn beherrschen, die Wertvorstellungen, die ihn mobilisieren, die Glaubenssätze, an denen er sich orientiert, seine Metaphern, aber auch die Kriterien, auf denen er seine Argumentation aufsetzt ....

• gegenüber dem Inhalt seiner *Kommunikation*, d. h. den Worten, deren sich unser Gesprächspartner bedient, um sich auszudrücken, und vor allem die sensoriellen Worte, die er verwendet.

• Sehr genaues Zuhören und Beobachten kleinster nonverbaler Hinweise, die den Sinn der Botschaft sowie die Natur der Beziehung und des Gefühls zum Ausdruck bringen, wie etwa Intonationen, die Nuancen sonorer Stimmen, Rhythmen und Inflexionen der Stimme, Gesten, Gesichtsausdrücke, Haltungen, der Umgang mit dem Raum, Fluktuationen des Atemrhythmus, Augenbewegungen: All diese Informationen bringen den authentischsten Teil in uns zum Ausdruck.

Eine gute Art und Weise, die sensorielle Dominante eines Menschen herauszufinden, besteht darin, ihm beim Sprechen zuzuhören und dabei besonders auf die sensoriellen Begriffe zu achten, die er verwendet. Unser Gesprächspartner verwendet beim Schreiben seines Erlebens im Allgemeinen unbewusst die Worte, die dies am besten zum Ausdruck bringen. Die Sprache ist ein Spiegel des Denkens, eine «Abhandlung über das Erleben».

Bei meinen Seminaren bestehe ich auf einem Training zum Erwerb dieser praktischen Kenntnisse, denn sie sind entscheidend, um sachbezogen zu interagieren. Ob wir nun Therapeuten, Berater oder Verantwortliche sind, ob es um eine therapeutische Begegnung, ein Personalgespräch zur Evaluation und Motivation, um ein Problemlösungsgespräch oder eine Verhandlung geht: Die Veränderung ist umso effektiver, je besser wir unsere Interventionen entsprechend dieser Informationssammlung anpassen und dabei gleichzeitig auf das Ziel konzentriert bleiben. Im Übrigen bringt uns diese Wachsamkeit im Zuhören und Beobachten dazu, den anderen anders zu betrachten und uns viel stärker für ihn zu interessieren: Dieser wird demnach zu unserer wichtigen Inspirationsquelle. Je mehr wir unser Gehirn mit all diesen wertvollen Informationen füttern, desto besser können unsere Kreativität und Intuition zum Tragen kommen.

Die Eigenschaften der Klärung

Wichtig ist, von dem Prinzip auszugehen, dass unser Gesprächspartner eine mysteriöse Sprache spricht, die der unseren zwar ähnlich ist, aber selten die gleiche Bedeutung hat. Wie viele zwischenmenschliche Konflikte oder endlose Diskussionen resultieren aus der Tatsache, dass die Gesprächspartner jeweils auf Worte des Gegenübers antworten, ohne dort im Vorhinein verifiziert zu haben, welche Bedeutung ihnen verliehen wird.

Stellen Sie sich folgende Situation vor: Einer Ihrer Mitarbeiter weigert sich, mit Ihrer Sekretärin zusammenzuarbeiten, indem er vorgibt, sie sei zu deprimiert, während Sie seine Ansicht in keiner Weise teilen. Bevor Sie seinem Standpunkt entgegentreten, sollten Sie ihn erläutern lassen, was er unter «deprimiert» versteht, indem Sie ihn beispielsweise fragen, welche Verhaltenweisen ihm dies eigentlich anzeigen. Er kann Ihnen antworten:

- *Sie lächelt nie und spricht wenig bei der Arbeit.*
- *Kennst du andere Kollegen, die wenig lächeln und sprechen?*
- *Sicher, ich denke da vor allem an dich.*
- *Findest du mich auch depressiv?*
- *Nein, überhaupt nicht. Ich halte nur diese Sekretärin für ganz und gar nicht lustig. (Der Betreffende nimmt von sich aus eine Umdeutung[29] vor.)*
- *Und das ist eine Conditio sine qua non für dich. Was ist dir lieber, dass sie lacht oder dass sie dir deine Arbeit erleichtert?*

Die ehrgeizigsten Fragen ergeben paradoxerweise die armseligsten Antworten. Je allgemeiner die Fragen, desto größer die Gefahr, dass die Antworten verstümmelt oder limitiert, weil noch allgemeiner sind. Zwar sind binäre oder geschlossene Fragen nötig, um einen Gesprächspartner hineinzuziehen und ihm ein Engagement der Art «Ja» oder «Nein» zu «entlocken», müssen aber vorsichtig eingesetzt werden. Wenn sie nicht hinreichend genau formuliert sind oder gar den Willen zur Manipulation erkennbar werden lassen, sind die Antworten unter Umständen wenig vertrauenswürdig. Dies ist beispielsweise der Fall, wenn man fragt: «Sind Sie mit dieser Analyse einverstanden?», statt: «Welche Punkte dieser Analyse teilen Sie in vollem Umfang?». Die gestützten Fragen wiederum können den Gesprächspartner

---

29 siehe Kapitel 6, den Teil über das Umdeuten

dazu bringen, etwas zu antworten, was er nicht denkt. Meist zielen sie darauf ab, Folgsamkeit und Compliance zu bewirken, die beide nur oberflächlich und daher auch nur vorübergehender Natur sein können, wie zum Beispiel: «Hat Ihnen unser Bericht gefallen?». Das «Warum» ist inadäquat [30], wenn es darum geht, menschliche Probleme wahrzunehmen, deren Kausalität zirkulär ist. Diese Frage versetzt die komplexen Probleme in eine kausale und lineare Perspektive und verleugnet ihre im Wesentlichen zirkuläre Natur. Im Gegenzug zu fragen: «Was?», «Was ist los?», «Wie funktioniert das?» verlangt eine konkrete Beschreibung des gestellten Problems, bei der die kybernetische Sicht der Wirklichkeit berücksichtigt wird. Das Formulieren relevanter Fragen ist ganz entscheidend, um das Feld der Lösungen eines Problems zu eröffnen. Statt zu sagen: «Warum hört er nicht zu?», was zu Erklärungen und negativen Wertungen des anderen führen würde, ist es fruchtbarer zu fragen: «Wie mache ich es beim nächsten Mal, um seine Aufmerksamkeit zu erregen?»

Wenn es darum geht, eine unbefriedigende Situation zu modifizieren, sind genaues Beobachten und die deskriptive Analyse des Geschehens erheblich operationeller als die erklärende Analyse des «Warum» dieser Situation. Anschließend ließe sich die Frage nach den zu erreichenden Zielen stellen, um schließlich festzulegen, welche Richtung für ein effektiveres Intervenieren eingeschlagen wird.

Die Frage: «Warum benimmt sich Dupont mir gegenüber schlecht?» wird kaum etwas Anderes bewirken als Erklärungen, Rechtfertigungen, Grübeleien, einschränkende Urteile, Rachegedanken …. Dagegen macht es die Frage: «Wie kann ich meine Beziehung zu Dupont verbessern?» möglich, nach kreativen Lösungen zu suchen, um sich anders zu verhalten.

Der Sprachkompass, ein präzises Befragungsinstrument

Um qualitativ hochwertige Informationen zu bekommen, Ungenauigkeiten und Einschränkungen der Sprache aufzudecken und zu klären, vollständigen Zugang zum Erleben des anderen zu finden und ihn wieder in einen authentischeren Kontakt damit zu bringen, haben John Grinder und Richard Bandler ein Befragungsmodell ausgearbeitet, das sie «Metamodell» nennen. Die Schwierigkeiten seiner praktischen Umsetzung haben zur Entwicklung eines vereinfachten linguistischen Werkzeugs, des Sprachkompasses, geführt. Ursprünglich eine Idee von Alain Cayrol, fand ich es hilfreich, ihn zu ergänzen und zu entwickeln. Wie der Name sagt, dient der Kompass dazu, sich

---

30 siehe Kapitel 9, Abschnitt *Beschreibungen, Ziele und weniger Erklärungen*

nicht in den Darlegungen des Gegenübers zu verlieren und Hindernisse zu beseitigen. Technisch gesehen ermöglicht er Folgendes:

- Verbesserung der von unseren Gesprächspartnern übermittelten verbalen Informationen
- Wiederfinden von Informationen, die im Laufe des Prozesses verloren gegangen sind, d. h. sensorisches Erleben in Worten ausdrücken
- Identifizieren von Verzerrungen, Selektionen, Interpretationen, Annahmen und Verallgemeinerungen, welche die Darstellung unseres Gesprächspartners einschränken
- Klären der Sprache des anderen, wenn sie zu verschwommen oder zu abstrakt ist; anders gesagt: den anderen wieder in Kontakt mit seinem Erleben bringen und ihm ermöglichen, dem näher zu sein, was er zum Ausdruck bringt.

Unser Denken umfasst drei logische Ebenen, die abhängig von unserem Modell der Welt mehr oder weniger hervortreten. Letzteres beinhaltet unser System von Überzeugungen, unsere Wertmaßstäbe, die grundlegenden Hypothesen und Prämissen, welche uns bestimmen, die Normen und Regeln, welche uns regieren, und die Evaluationskriterien, welche unseren Urteilen und Entscheidungen zu Grunde liegen:

- Wir nehmen eine Situation wahr, wir machen eine Erfahrung: Wir verorten uns in den *Norden* des Kompasses.
- Wir geben dieser Erfahrung eine Interpretation, eine Bedeutung, oder wir stellen eine Hypothese oder eine Annahme auf: Damit befinden wir uns im *Süden* des Kompasses.
- Von dort aus evaluieren, beurteilen wir die Situation oder stellen eine entsprechende Regel auf: Wir verorten uns also in den *Osten* oder *Westen* des Kompasses.

Der Sprachkompass dient dazu, diese drei Denkprozesse zu erkennen und aufzugreifen, die durch den Kompass in vier Arten von Inhalt unterteilt werden: Fakten und Erfahrungen, Interpretationen, Regeln und Urteile. Jede Aussage schwingt um diese vier Achsen, von denen bei jedem Menschen im Allgemeinen ein bis zwei vorherrschen.

Zu vermuten, zu interpretieren und zu urteilen ist indessen nicht dasselbe wie seine Augen oder Ohren zu gebrauchen, um die Fakten zu verifizieren. Dabei gibt es viele Menschen, die nicht zwischen faktischem und aus Schlussfolgerungen entstandenem Wissen (Annahmen, Deduktionen, Interpretationen, Urteile) unterscheiden. Diese am Beginn der meisten Kommunikationsstörungen stehende Verwechslung erzeugt auch die meisten Konflikte, Blockaden oder Engpässe beim Lösen von Problemen.

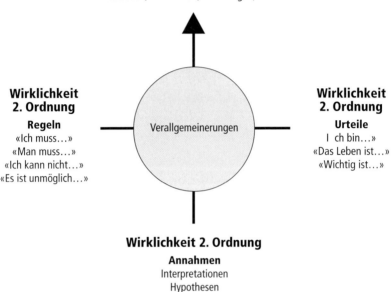

Wirklichkeit 1. Ordnung

Fakten, Erfahrungen
sensorielle und deskriptive Sprache
Kriterien, Ressourcen, Erfahrungen, Ziele

Wirklichkeit 2. Ordnung

Regeln
«Ich muss…»
«Man muss…»
«Ich kann nicht…»
«Es ist unmöglich…»

Verallgemeinerungen

Wirklichkeit 2. Ordnung

Urteile
I ch bin…»
«Das Leben ist…»
«Wichtig ist…»

Wirklichkeit 2. Ordnung

Annahmen
Interpretationen
Hypothesen
Deduktionen
Annahmen

Der Sprachkompass

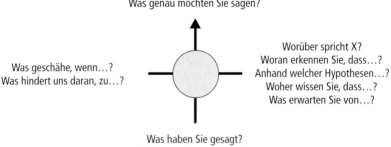

Wer? Wann? Wo? Wie?
Wie viel? Mit welchem Ziel?
Was genau möchten Sie sagen?

Was geschähe, wenn…?
Was hindert uns daran, zu…?

Worüber spricht X?
Woran erkennen Sie, dass…?
Anhand welcher Hypothesen…?
Woher wissen Sie, dass…?
Was erwarten Sie von…?

Was haben Sie gesagt?
Was sagt Ihnen, dass…?
Inwiefern ist dies inakzeptabel?
Wie verhält er sich?
Wie zeigt sich das?

Die Klärungsfragen des Sprachkompasses

Die Relevanz der Fragen, die man stellt, hängt unmittelbar damit zusammen, wie das Gegenüber zuhört. Diese Fragen werden entsprechend den gewonnenen Informationen, aber auch nach dem jeweils angestrebten Ziel gestellt. Fragen, die darauf abzielen, Informationen aus dem Norden des Kompasses zu gewinnen, richten sich in der Mehrzahl an das, was dem Gesprächspartner nicht unmittelbar bewusst ist. Sie erfordern daher eine Überlegung. Um ihm zu helfen, ist es außerdem ganz wesentlich, in unsere Fragen Worte wieder einfließen zu lassen, die von ihm stammen: Durch Verfeinern der verbalen wie nonverbalen Synchronisation geben wir ihm die Sicherheit, die er benötigt, um diese Suche nach Information vorzunehmen. Wenn unser Gesprächspartner beispielsweise eine Interpretation, Annahme oder Beurteilung äußert, die ihn in der Lösung seines Problems einschränkt[31], nutzen wir diese klärenden Fragen, um die Kriterien herauszufinden, auf denen seine Einschränkung beruht, aber auch, um die Logik seiner Konstruktion der Wirklichkeit zu erforschen. Indem wir uns auf seine eigenen Kriterien stützen, könnten wir ihm anschließend eine andere Bedeutung der Wirklichkeit, deren Teil er ist, vorschlagen mit dem Ziel, das Feld seiner Möglichkeiten zu erweitern. Der Kompass darf indessen nicht systematisch angewandt werden, da sein Missbrauch dem Dialog den Charakter eines polizeilichen Verhörs verleiht, was der Kommunikation nicht eben förderlich ist. Am besten verwendet man ihn nur, wenn die Ausführungen des Gegenübers abschweifen oder wenn es Einschränkungen beim Erreichen des angestrebten Ziels gibt. Sobald jemand also eine Information liefert, die anfechtbar ist, weil sie zu allgemein ist oder das Erreichen des Ziels einschränkt, wäre es vor dem Erheben von Einwänden klug, zunächst einmal zu schauen, auf welchen Grundlagen[32] – Interpretationen, Regeln, Urteilen, sensorischen Erfahrungen und Kriterien – diese Information beruht, bevor man ein Gegenbeispiel oder eine Umdeutung entwickelt.

Ich denke da zum Beispiel an Thierry, einen Freund, der sich bei mir über einen seiner Söhne beklagte:

– *Mein Sohn will nicht hören; er hört mir nicht zu.*
– *An welche Situation genau denkst du im Augenblick?* (Eine Kompass-Frage, um ihn wieder nach Norden zu bringen.)
– *Gestern, als ich ihm ein paar Ratschläge gab, ist er gegangen und hat die Tür hinter sich zugeschlagen.* (Zusammenfassung des Erlebten)
– *Manche sehr empfindliche Personen, und das sind Jugendliche im Allgemeinen, muss man vorsichtshalber erst fragen, ob sie an unserem Standpunkt hinsichtlich der Situation interessiert sind, bevor man ihnen einen Rat gibt.*

---

31 siehe Kapitel 18
32 siehe Kapitel 20

Ist dein Sohn vielleicht empfindlicher als du denkst? (Umdeutung der Darlegung des Vaters)
– *Er ist sehr empfindlich, ganz sicher.*

Eine Umdeutung[33], d. h. eine Betrachtung der Wirklichkeit, wie sie von jemandem gelebt wird, in neuem Licht, wird unser Gesprächspartner umso stärker berücksichtigen, als seine gelebte Wirklichkeit respektiert wird. Daher ist es zwingend notwendig, auf seine Erfahrung, sein Erleben zurückzukommen. Solange wir uns nicht die Mühe machen, ihn zu seiner gelebten Erfahrung zu befragen, machen wir es nur umso wahrscheinlicher, seinen limitierenden Standpunkt nicht verändern zu können. Hätte ich Thierry beispielsweise auf Anhieb geantwortet: *«Jugendliche sind alle gleich, weißt du. Mein Sohn hört mir auch nicht zu.»*, wäre es unserem Freund nicht möglich gewesen, die von ihm beklagte Situation anders wahrzunehmen. Hätte ich ihm «knallhart» entgegnet: *«Ich glaube, du gehst zu autoritär mit ihm um, du verlangst zu viel von ihm.»*, so hätte dieser Austausch in Polemik abgleiten und überdies meine Beziehung zu ihm stören können.

> Ob Lehrer, Pflegeperson, Führungskraft, Elternteil oder einfach nur Freund: Der Einsatz des Kompass verkürzt die Dauer der Umsetzung des Wandels ganz enorm.
> Es wird nicht nur vermieden, dass wir uns in unseren eigenen inneren Kommentaren verlieren, sondern auch, dass wir unsere Gesprächspartner in endlosen Kommentaren und Erklärungen ertrinken lassen, die nichts mit dem angestrebten Ziel zu tun haben oder nur wenig dazu beitragen, es zu erreichen. Jede Frage, die sich von dem angestrebten Ziel entfernt, ist nicht nur deplatziert, sondern droht noch mehr Verwirrung hervorzurufen und den Dialog zu endlosen Diskussionen verkommen zu lassen, die weder zu etwas Neuem noch zu Konkretem führen.
> Die Effektivität von Antworten auf Fragen aus dem Kompass ist proportional der Qualität der Beziehung zum Gegenüber.

Vor einigen Jahren berichtete Jean-Paul, kaufmännischer Leiter eines mittelständischen Unternehmens und einer meiner Klienten, über eine seiner wichtigsten Verhandlungen, die er fast «vermasselt» hätte. Seit einigen Monaten stand er mit einer wichtigen Industriegruppe über ein Zulieferabkommen in Verhandlungen. In der letzten Phase dieser Verhandlungen – der Unterzeichnung – angelangt, so berichtete er mir, entgegnete ihm Herr B., mit dem er sich auf die Unterzeichnung geeinigt hatte, auf seine Auffor-

---

33 siehe Kapitel 6

derung, nun zu unterschreiben, er könne dies nicht. «Nein, ich kann nicht unterschreiben», sagte er.

Mit dem Einsatz und den Fragen des Kompass gut vertraut, suchte Jean-Paul höflich herauszufinden, inwieweit dies begründet sei. Hier die Wiedergabe seiner Intervention:

– *Sie können nicht unterzeichnen. Was hält Sie davon ab?*
– *Ich unterzeichne diese Art von Verträgen nur in Gegenwart von Herrn Dupont.*
– *Und Herr Dupont ist heute nicht im Hause?*
– *Ich glaube nicht, denn sonst wäre er ja hier anwesend.*
– *Kann man ihn in seinem Büro anrufen? Vielleicht hat er unser Treffen vergessen?*
– *Er ist immer zu erreichen, aber im Allgemeinen treffen wir uns alle Morgens, und jetzt ist es schon vier Uhr und wir sind uns heute noch nicht begegnet. Er wusste auch, dass Sie kommen sollten.*
– *Was riskieren wir, wenn wir ihn anrufen?*
– *Nichts. Wir können es ja versuchen.*

Herr B. griff zum Hörer und hatte seinen Vorgesetzten sofort am Apparat. Dieser hatte das Treffen zur Unterschrift vergessen und kam, um den Vertrag zu unterzeichnen. Die Fragen des Kompass vermeiden die Konfrontation und zielen im Gegenteil darauf ab, die Begründetheit einer Position zu erfassen. Jean-Paul hätte den Gegenstand dieser Verhandlung gefährden können, wenn er die erste Antwort seines Gesprächspartners als Weigerung verstanden hätte, zum Abschluss zu kommen.

Die Entfaltung der Intuition fördern

Sich von Rastern aus Angelesenem oder von Vermutungen blockieren zu lassen, ist das größte Hemmnis für ein neutrales Zuhören und Beobachten und damit für das Hervortreten der Intuition. Dem «Hier und Jetzt» sehr aufmerksam gegenüberzustehen macht uns in unseren Interventionen kreativer und sachbezogener. Natürlich müssen wir dann innerlich auch still sein, um unsere Empfänglichkeit auf die äußeren Stimuli, die Quelle unserer Inspiration, zu konzentrieren. Auf diese Weise können wir uns von geistigen «Störgeräuschen» befreien und uns vollkommen in unsere Aufmerksamkeit für den anderen versenken. Die Intuition ist ganz wesentlich gekoppelt an die Schärfe unserer Wahrnehmung und unsere Fähigkeit, in einem Dialog Fakten und Erfahrungen zu gewinnen. Beides nährt unsere Kreativität, die aus einer komplexen, meist unbewussten Bearbeitung all dieser faktischen Informationen resultiert. Die Kompetenzen unseres Unbewussten oder der rechten Hirnhemisphäre sind Watzlawick zufolge umso mehr gefragt, als wir unser Bewusstes oder die linke Hemisphäre auf das Zuhören und Beobachten richten; indem wir dies tun, blockieren wir die Zensur und das kritische Denken letzterer. Außerdem schaffen wir jenen notwendigen Zustand des Wohlbefindens, um die rechte Hemisphäre oder das Unbewusste in vollem Umfang seine intuitive Kompetenz einbringen zu lassen, wobei es die gewonnenen verbalen und nonverbalen Informationen verbindet, kombiniert und kreative, besser geeignete Antworten produziert.

Von Leonardo da Vinci heißt es, er habe an Stelle einer höheren Ausbildung all seine Inspiration darangesetzt, in hohem Maße seine Fähigkeiten des Beobachtens und Zuhörens zu trainieren: So erzählte er beispielsweise, er würde seine Vorstellungskraft anregen und entwickeln, indem er aufmerksam goldene Flecken oder einfach nur die Wolken und ihre Bewegungen am Himmel beobachte. Damit erfuhr er den Zustand der Hypnose, auf den wir beim Besprechen der Techniken von Milton Erickson zurückkommen werden.[34] Diese Techniken werden heutzutage an der renommierten Universität von Stanford im Rahmen der Management-Studienprogramme in Form eines Trainingskurses in Intuition gelehrt.

Die Intuition tritt umso stärker hervor, je mehr wir es verstehen, einen Zustand der Ruhe und des Wohlbefindens herbeizuführen, der dem hypnotischen Zustand gleicht. Dieser resultiert aus unserem Training, uns zu synchronisieren, mit unserer Umgebung in Einklang zu kommen: Um dorthin zu gelangen, sind die Zen-Meditation und die Techniken der Selbsthypnose sehr nützlich. Dieser zu Recht als «Zustand des erweiterten Bewusstseins» bezeichnete modifizierte Bewusstseinszustand bringt tatsächlich einen anderen als den üblichen Wachzustand mit sich, insofern, als dieser eben deutlich darüber liegt.

---

34 siehe Kapitel 9 und 17

Fünfter Teil
Die Qualität der Kommunikation, eine Grundvoraussetzung

13 Die Sprache des Wortes, Rohstoff der Kommunikation

Körper und Wort, zwei Formen von Ausdruck und Einflussnahme

Die Analyse der menschlichen Kommunikation war lange Zeit auf die des gesprochenen Wortes, d. h. auf die digitale Sprache[35] beschränkt – zum Nachteil ihres analogen Aspekts, der nonverbalen Sprache, die nichtsdestoweniger unvermeidlich mit ihr verbunden ist. Auch wenn es absurd ist, diese beiden eng verwobenen Kommunikationsweisen voneinander zu trennen, gestatten wir uns hier in strikt pädagogischer Zielsetzung, zwischen beiden zu unterscheiden. Die menschliche Kommunikation ist eigentlich ein umfassendes System, ein «Ganzes». Sie integriert zum einen die Logik des Denkens (die kognitiven Prozesse), einen informativen Inhalt, das Verbale, aber auch eine Menge paralinguistischer Elemente, wie Einstellungen und Körperhaltungen, Gesten, Mimik, Sprechrhythmen, Intonationen und Flexionen der Stimme, Lautstärke, Atmung …. Diese verschiedenen verbalen und nonverbalen Signale beeinflussen in ihrer Kombination die Kommunikation. Je nach unserer Neigung sind wir für diese Codes mehr oder weniger sensibel. Je nach dem Kontext der Kommunikation sind wir mehr oder weniger empfindlich für verbale oder nonverbale Elemente. Die verbale und die nonverbale Sprache als mächtige Konditionierungsinstrumente sind von daher auch die Werkzeuge für einen Wandel schlechthin. Es sind vielfältige Spra-

---

35 Die digitale Sprache ist ein Code-System; es gibt keine Logik zwischen dem Namen und der zum Ausdruck gebrachten Sache. Entgegen der analogen Sprache kann die digitale Sprache die Nichtexistenz einer Sache bestätigen. Ihre Präzision ist gering, wenn es um das Beschreiben gelebter Erfahrung und um menschliche Beziehungen geht. Die analoge Sprache beruht nicht auf Worten, sondern auf Mimik, Intonation etc. Wenig geeignet, um abstrakte Begriffe auszudrücken, ist sie extrem zuverlässig und präzise, um Gefühle zu zeigen, am Emotionen teilhaben zu lassen und menschliche Beziehungen zu beschreiben.

chen möglich, um uns auszudrücken und mit anderen in Verbindung zu bringen, und eben im Handhaben dieser verschiedenen Sprachen eröffnen sich vielfältige Möglichkeiten, einen Wandel zu beeinflussen. Indessen besagt das Grundpostulat Einfluss nehmender Kommunikation, dass es den höchstmöglichen Einfluss auf einen anderen Menschen ermöglicht, wenn man dessen Sprache spricht. Dieselbe Sprache zu teilen, ohne dieselbe Sprache zu sprechen ist eine der Ursachen für das Versagen zwischenmenschlicher Kommunikation.

Eines der bedeutenden Merkmale der menschlichen Sprache im Gegensatz zu der anderer Säugetiere besteht im Gebrauch von Worten: Aus ihnen schöpfen wir unsere Größe, und in ihnen finden wir unsere Knechtschaft! «Keine außer der menschlichen Gesellschaft vermag es, ein Wort, eine Idee, eine Fantasie für die Wirklichkeit zu halten», unterstreicht Edgar Morin 1984 in *Sociologie*. Die symbolische Welt des Verbalen, der wir angehören, konditioniert uns und hält uns gefangen; so besitzen die Worte, die wir haben, ihrerseits uns – im Guten wie im Schlechten.

Indessen ist die Welt des Lebenden nicht die des Verbalen: Das eine ist dynamisch und zirkulär, das andere statisch und linear. Damit wird ein existenzielles Paradoxon der menschlichen Kommunikation deutlich: Wir können uns nicht wirklich mit Worten ausdrücken, aber auch nicht ohne sie. So sind wir denn, sobald wir etwas von unseren Erfahrungen und unserem Bild der Wirklichkeit mitteilen, dazu verurteilt, den Konflikt zwischen beiden antinomischen Welten zu transzendieren. Obwohl auf einer esoterischen Ebene verortet, hat die Philosophie des Zen besser als jede andere darzulegen verstanden, bis zu welchem Grad die Worte den Menschen insofern einschränken und unterjochen, als jedes von ihnen die verbale Kodierung einer Erfahrung bildet und lediglich ein Konzept darstellt. So schränken die Worte unsere Wahrnehmung der Wirklichkeit ein und sind gleichzeitig deren notwendige Bedingung. Sie stürzen uns bisweilen in unüberwindliche Dilemmata: Wir können ihnen nicht völlig vertrauen und uns gleichzeitig nicht völlig von ihnen befreien. Auch wenn sie oft nur Fassaden oder Leinwände darstellen, brauchen wir sie, um unsere Erfahrungen und unser Erleben auszutauschen.

Zen, das sich gegen das exzessive Vertrauen in Worte wendet, schlägt, um sich davon zu befreien, die Lösung durch ein *kôan* vor. Das *kôan* ist eine Situation des Lernens durch das Wort, die der Meister seinem Schüler auferlegt. Es handelt sich um eine Übung, bei der die Worte derart schlecht eingesetzt werden, dass es den Geist völlig verwirrt, wenn man sie ernst nimmt. Die Technik des *kôan* gleicht, wie wir sehen werden, den Techniken eines widerspruchsvollen und doppelsinnigen Kommunikationsstils, der geistigen Verwirrung und den meisten Techniken der hypnotischen Kommunikation. Grundlegendes Merkmal eines *kôan* ist das Paradoxon, das den logischen und rationalen Gedankengang transzendiert. Das *kôan* ist kein Rätsel, denn es ist nicht die rationale Intelligenz, die es löst; seine Auflösung geschieht vielmehr durch einen abrupten, unbewussten Wechsel der Verstehensebene. Für das Zen, den auf seine letzten Stellungen zurückgeworfenen Holismus, sitzt der Feind der Erleuchtung zum einen im verbalen Denken, weil es dualistisch ist, und in unserer Wahrnehmung, weil sie von einer Spaltung und Verstümmelung der Wirklichkeit ausgeht, bei der notwendigerweise eine unendliche Menge Fakten beiseite gelassen wird. Indem es sich jeder rationalen Situation entzieht, erlaubt das *kôan* dem Schüler, sich der Beschränkungen des Intellekts bewusst zu werden und zwingt ihn, sie durch die Intuition zu transzendieren, was ihn in ein Universum bringt, wo er von Widersprüchen und dualistischen Gedanken befreit ist.

Worte, ein symbolischer Diskurs über das Erleben

Ohne Worte könnten wir unser Erleben also nur schlecht mitteilen. Wir können jedoch nicht wirklich Teil unserer sensorischen und emotionalen Erfahrungen werden, da die verbale Sprache lediglich eine konventionelle und approximative Übersetzung dessen ist, was wir im Grunde unseres Selbst leben. Selbst in ihrer deskriptivsten und neutralsten Form bleibt die verbale Sprache weithin von Konnotationen gefärbt. Daher treffen Worte den anderen stärker als man meint, denn da sie an individuell sehr unterschiedliche Erfahrungen gekoppelt sind, lösen sie bisweilen unvorhersehbare Effekte aus. Demnach müssen wir, um uns zu verstehen, den Gesprächspartner bisweilen dazu bringen, den Sinn seiner Worte zu klären, um uns selbst besser in das Erleben einzubinden, mit dem er sie verknüpft. Hat ein Wort für den, der es hört, keinen sensorischen Bezug, keinen Erfahrungswert, so ist es nur ein Laut.

Worte als auditive Repräsentanzen des von uns Gelebten übersetzen unsere sensorischen und emotionalen Erfahrungen im Allgemeinen nur sehr grob, denn es besteht stets eine Abweichung zwischen den Worten und dem, was sie zum Ausdruck bringen. Was wir sagen, ist nie ganz das, was wir gesehen, gehört, gefühlt haben, sondern nur eine konventionelle auditive Wiedergabe dessen, was wir gelebt haben. Für die Beschreibung unserer Wahrnehmungen der Wirklichkeit – unserer empirischen und experimentellen Welt – hängen wir von Sprache ab. Demnach sind wir nicht nur durch unsere sensorischen Kapazitäten[36], sondern auch durch dieses symbolische Werkzeug «verbale Sprache» eingeschränkt.

---

36 siehe Kapitel 5, Abschnitt *Entwicklung der sensorischen Wahrnehmungsschärfe und Zugang zum sechsten Sinn*

Abgesehen von den technischen und wissenschaftlichen Worten mit ihrem für Eingeweihte fest codierten Sinn haben Worte keine absolute, sondern nur eine relative Bedeutung, die allein vom Kontext des Anwenders wie des Empfängers abhängt. Ihre emotionale Ladung hat mehr Auswirkungen als die Bedeutung, die sich im Wörterbuch findet, was weiter zur Komplexität menschlicher Kommunikation beiträgt. Oft glauben wir, von derselben Sache zu sprechen, weil wir dieselben Worte verwenden, während wir ihnen unterschiedliche Bedeutungen zuweisen. Umgekehrt können wir unterschiedliche Begriffe verwenden, um von derselben Sache zu sprechen; so kommt es zu einer ganzen Reihe von Dialogen unter Tauben und von Konflikten. Worte haben ebenso viele Bedeutungen, wie es Personen gibt, die sie aussprechen und hören. Wenn also nicht über ihre Bedeutung verhandelt wird, können sie wahre Kommunikationsbarrieren bilden. Oft bedarf es semantischer Bemühungen, um wenigstens eine Übereinkunft im Hinblick auf die Bedeutung verwendeter Worte herauszuarbeiten, um sich zu verstehen und die Wirklichkeit des anderen aus größerer Nähe zu berühren.

Je weiter sich die verbale Sprache von der faktischen und sensorischen Beschreibung der Wirklichkeit entfernt, um in die Abstraktion und Verallgemeinerung zu gehen, desto mehr nehmen Ungenauigkeit, Unverständnis und Missverständnisse zu. So kann uns nun die Ungenauigkeit unserer Sprache der Kontrolle und des Maßes der Dinge berauben. Dazu gehören auch Verallgemeinerungen wie «Frauen sind intuitiver als Männer», «Krankenschwestern sind aufopfernde Frauen», «Die Italiener sind Mauschler», «Niemand mag mich hier», «Es ist immer dasselbe in dieser Abteilung», «Nichts funktioniert in diesem Unternehmen», «Sie versteht nie etwas» etc. Der Rückgriff auf den Sprachkompass verhindert, in allgemeine Diskussionen zu geraten, die Gefahr laufen, in einen sterilen, gegenstandslosen Austausch zu münden, bei dem jeder spricht und sich niemand versteht.

Simulationen und Prophezeiungen

Stärker als wir glauben hängen wir von der verbalen Sprache ab, die wir verwenden, weil sie die Wirklichkeit weniger beschreibt als dass sie sie erschafft. Pierre Bourdieu schreibt: «Wir gestalten die Sprache, die uns gestaltet.» Linguisten wie Anthropologen bekräftigen: Eine Sprache ist eine Weise, die Welt zu sehen und unsere Erfahrungen zu interpretieren. Unsere Vorstellungen von der Welt werden uns nicht durch äußere Ereignisse «eingegeben», vielmehr sehen wir dasjenige, für das uns die Sprache sensibilisiert und trainiert hat, dass wir es wahrnehmen.

Sprache ist nicht nur ein Werkzeug des Austauschs, um unsere Gesprächspartner zu beeinflussen, sie beeinflusst ihren Anwender auch erheblich in seiner Konstruktion der Wirklichkeit. Die Dinge werden zu dem, wie man sie benennt, und das Benannte wird im Allgemeinen existent; ein Wort kann so zur Prophezeiung werden. In *Münchhausens Zopf* hebt Paul Watzlawick hervor: «Die Vorstellung, eine Bezeichnung könne ganz allein in unserem begrifflichen Universum umherschweben, wie das körperlose Engelchen eines Barockmalers, ist beinahe unerträglich.» Worte sind auch Simulationen und können Träger unwahrhafter, nicht ungefährlicher Begrifflichkeiten sein. So bezieht sich das Bestimmungswort «normal», das auf der quantitativen Berechnung eines Durchschnitts beruht, in Wahrheit auf keinerlei Wirklichkeit. Diese von Statistikern geschaffene Begrifflichkeit (z. B. der *normale* Intelligenzquotient eines 8-jährigen Kindes) repräsentiert lediglich eine Abstraktion: Alle Kinder im Alter von 8 Jahren haben irgendwann dazu beigetragen, etwas festzustellen, das im Grunde lediglich eine Maßeinheit für die Entwicklung des menschlichen Gehirns ist.

Alfred Korzybski, Vater der allgemeinen Semantik, betonte unermüdlich die Unangemessenheit von Sprache zur Beschreibung der Wirklichkeit: «Der Name ist nicht die Sache und die Landkarte ist nicht das Territorium.» Worte bilden demnach mehr oder weniger zufällige Etikettierungen und es empfiehlt sich, sie zu relativieren. Die von uns verwendeten Worte können unsere Denkweisen hintertreiben, deformieren und einschränken. Die Sprache ist für die Wirklichkeit, was die Karte für ein Terrain ist: Die jeweilige Entsprechung zwischen beidem ist notwendigerweise unvollständig. Die Wirklichkeit der Dinge ist viel nuancierter, als unsere begrenzte Sprache auszudrücken erlaubt. Die Funktion eines Wortes reduziert sich stets auf das Hervorheben eines besonderen Aspekts einer Sache, und von eben dieser Einschränkung hängt der Wert des Wortes ab. Unsere Sicht der Welt wird geformt von den Worten, die wir verwenden, und von denen, die wir hören, da die Sprache unsere Wahrnehmungen ohne unser Wissen «fernsteuert». Würde eine Zivilisation nur über vier Worte zur Bezeichnung von Farben verfügen, ließe sie für die Menschen dort auch nur diese vier Farben aufscheinen, nämlich diejenigen, die sie benennen können. Die Inuit beispielsweise haben zahllose Adjektive zur Bezeichnung der Farbe des Schnees, da dieser ein fundamentales Element ihres Alltags ist. *Die verbale Sprache ist ebenso ein Instrument zur Simulation der Wirklichkeit wie zur Stimulation von uns selbst.* Unsere Wahrnehmungen, Gedankengänge, Emotionen und unsere Beziehungen zu anderen werden durch unser sprachliches Repertoire vorbestimmt. Wir projizieren auf die Welt – die meiste Zeit unbewusst – die Struktur der Sprache, derer wir uns bedienen. Ludwig Wittgenstein bemängelte diese Art von «Verzauberung durch Sprache», gegen die niemand zu feien ist.

Antriebe und Hemmnisse

Worte sind zugleich Antrieb und Hemmnis des Handelns, denn sie sind Träger von Emotionen. Und ist es nicht die Emotion, die uns in Bewegung setzt oder innehalten lässt? Worte haben demnach eine Art magischer Kraft, die Motivation ebenso erzeugt wie Passivität. Ein Wort ruft stets eine Reaktion hervor: Es kann zerstören, blockieren, eine Absicht zu Tage fördern oder entstehen lassen. Der emotionale Gehalt eines Wortes hat oft mehr Bedeutung als dessen Bedeutung im Lexikon, da es sich bei Worten im Wesentlichen um Evokationen handelt, die bei jedem Menschen eine andere Bedeutung annehmen. Politiker, die bisweilen – wenn auch nicht immer erfolgreich – versuchen, abgenutzte und mühselige Ausdrücke ihres sprachlichen Repertoires aufzuwärmen, wissen darum. Worte können je nach der Bedeutung, die wir ihnen zuweisen, unsere Denkweisen und Handlungsmöglichkeiten einschränken oder erweitern.

Unsere Erfahrungen nehmen die Richtung, die ihnen unsere Sprache tendenziell weist. Von daher können Worte auch je nach dem beabsichtigten Effekt gewählt werden. Man kann Begriffe auflisten, die eine Situation wahrscheinlich vorzugsweise erstarren lassen, und andere, die eine Handlungsdynamik anzuregen vermögen. Die folgende Tabelle liefert dazu ein paar Anregungen. Wohlgemerkt, die Macht eines jeden der genannten Worte kann in ihrer Intensität entsprechend der angesprochenen Person schwanken, da jedes Wort – wie gesagt – je nach unserer emotionalen Geschichte anders klingt.

Da Worte mächtige Instrumente und zugleich Träger wie Hemmnisse eines Wandels sind, scheint es angemessen, in einer blockierten Situation das Vokabular zu wechseln. *Worte sind auch Schlüssel:* Sie erlauben es, eine Angelegenheit zu eröffnen wie zu schließen, sie einer Lösung zuzuführen wie sie davon abzubringen. Bei meinen Interventionen nehme ich mir oft die Zeit, auf dem Unterschied zwischen *sich verändern müssen* und *es vorziehen, sich zu verändern* einerseits und zwischen *sich verändern wollen* und *sich zu verändern wissen* andererseits zu insistieren. Sich verändern wollen gibt die bloße Absicht von Veränderung zu erkennen. Es vorzuziehen, sich zu verändern, zeigt bereits Engagement. Zu wissen, wie man sich verändert, lässt annehmen, dass die Kompetenzen bereits erworben wurden, um nun zur Tat zu schreiten. Um einen Veränderungsprozess konstruktiv zu initiieren, müssen wir mit unseren Gesprächspartnern die verschiedenen Verben erkunden, die dem Begriff «Wandel» oder Veränderung vorangehen. Je nach deren Profil werden wir den für sie anregendsten Begriff wählen.

Bei Reden in Unternehmen stelle ich oft die Anwendung von Worten oder Ausdrücken fest, die geeignet sind, jegliche Dynamik des Wandels «niederzumachen», etwa: «Wir müssen uns umstellen», «Wir müssen uns entwickeln» oder «Wir haben keine Wahl». Einen Wandlungsprozess in

Worte, die eher hemmend wirken	Worte, die eher als Antrieb wirken
Warum?	Mit welchem Ziel?
Fehlschlag	Resultat
aber	und
gegen	mit
versuchen	tun
entweder – oder	zugleich
Erklärung	Lösung
Problem	Ziel
Ursache	Folge
kennen	anerkennen
entgegensetzen	zur Seite stellen
unterscheiden	verbinden
unterteilen	verknüpfen
zusammenstoßen	konfrontieren
entgegensetzen	zusammensetzen
oder	und
ausschließen	einschließen
Grenzen	Brücken
diskutieren	einen Dialog führen
weil	um zu...
Beunruhigen Sie sich nicht.	Seien Sie beruhigt.
Grenzen einer Situation	Chancen einer Situation

Gang zu setzen, geschieht nicht nur, indem bei den Betreffenden das Verlangen danach entsteht, sondern auch, indem deren Ressourcen für das Erreichen des gewünschten und wünschenswerten Wandels zu Tage gefördert werden. Um Wandel zu bewirken, ist *motivieren* effektiver als *überzeugen*, da die Sprache der Gefühle im Allgemeinen stärker dynamisiert als die Sprache der Vernunft. Ein «Ja, es ist klar, dass wir uns verändern müssen» zu bekommen, ist höchst unzureichend, um eine Wandlungsdynamik in Gang zu bringen. Dagegen bedeutet ein «Wir wählen den Wandel» echtes Engagement für Veränderung, das gleichwohl die Notwendigkeit nicht ausschließt, Alternativen des Wandels auszuhandeln. Allgemein gesprochen vermag sich eine in Begriffen von Notwendigkeit, wie «Ich muss X tun» oder «Man muss

X tun», formulierte Entscheidung weniger zu konkretisieren als eine Entscheidung, die in Begriffen von Präferenz, Verlangen oder Know-how ausgedrückt wird. Die Reden über Wandel in Unternehmen sind sehr oft gespickt mit beruhigenden Ausdrücken, die jedoch negativ formuliert sind. Nehmen wir nur die häufigsten: «Beunruhigen Sie sich nicht, wir werden nicht ...» oder «Bei diesem Projekt steht außer Frage ...» oder auch «Glauben Sie nicht, dass ...». All diese negativen Ausdrucksweisen laufen Gefahr, genau das zu induzieren, was befürchtet wird, d. h. Misstrauen, Widerstände und Trägheit.

Worte sind zugleich Heilmittel und Gift, bereit, denjenigen zu heilen oder zu vergiften, der sie ausspricht und der sie hört. Sie bilden die Barrieren, die wir bewusst oder unbewusst gegen uns selbst oder andere errichten, und sind zugleich die Brücken, die uns gestatten, uns mit anderen zu verbinden. Die verbale Sprache kann zur Fassade werden und dazu dienen, sich vor dem anderen zu schützen, indem man versucht, die Leere einer schlecht etablierten Beziehung zu füllen. In diesem Sinne bildet sie ein Instrument zur Distanzierung, das manche als sozialen «Schmierstoff» bezeichnen. Aber der Mechanismus, wenn er sich denn dreht, läuft im Leerlauf! Um sich besser verständlich zu machen, bestünde die Lösung demnach nicht darin, *mehr* zu sprechen, sondern zu lernen, wie man *besser* eine Beziehung herstellt. Das heißt also – wie es die Begründer des NLP [37] propagieren – wie man sich besser der verbalen wie der nonverbalen Sprache des anderen bedient.

Die Redeweise umstellen: motivieren statt überzeugen

Begeben wir uns nun von den Worten zu deren Formatierung. Jeder verbale Inhalt lässt sich in verschiedenen Formulierungsstilen zum Ausdruck bringen: als Frage, Befehl, Bejahung, Verneinung, Suggestion, Beschreibung, Verallgemeinerung, Beurteilung, Regel, Hypothese, Deduktion, Euphemismus, Allegorie, Metapher .... Diese verschiedenen Möglichkeiten verbalen Ausdrucks haben unmittelbar Einfluss auf die Art der Beziehung, die zwischen zwei Personen entsteht, und auf die dadurch wiederum hervorgerufenen Wirkungen, wie wir im folgenden Kapitel eingehender sehen werden. Wichtig ist, einen der Botschaft entsprechenden Formulierungsstil zu wählen. Die Formatierung prägt die Bedeutung einer Botschaft bisweilen weit

---

37 NLP ist ein Kommunikations- und Veränderungsansatz, der in der Funktion des Gehirns, im subjektiven Erleben und in der menschlichen Kommunikation gründet. Von daher ergibt sich auch die – ein wenig abstoßende – Bezeichnung «Neurolinguistisches Programmieren» (NLP).

stärker als die dazu gewählten Worte. Wer ist noch nicht seiner Ausdrucksweise wegen mit Antworten wie dieser kritisiert worden: «Nicht was du sagst schockiert mich, sondern wie du es sagst»? Mit diesem Vorwurf wendet sich unser Gesprächspartner gleichermaßen gegen unser Verhalten (nonverbale Sprache) wie gegen die Formulierung unserer Botschaft (verbale Sprache).

Oft beruht Sprache auf dem Gesetz der Vergeltung: Auge um Auge, Zahn um Zahn. Wenn wir also den Schwerpunkt auf die Argumentation legen, lassen wir den anderen an der Rationalität unseres Standpunkts teilhaben, indem wir an sein logisches Denken appellieren. Seien wir also nicht überrascht, wenn er uns in gleicher Weise antwortet, meist indem er eine brillante Gegenargumentation entwickelt. Durch eine metaphorische Sprache mobilisieren wir dagegen den kreativen und symbolischen Teil des Geistes unserer Gesprächspartner – und vermeiden vielleicht einen Gegenangriff. Auch wenn wir uns ständig rechtfertigen, riskieren wir, die Macht unseres Einflusses zu schwächen und die von uns angestrebte Zustimmung weniger leicht zu erlangen. Sehr oft rechtfertigen wir systematisch jeden unserer Vorschläge, dabei ist es dynamisierender, jeweils das Ziel hervorzuheben, das sich durch ihn erreichen ließe.

Es gibt verschiedene Arten zu argumentieren: Je indirekter eine Argumentation, desto stärker gewinnt sie paradoxerweise an Einflusskraft. So kann ich beispielsweise jemandem verkünden: «Es ist ein Uhr», wie ein Argument, um ihn zum Essen einzuladen, ohne dies jedoch explizit anzuführen. Eine ganze Reihe linguistischer Marker zeigen die Absicht zu argumentieren an, darunter zum Beispiel *aber auch, sogar, obendrein* …. Wenn ich sage: «Das Wetter ist schön, aber nicht warm genug, um …» oder «Er ist voll guten Willens, aber auch voller Ideen …», so verstärken die Redewendungen «aber nicht […] genug» und «aber auch» das Argument, ohne es indessen zu entwickeln. Der Rückgriff auf ein «offensichtliches» Argument ist nicht immer wirksam, um zu überzeugen, da es beim Gesprächspartner Opposition bewirken kann, indem es eine Differenz im Standpunkt oder Uneinigkeit aufzeigt. Beim Argumentieren neigen wir dazu, vom eigenen Standpunkt auszugehen und vertiefen damit oft nur den Graben zwischen uns und dem anderen. In einer neuen Konzeption von Rhetorik wird die Kunst des Argumentierens hingegen darin bestehen, «den Standpunkt des anderen zu nutzen», um ihm zu zeigen, inwiefern das, was wir ihm sagen, auch weiterhin im Einklang mit seiner Sicht der Dinge steht. Dazu ist es nötig, «aus der eigenen Kapsel herauszutreten», sich von der eigenen Weltanschauung zu lösen und der des anderen zu begegnen, um sie mit dem Ziel der Einflussnahme besser zu erfassen.

Die Verunreinigungen verbaler Sprache

Beim Erstellen eines Inventars der Verunreinigungen, die durch verbale Sprache erzeugt werden, finden sich die Funktionärssprache mit ihren exzessiven Substantivierungen, die Logorrhö, die Verleugnung, die Lüge, das Missverständnis, die missbräuchlichen Verallgemeinerungen …. Die *Funktionärssprache* als Symptom eines verloren gegangenen Kontakts mit der gelebten Wirklichkeit vermittelt im Allgemeinen mangelndes Engagement und eine starke Zurückhaltung in Bezug auf Ideen; sie erzeugt Passivität. Vor allem im politischen Diskurs, letztlich aber überall angeprangert, ist sie heutzutage in der Unternehmenssprache weit verbreitet. Sie entsteht dadurch, dass diese «Redner» derart von ihren intellektuellen Darbietungen eingenommen sind, dass sie nicht mehr verifizieren, ob ihre Sprache noch eine faktische und sinnvolle Wirklichkeit übermittelt. Nachdem also die Verbindung zwischen Diskurs und Terrain nicht mehr gesichert ist, wird die Funktionärssprache zu einem monotonen akustischen Hintergrund, eine Art Ohrwurm, der bei dem Betroffenen Überdruss und Rückzug bewirkt. Warum sieht darin wohl niemand die Macht, die Gemüter zu besänftigen?

Die übermäßige Substantivierung ist ein Charakteristikum der Funktionärssprache. Dieses Phänomen besteht darin, Substantive den Verben vorzuziehen, was dem Diskurs eine statische und passive Wirkung verleiht. Das beschriebene Faktum gewinnt dadurch den Wert einer Institution, und die Handlung, die es bewirkt, ist wirklichkeitsfremd. So würde man etwa sagen: «Die Kooperation im Team ist gut» statt «In Ihrem Team arbeiten Sie gut zusammen». Die Funktionärssprache lässt das Ziel der Kommunikation aus den Augen verlieren; dem Anwender geht es oft mehr darum, «schön» statt «wirksam» zu sprechen. Gänzlich konventionell und repetitiv, ist diese Art zu sprechen derart vorhersehbar und ohne menschliche Präsenz, dass sie nur noch Indifferenz hervorruft.

Im umgebenden Stimmengewirr werden wir auch von Euphemismen überhäuft, etwa durch das systematische: «Das ist nicht schlecht», um nicht sagen zu müssen: «Das ist sehr gut.» Eine ganze Reihe rhetorischer Manipulationen ermöglicht es, «Andeutungen zu machen», ohne indessen direkt zu sagen, was darunter verstanden wird. Wenn ich beispielsweise bei einer Verhandlung sage: «Die Zeit vergeht rasch», wird mein Gesprächspartner nicht unbedingt wissen, wie er mir antworten soll, da meine Botschaft mehrere mögliche Interpretationen enthält: Ich kann ihm andeuten wollen, dass die Zeit, die ich mit ihm verbringe, angenehm ist, aber auch, dass wir uns unserem Ziel kaum angenähert haben oder aber, dass ich ihm keine Zeit mehr widmen kann. Wenn er sich nicht traut, mich geradeheraus zu fragen, was ich mit dieser Formulierung meine («Möchten Sie sagen, dass …?»), riskiert er, sich einzig auf seine eigene Interpretation zu verlassen, einen Fehler zu machen und zum Beispiel als Person mit schlechten Manieren zu gelten, wenn er die Diskussion weiterführt oder unmittelbar beendet. Die technisch-bürokratische Sprache ist gespickt mit euphemistischen Ausdrücken wie: «Ich bezweifle …», was im Allgemeinen bedeutet: «Ich habe es nicht verifiziert.»

Je nach der Schwere eines Problems stellen wir fest, wie sich auch die Begriffe, mit denen es benannt wird, verändern und im Allgemeinen länger werden. So werden etwa «Gastarbeiter» zu «ausländischen ArbeitnehmerInnen», «Arbeitslose» zu «Arbeit Suchenden», «alte Menschen» zu «Menschen im dritten Lebensabschnitt» etc. Die Liste ist unerschöpflich und wird je nach den neu auftauchenden Problemen und der Intensität sozialer Beklommenheit, die darin zum Ausdruck kommen, täglich länger.

Verlogene Sprache verunreinigt die menschlichen Beziehungen, da sie wissentlich die Wirklichkeit verfälscht. Nur der Säugling, der noch nicht über Worte verfügt, um zu kommunizieren, bleibt von Lüge verschont: Es ist nämlich sehr schwer, mit der Körpersprache zu lügen, wenn wir es mit sehr guten Beobachtern zu tun haben, die extrem genau auf die nonverbale Sprache achten. Von daher kommt die Erfahrung der Lüge mit dem Erwerb der gesprochenen Sprache.

Ein Diskurs gleitet in Logorrhö, eine weitere pathologische Sprachform, ab, wenn es in Besorgnis erregenden Proportionen zur Anhäufung verbalen Mülls, nutzloser Worte und sprachlicher Widersprüche kommt.

Das Verleugnen der Wirklichkeit durch die Sprache drückt sich auch im Verwenden der Verneinung aus. So verkündet beispielsweise ein Politiker im Wahlkampf spontan seine Meinung über die Moral seines Gegners und erklärt beiläufig: «Ich halte X nicht für unehrlich.» Indem er dies tut, suggeriert er der Öffentlichkeit, die Frage der Ehrlichkeit von X ließe sich durchaus stellen, bewahrt sich aber für den Fall eines Angriffs die Möglichkeit, zu beweisen, er habe seinen Gegner niemals der Unehrlichkeit bezichtigt, im Gegenteil! In einen verneinenden Satz gekleidet hat er diese Frage indessen durchaus ins Spiel gebracht. Das gefährliche und schädliche Verwenden verneinender Formulierungen findet sich oft im politisch-institutionellen Bereich, einem Konfrontationstheater mit Blick auf die Medien.

Die Verneinung, Attribut der verbalen Sprache

Wenn es das Merkmal der verbalen Sprache ist, die Verneinung zuzulassen, so erlaubt das sensorische Erleben dies nicht. Ruft nicht die Aussage: «Denken Sie nicht an einen Elefanten» zwingend das geistige Bild dieses Tieres herauf? In gleicher Weise ruft das Schild «Rauchen verboten» in einem Versammlungsraum bei einem Raucher wahrscheinlich nur das plötzliche Verlangen nach einer Zigarette hervor. Da wir eine negativ formulierte Information nicht direkt aufnehmen können, sind wir zu einem zusätzlichen

Schritt gezwungen, indem wir uns diese Information zunächst im positiven Sinne vor Augen führen, den Elefant also vor unserem inneren Auge sehen, um dieses Bild dann zu verneinen und es anschließend zu löschen. Bei Begegnungen oder in Gesprächen empfiehlt es sich, die Negativform zu vermeiden, wenn wir bei unseren Zuhörern auf eine gute Integration und Gedächtniswirkung aus sind. Ganz gleich, welche Sprache verwandt wird – sensorisch, deskriptiv, technisch, technokratisch, metaphorisch – gilt, dass negative Formulierungen im Allgemeinen das Gegenteil des angestrebten Ziels erreichen. Beunruhigten Menschen eine kommende Restrukturierung mit den Worten anzukündigen: «Es wird keine Entlassungen geben» ruft eben genau dieses Bild hervor. Besser eignet sich: «Wir garantieren Ihnen Ihre Arbeitsplätze.» Ebenso ist es auch im Alltag besser zu sagen: «Denken Sie daran, diesen Brief einzuwerfen» als «Vergessen Sie nicht, diesen Brief einzuwerfen», wenn wir die Chance erhöhen wollen, dass er rasch auf den Weg kommt.

Indem wir unsere Ziele negativ formulieren, vermindern wir spürbar die Chance, sie zu erreichen, wie wir in Kapitel 20 sehen werden. Wenn wir sagen: «Ich möchte keine Angst mehr haben, wenn ich eine Ansprache halte» konditionieren wir uns, ein wenig mehr an unsere Angst zu denken. Negative Befehle sind für Gehirn und Nervensystem ungeeignet, da sich eine «Nicht-Erfahrung», ein «Nicht-Ziel» nicht integrieren lassen. Wie sollte man sich auch auf ein «Nicht-Ziel» ausrichten?

Dennoch kann man im Rahmen der therapeutischen Kommunikation auf die Verweigerung zurückgreifen, um den Gesprächspartner zu ermutigen, sich umzustellen. Eine Formulierung wie: «Ich glaube nicht, dass Sie diese für Sie unbefriedigende Situation auch weiterhin haben möchten» kann ihm einen Floh ins Ohr setzen! In gleicher Weise können negative Formulierungen in der Kommunikation zwischen Diplomaten oder Managern ihre Wirkung haben, wenn es darum geht, einen paradoxen Effekt oder geistige Verwirrung[38] hervorzurufen. So kann man beispielsweise eine Diskussion mit der Ankündigung eröffnen: «Diese Frage wird keinesfalls behandelt», wenn man eben gerade darauf abzielt, sie ggf. wieder aufwerfen zu können, indem man dies untersagt!

---

38 siehe Kapitel 17

Das Hilfsverb «sein» und die Gefahr des Etikettierens

Die allgemeine Semantik lädt uns ein, der aristotelischen Struktur von Sprache zu entgehen und über die Beziehungen zwischen der Wirklichkeit und der Sprache nachzudenken, derer wir uns zu ihrer Beschreibung bedienen. Das Hilfsverb «sein» zeigt am deutlichsten, wie wenig sich Sprache und Wirklichkeit decken, und zwar insofern, als es die Wirklichkeit in ihrem statischen Aspekt wiedergibt, während diese doch zutiefst dynamisch ist. Da wir gewohnt sind, in Begriffen von Subjekt-Prädikat zu denken und uns auszudrücken, gehört das Hilfsverb «sein» zu den gebräuchlichsten. Wir verwenden es überall: in seiner Hilfsfunktion («er ist gegangen»), in seinem eigentlichen Sinn von Existenz («Ich bin») sowie zur Zuweisung von Qualitäten («Das Baby ist empfindlich»). Und schließlich verwendet man es im Hinblick auf einen Zustand: «Der Smaragd ist ein Edelstein.» Seine Anwendung als Hilfsverb und im Sinne von Existenz lässt sich nicht in Frage stellen, da sie keine Probleme bereitet.

Die Anwendung des Hilfsverbs «sein» zur Unterstützung eines Attributs oder zur Definition einer Identität ist dagegen wesentlich toxischer, weil sie in beide Zusammenhänge eine unangemessene Vorstellung von Unveränderlichkeit in ein Universum hineinbringt, das sich im Wesentlichen in Bewegung befindet. Die Anerkenntnis, dass sich alles in der Natur in Bewegung befindet, gefährdet diese Bedeutung von Identität des Hilfsverbs «sein». Jeder von uns trägt in sich mehrere Identitäten, die er abhängig vom Kontext, in den er gestellt wird, in Szene setzt: Dieselbe Frau kann Pflegeperson, Verbandsvorsitzende und Ehefrau, Mutter, Tochter, Großmutter etc. sein. Keine dieser Identitäten repräsentiert die ganze Person und wird von verschiedenen Sprachen geformt, die ihrerseits aus verschiedenen Modellen der Welt hervorgegangen sind. Wir bestehen aus einer unendlichen Vielfalt von Persönlichkeiten und entwickeln uns abhängig vom Auftauchen latenter, in uns ruhender Persönlichkeiten. Wir befinden uns demnach im Werden und sind stets neu zu entdecken. Die in ständiger Konstruktion befindliche menschliche Identität kann sich daher nicht auf statische Weise definieren.

Das Hilfsverb «sein» institutionalisiert ferner das Beurteilen und lässt damit tendenziell Menschen und Dinge erstarren, teils zu deren Vorteil, aber leider auch zu ihrem Nachteil. Da jedes Individuum, vor allem in der Kindheit, dazu neigt, sich dem Urteil und der Identität, die ihm von seinem Umfeld zugewiesen wird, anzupassen, endet es schließlich damit, beides mehr oder weniger zu bestätigen. Zum Guten oder zum Schlechten haben die Beurteilungen anderer und vor allem unserer Autoritätspersonen (Eltern, Lehrer, Direktoren, Ärzte, Abteilungsleiter etc.) unsere Selbstwahrnehmung und damit auch die Wahrnehmung unserer Möglichkeiten nur allzu oft durcheinander gebracht.

In diesem Sinne verzerrt das Hilfsverb «sein» unsere Wahrnehmung von Menschen und Dingen. Wir gelangen da an die Grenzen der Sprache in ihrer Beziehung zur Wirklichkeit. Wir können uns nicht von dem Objekt oder Subjekt, das wir beschreiben, loslösen[39], sondern stehen notwendigerweise in Beziehung dazu, sind also daran gebunden. Wenn ich sage: «Dieser Mann ist moralisch anfällig», so spreche ich entweder von meiner Erfahrung und meinem Standpunkt oder von der Erfahrung und dem Standpunkt einer anderen Person, von der ich beides entlehnt habe. Auch für jede auf menschliche Beziehungen bedachte Person und mehr noch für uns – Therapeuten, Lehrer, Berater, Pflegepersonen, leitende Mitarbeiter und Eltern –, die wir menschliche Ressourcen «managen», ist es zwingend erforderlich, den Gebrauch des Hilfsverbs «sein» gut abzuwägen, da es anderen Menschen Einschränkungen auferlegt. Unter Berücksichtigung des Prinzips der zirkulären Kausalität[40] (die Quelle der Funktionsstörung liegt natürlich außerhalb desjenigen, der sie aufzeigt und ist mechanisch nachweisbar), das unsere Kommunikation beherrscht, verifizieren wir im Allgemeinen in unseren Interaktionen mit anderen die Begründetheit der über sie geäußerten Urteile. Allerdings bringen hilfreiche und positive Urteile dieselben Phänomene mit sich!

Ich denke da an Clementine, «die der Ansicht war, ihr Mann sei ihr gegenüber aggressiv». Um die Erlebnisse, aus denen sich ihr Urteil herleitete, zu erkunden, antwortete ich ihr:

– *Sie wollen sagen, dass die Verhaltensweisen Ihres Mannes in Ihren Augen Aggressivität darstellen. Wie genau verhält sich Ihr Mann, wenn Sie ihn für aggressiv halten? Nennen Sie einige präzise Beispiele.*
– *Nun, wenn ich ihn zum Beispiel frage, ob er mich liebt, entgegnet er mir stets verärgert: «Aber sicher liebe ich dich.»*
– *Und Sie interpretieren das als Aggressivität …. Vielleicht reagiert er auch so, weil er Ihre Frage für so offensichtlich hält, dass ihm die Antwort überflüssig erscheint. Oder vielleicht … weiß er einfach nur nicht zu sagen: «Ich liebe dich», und genau das macht ihn aggressiv. Liebe kann auf verschiedene Weise zum Ausdruck kommen … durch Handlungen, durch kleinste nonverbale Ausdrucksformen, die man nicht immer bemerkt …. Für Ihren Mann können die Worte deplatziert, wenig vertrauenswürdig und ungeeignet erscheinen, um seine Gefühle zum Ausdruck zu bringen. Was meinen Sie?*

---

39 siehe Kapitel 4, Abschnitt *Vom Mythos Objektivität zum Prinzip Verantwortung*
40 siehe Kapitel 8, Abschnitt *Zirkuläre Kausalität, Probabilismus und Verantwortlichkeit*

Clementine erinnerte sich dann auch noch an Umstände, in denen sich ihr Mann sehr aufmerksam gezeigt hatte und wurde sich nach und nach bewusst, dass es viele andere Weisen gibt, seine Liebe zu bezeugen, deren sie selbst sich natürlich nicht bediente, die ihr Mann jedoch zu nutzen verstand. So lernte sie durch die andere Dimension der Sprache die Erscheinungsformen der Liebe wahrzunehmen. Aber für diese mehr für Worte als für die nonverbale Sprache empfindliche Frau musste die Liebe ausgesprochen und wiederholt werden, um wirklich zu sein.

Die sensorische Sprache ist der gelebten Wirklichkeit am nächsten

Die sensorische Sprache ist die Sprache, welche am besten verstanden wird, denn sie ist der Wirklichkeit, d.h. der gelebten Erfahrung am nächsten. Indessen wird jeder Einzelne je nach seinem Erfahrungskontext unterschiedliche sensorische Register bevorzugen. Um also ein und dieselbe Situation zu beschreiben, wird eine Person, die eher für Bildsprache empfänglich ist, häufiger visuelle Begriffe verwenden. Ein anderer, der sich in der Sprache

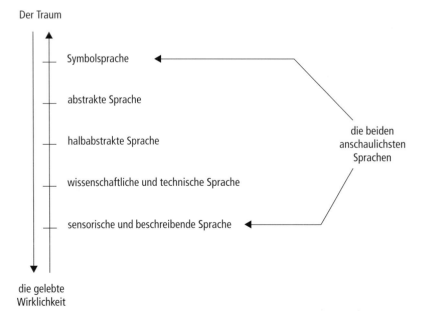

Bisweilen muss dieselbe Sache in verschiedener Sprache zum Ausdruck gebracht werden, um sich gut verständlich zu machen.

von Klängen wohler fühlt, wird auditive Begriffe anwenden, während ein Dritter, wenn sein bevorzugtes Register in Empfindungen liegt, sich in kinästhetischen Begriffen ausdrücken wird. Manche verwenden hauptsächlich abstrakte Begriffe und greifen nur wenig auf die Vorteile der sensorischen Sprache zurück. Etymologisch betrachtet trägt der Begriff «abstrakt» die Bedeutung «von ... weggezogen», «getrennt von», während sich der Begriff «konkret» von «concrescere» herleitet, was «gemeinsam wachsen», «sich in gemeinsamem Wachstum verbinden» bedeutet. Vor allem Populärwissenschaftler und talentierte Pädagogen, die Wissen vermitteln möchten, sind bestrebt, ihre Erläuterungen durch sensorische Worte oder durch Metaphern zu verdeutlichen. So vermögen sie ihr Publikum «anzurühren» und ihre Botschaft zu vermitteln. Eine Botschaft wird umso besser verstanden, je stärker sie dem Erfahrungskontext des Empfängers angepasst ist. Die Reden, welche vereinen, berühren und mobilisieren, bestehen im Allgemeinen aus sensorischen und metaphorischen Worten, denen die Zuhörenden ihre eigenen Erfahrungen hinzufügen können. Diese Worte ergeben mehr Sinn, weil sie aus unseren Sinnen hervorgehen, daher üben sie auch in vollem Umfang ihre Funktion als «Motor» aus und führen wesentlich besser zum Nachdenken und Handeln.

Milton Erickson empfahl seinen Psychotherapie-Schülern stets, die Sprache ihrer Klienten zu nutzen, um nicht nur die therapeutische Beziehung, sondern auch das gegenseitige Verständnis zu fördern. Auf diese Weise erfüllen Worte ihre beeinflussende Funktion. Schon Plato schrieb in seinem Werk *Phaidon*, dass Sokrates der festen Überzeugung war, man müsse die Menschen mit denjenigen Begriffen ansprechen, die ihnen vertraut seien, und beispielsweise Metaphern eines Zimmermanns verwenden, wenn man sich an einen Zimmermann wende usw. Sind die Worte nicht mit dem Erleben des Zuhörers verbunden, dann sind sie «sinnentleert» und nichts weiter als Laute oder Störgeräusche. Eine gute Übung besteht darin, die *Exercices de style* von Raymond Queneau wieder und wieder zu lesen. Um Ihnen die Aufgabe zu erleichtern, sensorische Worte wahrzunehmen, finden Sie in der folgenden Tabelle eine in diesem Sinne unterteilte Aufstellung.

Visuell

sehen	zeigen	visualisieren	betrachten
auf den ersten Blick	offensichtlich	erkennbar	hell
verschwommen	deutlich	strahlend	erhellen
klären	erhellen	objektiv	Blitz
Perspektive	Horizont	pittoresk	unscharf
neblig	hellsichtig	klarsichtig	farbig
Klischee	Illustration	Szene	Fata Morgana
Bild	Fotografie	leuchten	strahlend
Winkel	erscheinen	Aspekt	der Schatten eines Zweifels
untersuchen	Klarheit	vorhersehen	sich vorstellen
Blick	illustrieren	Licht	inspizieren
Spektakel	Zeichen	Fassade	aufzeigen
durchschauen	unterscheiden	wahrnehmen	bemerken
anerkennen	genau betrachten	beschreiben	fokussieren
Bildschirm	Wolke	eingrenzen	entdecken

Auditiv

verstehen	wohlverstanden	das Ohr leihen	schreien
hinhören	brüllen	taube Ohren	nachplappern
hören	sprechen	Glockenklang	Schrei
sagen	Harmonie	orchestrieren	falsch klingen
falscher Ton	Akkord	Lärm	Melodie
misstönend	Symphonie	Rhythmus	Kakophonie
Tonleiter	Verstimmung	Tonalität	Resonanz
melodiös	Tonart	Stimmen hören	tief
Refrain	Strophe	Stimme	hörbar
verstärken	ankündigen	artikulieren	ausrufen
geschwätzig	laut	appellieren	kommentieren
Klatsch	Unterhaltung	den Ton angeben	Konversation
diskutieren	dissonant	verbreiten	aussprechen
aussprechen	murmeln	Parole	Schweigen
proklamieren	aufbrüllen	Gerücht	suggerieren

Ton	schrill	kundtun	unerhört
tratschen	erzählen	Misshelligkeit	betäuben
Klick	Störgeräusche	Krach	

Auf jemanden eingestimmt sein – alle Register ziehen – miteinander tuscheln – Stimmen hören – eine Audienz gewähren – «Bequatschen» – in Hörweite – den Akzent setzen

Kinästhetisch

in Kontakt sein	spüren	gesunder Menschenverstand	übernehmen
berühren	Wärme	Halbherzigkeit	Kälte
Anspannung	Drang	Kontakt	schwer
zu Herzen nehmen	leicht	verbinden	das Herz auf der Hand
Druck	entspannen	konkret	fest
Schock	ergreifen	verspüren	Flair haben
geschlossen	aufbürden	ausstrecken	hart
eingezwängt	verknüpfen	warmherzig	sich wieder fangen
sanft	weichlich	weich	zum Anbeißen süß
entladen	nehmen	erträglich	das riecht brenzlig
aktiv	betroffen	einschneidend	kalt
bequem	Tiefe	Last	Anstrengung
verhärten	Fundament	zugreifen	feinfühlig
energisch	schwebend	wiedererwärmen	wachsen
beweisen	verwunden	hin und her schütteln	halten
mitgerissen	rühren	leiden	trainieren
durcheinanderbringen	eng	eine Hand voll	spannend
verknüpft	reagieren	hohl	Stück
schieben	umhertasten	kitzlig	grob umgehen
bewegen	greifbar	Auswirkung	Eindruck machen
einebnen			schütteln

Die Karten auf den Tisch legen – kühlen Kopf bewahren – die Hand auf etwas halten – eine Menge zu tun haben – die allgemeine Bedeutung erfassen – in die Hände gelangen – Hand in Hand – auf die Nerven fallen – den Finger auf etwas legen

14 Die nonverbale Sprache, Mehrwert der Kommunikation

Die wichtigsten Botschaften werden nonverbal ausgesandt. Durch ständiges Überwachen der Reaktionen des Gegenübers versichert man sich, ob man auf dem richtigen Weg ist oder nicht.

Die Macht des Ungesagten

Wie wir gesehen haben, genügt die verbale Sprache als konventioneller und hoch entwickelter Code mit einem Vokabular, einer Grammatik und einer Syntax für sich allein genommen nicht zur Kommunikation: Eine zweite Sprache, die des Körpers, tritt hinzu. Selbst der schriftliche Ausdruck hat seine nonverbale Sprache, die sich in der Wahl des Papiers, dem Seitenaufbau, der Kalligraphie, der Art zu schreiben, der Satzfolge und der Wortstellung zeigt. Je nachdem, wie ein Satz formuliert ist, haben dieselben Worte nicht dieselben Wirkungen: «Die Seine fließt unter der Mirabeau-Brücke hindurch» weckt nicht dieselben Empfindungen wie: «Unter der Mirabeau-Brücke fließt die Seine» ….

Eigentlich bilden Worte nur den Rohstoff der Kommunikation, während die Körpersprache ihren Mehrwert darstellt. Um sich zu verstehen, genügt es nicht, dieselbe verbale Sprache zu haben: Ein «Ja» kann unbegrenzt viele Bedeutungen haben, die jeweils vom Kontext der Person abhängen, die sich dadurch zum Ausdruck bringt. Auch ein Befehl wird unterschiedliche Wirkung haben: Je nachdem, wer ihn gibt, wird er mehr oder weniger gut ausgeführt. Die Macht der Worte liegt ganz wesentlich darin, wie sie ausgesprochen werden. Für sich genommen reichen sie nicht aus, um eine Botschaft authentisch oder verständlich zu machen. Viele Menschen fühlen sich durch eine Botschaft, die von einer elektronischen Stimme gesprochen wird, angegriffen. Jeder hat diese Erfahrung schon einmal gemacht: Es bedarf keiner Worte mehr, um sich zu verstehen, wenn wir es verstehen, genau auf die nonverbalen Reaktionen unserer Mitmenschen zu achten. Wenn es keine verbale ohne die nonverbale Sprache gibt, ist das Umgekehrte dennoch möglich: Die nonverbale Sprache kann sich selbst genügen. Bei einer Interaktion das Sprechen einzustellen hindert nicht am Kommunizieren, da der nonverbale Diskurs niemals zum Schweigen kommt. Indessen zeigt unsere westliche Kultur tendenziell nur wenig Aufmerksamkeit gegenüber den winzigen nonverbalen Hinweisen, die uns unsere Gesprächspartner unbewusst geben. Dabei sind sie am reichhaltigsten und bedeutsamsten, da sie meist unbewusst ausgesandt werden. In meinen Seminaren bestehe ich stets auf diesem Beobachten der nonverbalen Sprache, die in der menschlichen Kommunikation den ersten Platz einnimmt. NLP leistet dazu einen wertvollen Beitrag.

Die nonverbale Sprache vermittelt Gefühl und Sinngehalt

Ein Diskurs bietet umso mehr Anlass zur Interpretation, als seine Worte unpräzise, abstrakt sind und die Körpersprache überdies dem widerspricht, was verbal zum Ausdruck gebracht wird. Die Mehrdeutigkeit der Worte in Verbindung mit der Inkongruenz der nonverbalen Sprache kann für den Zuhörer ein Faktor von Unwohlsein und Blockaden sein. Viele pädagogische Fehlschläge und viele Konflikte in der Arbeitswelt resultieren daraus. Indessen kann es in gewissen Zusammenhängen, vor allem in der therapeutischen Kommunikation, angebracht sein, die Mehrdeutigkeit verbaler Sprache auszunutzen oder die Körpersprache in Widerspruch zur Sprache der Worte zu bringen. Franck Farrelly, Virtuose der Provokationstherapie, ist in dieser Kunstfertigkeit hervorragend. Er nimmt eine sehr kindliche Haltung an, um etwas Wichtiges und Feierliches zu sagen oder er versetzt seinem Gesprächspartner mit furchtsamer und ängstlicher Mine ein paar verbale Schläge ….

Die Körpersprache kann nicht lügen, da es praktisch unmöglich ist, körperlich Emotionen zum Ausdruck zu bringen, die wir nicht haben oder umgekehrt Emotionen zu zensieren, die wir haben. «Hüte dich vor dem Mann, dessen Bauch sich beim Lachen nicht bewegt», sagt ein chinesisches Sprichwort. Anders als ein schlechter Schauspieler *lebt* ein guter Schauspieler die Emotionen, die er darstellt. Denn letztlich ist es die Kohärenz, die perfekte Harmonie zwischen den beiden Arten von Sprache, die uns an ihre Persönlichkeiten glauben lässt. Demnach können nonverbale Ausdrucksformen im Vergleich zu Worten als vertrauenswürdiger gelten. Nehmen wir zum Beispiel einen Familienvater, der nach Hause kommt und nervös nach seiner Frau ruft: Die Art, in der er ihren Vornamen ausspricht, sagt viel darüber, was sich in ihm abspielt. All unsere nonverbalen Mikrohinweise spiegeln unsere Emotionen wider, denn Emotionen und Verhaltensweisen sind

Teil derselben kybernetischen Schleife, der wir nicht entkommen können. Stehen die nonverbalen Hinweise im Widerspruch zur verbalen Botschaft, sollte man sich vorzugsweise auf die Zeichen des Nonverbalen stützen. Vertrauen einflößende Personen sind gewöhnlich diejenigen, deren nonverbales Verhalten das verbal Vorgebrachte bestätigt und verstärkt. Welchen Effekt kann jemand hervorrufen, der sagt: «Ich höre Ihnen zu» und dabei ständig in seinen Papieren herumblättert? Lässt sich mit Worten noch recht leicht lügen, so fällt es erheblich schwerer, dies mit der Körpersprache zu erreichen, denn unser Mikroverhalten, wie Mimik, Intonation, Stimmlagen, das Glänzen der Augen, Veränderungen in den Mundwinkeln oder Veränderungen des Atemrhythmus, verraten uns und sind von aufmerksamen Beobachtern leicht wahrzunehmen. Wer hat noch nie festgestellt, dass ein bewusstes, d. h. gezwungenes und beherrschtes Lächeln, eher wie ein Grinsen oder eine Grimasse wirkt? Zwar lässt sich die Körpersprache auf der Ebene des Makroverhaltens zensieren, unsere Mikroverhaltensweisen lassen sich hingegen nicht gänzlich beherrschen. All ihre Modifikationen vermitteln unsere inneren Zustände. Beim NLP werden drei große innere Zustände unterschieden:

* der *interne Ressourcen-Zustand*, in dem wir uns befinden, wenn wir in vollem Umfang über unsere Ressourcen verfügen
* der *eingeschränkte innere Zustand* (Stuck State, Problemzustand), in dem wir in Kontakt mit unseren Beschränkungen sind
* der *dissoziierte Zustand*, in dem wir indifferent sind.

Kalibrieren ist das Instrument, welches uns NLP bietet, um den jeweiligen Zustand herauszufinden.

Folglich kann ein Politiker glauben, eine beruhigende Rede zu halten, während er in Wirklichkeit genau das Gegenteil bewirkt! Gewiss, die Worte wurden peinlich genau gewählt, um beruhigend zu sein, die Makroverhaltensweisen werden gut beherrscht, aber das Ensemble der Botschaft – er selbst – ist nicht beruhigend: Die nonverbalen Mikrosignale, welche seine Rede begleiten, haben unbewusst die von ihm beabsichtigte Wirkung zunichte gemacht. Auch die Körpersprache, die notwendigerweise jede Rede begleitet, ist ihrerseits eine Rede und wirkt sich dabei als Erste aus.

Wenn die nonverbalen Reaktionen im Kommunikationsprozess im Allgemeinen bedeutsamer sind als die Worte, sei darüber hinaus betont, dass diese nonverbalen Reaktionen den verbalen Reaktionen vorausgehen. Es ist daher ganz entscheidend, sie aufmerksam zu beobachten, da sie die verbale Antwort ankündigen und es ermöglichen, die Abweichung zwischen dem, was unser Gesprächspartner sagt, und dem, was er fühlt, zu messen. Diese Wachsamkeit erlaubt uns im Zuge unseres Austauschs auch, die Resultate zu verifizieren, die wir bei unseren Gesprächspartnern erzielen, und uns ggf.

anzupassen, indem wir gleichzeitig unsere Fehler korrigieren. Auch wenn wir diese Anpassungen mehr oder weniger unbewusst vornehmen, sollten wir diese Feinheit des Beobachtens und Zuhörens entwickeln, um beides in vollem Umfang zur Verfügung zu haben, wenn es um Wichtiges geht.

Die Beredsamkeit des Schweigens

Die Formulierung «beredtes Schweigen» spricht für sich. Eine Botschaft kann sehr eloquent in Form eines Schweigens übermittelt werden: vorwurfsvolles, gelangweiltes, aggressives, wütendes, indigniertes, verschworenes, harmonisches oder nachdenkliches Schweigen. Das Schweigen ist keine Unterbrechung der Kommunikation, wenn man auch währenddessen weiterhin auf nonverbale Signale achtet. Schweigen wird als unangenehm erlebt, wenn zwischen den Anwesenden keine ausreichende Beziehung besteht. Denken wir etwa an jene Festmähler, auf denen für einen kurzen Moment nur das Geräusch des Bestecks auf den Tellern zu hören ist und jeder verzweifelt zur Konversation beizutragen versucht. Wenn die Beziehung zwischen den Personen dank der Harmonisierung der nonverbalen Sprache des Mikroverhaltens hinreichend hergestellt ist, ist auch das Schweigen nicht mehr so drückend. Es dient im Gegenteil dazu, einen Moment der Komplizenschaft zu markieren oder eine Zeit der gemeinsamen und synchronen Konzentration und Reflexion zu schaffen. Worte sind überflüssig geworden, da es kein Beziehungsvakuum zu füllen gilt. Schweigen kann auf diese Weise als ein Augenblick des Friedens erlebt werden, den niemand durch störende Worte zu verunreinigen sucht. Wer gut in Kontakt zu treten weiß, kommt auch gut mit Schweigen in der Kommunikation zurecht. Oft nutzen solche Menschen das Schweigen gar, um ihre Worte hervorzuheben und die Bedeutung ihrer Darlegungen hervortreten und nachklingen zu lassen, wobei sie gleichzeitig all ihre Aufmerksamkeit auf die hervorgerufenen Effekte richten. So machte es Jacques Lacan in seinen berühmten Seminaren!

Das Schweigen ist auch eine Wertschätzung der Anwesenheit des anderen: Dieses Zeichen von Aufmerksamkeit fördert die Integration, die Reflexion des anderen und das Entstehen von Gemeinsamkeit. Die Kunst des Schweigens ergibt sich vor allem aus der Kunst, die nonverbale Dimension der Kommunikation zu beherrschen. Im Übrigen wissen wir ja, dass man «umso weniger Chancen hat, gehört und verstanden zu werden, je mehr man spricht».

Worte sind bisweilen überflüssig, um sich zu verstehen. Wir wissen das. Harmonie wird offenbar, wenn das Schweigen für jeden angenehm ist.

Der Umgang mit dem Nonverbalen in der Beziehung

Welche Art von Beziehung wir uns zu unserem Gesprächspartner wünschen, zeigen wir im Wesentlichen durch die nonverbale Sprache. Ein qualitativ hochwertiger Rapport zwischen zwei oder mehr Personen misst sich an der Harmonie ihrer verbalen und nonverbalen Sprachen. Diese Harmonisierung steht im Mittelpunkt der hypnotischen Dimension jeder Kommunikation. Sie ist ein wertvolles Instrument der Kommunikation in der Therapie, im Management, in der Pädagogik etc., dessen Ziel es ist, zu beeinflussen, zu mobilisieren und dafür zu sorgen, dass die Betreffenden dabeibleiben.

Die verbale Synchronisation, welche darin besteht, die Worte des anderen anzuwenden, ist nötig, genügt indessen nicht, um einen qualitativ hochwertigen Rapport zu schaffen. Erst muss die nonverbale Synchronisation hinzukommen, welche auf die Mikroverhaltensweisen wirkt. Diese beiden Ebenen der Mimikry haben übrigens einen Bumerang-Effekt: Sie öffnen uns nicht nur gegenüber dem anderen, sondern auch gegenüber uns selbst sowie den anderen uns gegenüber. Zwei Gesprächspartner können umso besser gemeinsam denken, als sie sich jeweils im anderen «reflektiert» sehen – und zwar im wörtlichen wie im übertragenen Sinne. Ebenso wie einem das eigene Echo ermöglicht, sich besser sprechen zu hören, fördert auch der Widerhall des anderen die Qualität des Denkens. Diese Spiegel- und Echoeffekte sind Teil der Eleganz und Effektivität des Dialogs; sie tragen nicht nur zur Qualität der Beziehung bei, sondern auch zu der des Austauschs, der reichhaltiger und kreativer wird. Seinen Gesprächspartner sachlich zu spiegeln, ihm auf empfindsame Weise zum Echo zu werden, sind Wege, um ihm die Wertschätzung und Anerkennung deutlich zu machen, die man ihm entgegenbringt. Wir alle haben das Bedürfnis, uns ein wenig in unseren Mitmenschen zu sehen und zu hören, unter dieser Bedingung sind wir bereit, uns aufzumachen und ihre Welt zu entdecken und die unsere dabei loszulassen. Dieses Schaffen von Gemeinschaft auf der Grundlage der Kommunikation versetzt uns in eine bessere Geisteshaltung, um zu kooperieren, aber auch, um von unseren Unterschieden zu profitieren und uns daran zu bereichern.

Die Notwendigkeit eines Mindestmaßes an Harmonisierung mit dem anderen, um einen qualitativ hochwertigen Kontakt herzustellen, setzt voraus, dass man lernt, flexibel zu sein, d. h. sich rasch anzupassen, um die neuen Gegebenheiten eines Austauschs besser zu kontrollieren. Indem wir unser Verhalten abhängig von dem unserer Gesprächspartner modifizieren, üben wir die Macht unseres Einflusses am besten aus. Die eleganteste und wirksamste Art, das Verhalten unseres Gesprächspartners zu verändern, besteht darin, zunächst unser eigenes Verhalten zu ändern. Diese Grundregel jeder Einflussnahme wird gewöhnlich als Revolution unserer Handlungsweisen erlebt, die Effekte sind jedoch so überraschend, dass man ihr nur folgen kann. Im Grunde ist die Synchronisation ein natürliches Phänomen der Kommunikation: Wenn wir vom anderen fasziniert sind, synchronisieren wir uns spontan.

> Wenn wir dem anderen gegenüber vollkommen aufmerksam sind, harmonisieren wir uns unbewusst. Wir haben besseren Zugang zu unserer Intuition und nutzen den Raum unseres Einflusses besser aus.

Das Verhalten ist nicht die Person

Eine Person darf nicht mit ihrem Verhalten verwechselt werden. Das Verhalten eines Menschen ist die Übersetzung seiner Repräsentanz zu einem gegebenen Zeitpunkt. Überdies fügt sich jedes Verhalten in eine Schleife ein: Ein Verhalten bewirkt ein anderes, das wiederum ein anderes Verhalten bewirkt usw. Das Verhalten ist in den verschiedenen Formen des Austauschs sowohl Reaktion als auch Reiz und Verstärkung. Ganz gleich, ob es sich um intra- oder interpersonelle Kommunikation handelt, wir sind Teil einer Spirale und müssen demzufolge das Verhalten des anderen in einer zirkulären Sicht der Kommunikation und nicht in einer linearen Sicht von Ursache und Wirkung betrachten. Demnach sind Verhaltensweisen nur in ihrem jeweiligen Verhaltenskontext bedeutsam und dies zwingt dazu, bei der Analyse des interaktionellen Kontexts nicht die Beobachtung der Verhaltensweisen mit deren Interpretation zu verwechseln. Je stärker die Analyse auf einer deskriptiven, faktischen und sensorischen Sprache beruht, desto präziser wird sie sein.

Wir haben gesehen, dass wir aus vielfältigen interagierenden Persönlichkeiten bestehen, die sich gegenseitig anregen und sich je nach dem zu lebenden Kontext unterschiedlich verhalten. Manifest oder latent sind diese Persönlichkeiten an einem Ganzen beteiligt, das wir als unsere Person bezeichnen. Jede von ihnen – die stets zu entdecken und zu entwickeln sind – verfügt über ein ihr eigenes Verhaltensrepertoire.

> Ohne seinen interaktionellen Kontext ist Verhalten nicht zu erfassen. Um verstanden zu werden, muss es wieder in den Kontext zurückversetzt werden, in dem es entstand.

Anders als wir oft glauben, bestehen wir *nicht* ganz und gar aus unseren *Verhaltensweisen*, da diese aus oft unbewusst erworbenen Lerninhalten resultieren. Demnach wählen wir unsere Verhaltensweisen höchstens bewusst oder unbewusst aus den uns verfügbaren aus und erfüllen sie mit Leben. Unsere Verhaltensweisen sind Reaktionen der Anpassung an die Wirklichkeit, die wir zu leben glauben: Das Verhalten des anderen ist demnach die beste Wahl, die er unter den ihm in einer gegebenen Situation zur Verfügung stehenden Verhaltensweisen und entsprechend seiner augenblicklichen Konstruktion der Wirklichkeit treffen kann. Ermöglicht ihm dieses Verhalten jedoch nicht die gewünschten Resultate, ist es Aufgabe des Therapeuten im Sinne der Schule von Palo Alto und Milton Ericksons, ihm andere Reaktionsmöglichkeiten beizubringen. So setzen wir also zwei offensichtliche Sachverhalte um:

• «Wenn das, was Sie tun, nicht funktioniert, machen Sie etwas Anderes.»
• «Indem Sie ein wenig mehr vom Selben tun, erhalten Sie auch ein wenig mehr derselben Resultate.»

Vom ersten Augenblick einer Therapie an oder ab dem ersten Tag einer Fortbildungsveranstaltung in einer Klinik oder einem Unternehmen erscheint mir ganz entscheidend, gegenüber meinen Gesprächspartnern auf der Unterscheidung zwischen ihnen selbst und ihrem Verhalten sowie allgemein zwischen der Person und ihrem Verhalten zu bestehen. Es ist extrem wichtig, ein Individuum nicht auf seine Taten zu reduzieren: Man kann dumme Reaktionen zeigen, ohne dumm zu *sein*. Aber auch wenn man den anderen respektiert, anerkennt und wertschätzt, sollte man seine Verhaltenweisen nicht schätzen, wenn sie ihm oder seiner Umgebung Schaden zufügen. Franck Farrelly, der herausragende amerikanische Psychotherapeut, betont: «Man kann den Fischer respektieren und dennoch seinen Fisch verabscheuen.» Auch wenn jedes Verhalten Teil eines homöostatischen Mechanismus ist und sich mit dem Wahrnehmungsschema des Betreffenden deckt, kann es neu angepasst werden, wenn es dem Betreffenden schadet.

Unsere Verhaltensweisen hängen weitgehend von unseren Glaubenssätzen ab, die wiederum von unseren erlebten oder entlehnten Erfahrungen ausgehend konstruiert sind. Nun lassen sich aber die Glaubenssätze, welche unser Verhalten einschränken, vor allem durch Umdeutung modifizieren, und eben durch diesen Ausweg entwickeln sich unsere Verhaltenweisen am schnellsten. Nach einem Wandel 2. Ordnung unter der Wirkung einer Umdeutung folgt bei dem Betreffenden eine tief greifende innere Reorganisation, die sich nach außen hin an neuen Verhaltensweisen zeigt. Oft ist der Betreffende überrascht, da er sich ihrer erst bewusst wird, wenn sie eingetreten sind. Es handelt sich dabei um einen tief greifenden Wandel. Die Entwicklung unserer Verhaltensmöglichkeiten bestimmt und gestaltet die

Qualität unserer Interaktionen sowie die Richtung unserer Entwicklung. Wir können Verhaltensweisen, die uns bei anderen stören, nur verändern und entstehen lassen, indem wir unsere jeweilige Sichtweise verändern. Dies setzt voraus, dass wir als Erwachsene für die Beengtheit unserer Konstruktion der Wirklichkeit und der sich daraus ergebenden Auswahlmöglichkeiten des Verhaltens verantwortlich werden. Als Gegenleistung eröffnet sich uns eine fantastische Gelegenheit: Wir können, mehr als wir glauben, auf uns selbst und damit auf unsere Beziehungen zu anderen einwirken.

Die «groben Verhaltensweisen», jene, die wir leicht kontrollieren können, sind nur Gewohnheiten, Schleier oder Schutzschilde.

15 Die Fallen der Kommunikation vereiteln

Die Doppelbindung[41]: Gefahren und Herausforderungen

Die Doppelbindung erweist sich als Falle, wenn sie den Betroffenen in eine Situation bringt, in der er – ganz gleich, was er tut – zum Scheitern verurteilt ist. Ein gutes Beispiel dafür ist die berühmte Geschichte vom Teufel, der zu beweisen sucht, dass Gott nicht allmächtig ist. Der Teufel fordert Gott auf: «Ich möchte, dass du einen Felsen erschaffst, der so schwer ist, dass selbst du, Gott, nicht in der Lage bist, ihn aufzuheben.» Und in der Tat: Wenn Gott einen solchen Felsen zu erschaffen vermag und ihn hochhebt, ist er nicht allmächtig, da er nicht in der Lage war, ihn hinreichend groß zu machen, um ihn nicht mehr anheben zu können. Kann er ihn aber nicht anheben, so verfügt er nicht über die absolute Macht, da er nicht die Kraft dazu hat. In beiden Fällen wird Gott durch den Teufel mattgesetzt. Die von Gregory Bateson um 1956 erstellte Theorie der Doppelbindung bedeutete eine Umwälzung therapeutischer Konzeptionen und Praktiken; sie stand am Anfang der Bewegung der Familientherapien. Zum ersten Mal wurde eine Erklärung der an interaktionelle Phänomene gebundenen Geisteskrankheit angeboten. Gregory Bateson hat aufgezeigt, wie wiederholte Doppelbindungen in der Kindheit zur Entstehung der Schizophrenie beitragen können. Allerdings gewichtete er diese Entdeckung später neu, indem er nachwies, dass die Doppelbindung zwar notwendig, aber nicht hinreichend ist, um eine Schizophrenie hervorzurufen. Nach und nach zeigten Bateson und die Theoretiker von Palo Alto, vor allem Paul Watzlawick, dass Doppelbindungen sich eigentlich im Laufe langer Zeiträume entwickeln und sich nicht dazu eignen, quasi jedes interaktionelle Phänomen zu erklären.

Eigentlich ist die Doppelbindung eine banale Erscheinung in der zwischenmenschlichen Kommunikation: Wir produzieren sie unbewusst und

---

41 engl. «double bind», dt. auch «Beziehungsfalle», «pragmatische Paradoxie» oder «Dilemma, Zwickmühle» (A. d. Ü.)

erfahren sie auch unbewusst. In *La Nouvelle Communication* (Winkin 1981) korrigiert Bateson seine ursprüngliche Position und betont, die Doppelbindung habe viele Menschen irregeführt: «Diese haben versucht, die Doppelbindungen zu zählen, was etwa so ist, als wolle man die Anzahl der Fledermäuse in einem Rorschach-Test[42] zählen. Es gibt keine. Es gibt nur die Doppelbindungen, in denen Sie gefangen sind – Sie erschaffen sie selbst.» Zahlreiche Therapeuten betrachten dennoch die Behandlung psychischer Störungen individueller, paarbezogener oder familiärer Art unter dem Blickwinkel dieser Pathologie der Kommunikation, denn es ist ganz entscheidend zu lernen, wie man sie erkennt und ihnen entgegentritt, um sich davon zu befreien. Viele Anweisungen und Ratschläge erfolgen in Form einer Doppelbindung: So empfahl etwa ein Journalismus Lehrender dem Teilnehmer einer Veranstaltung zum Thema Medien-Training, «vor allem ganz natürlich zu sein» oder «zu vergessen, dass man vor der Kamera spricht». Welche Lösung bleibt diesem Teilnehmer, um aus dieser Doppelbindung herauszukommen, wenn nicht, sie aufzudecken, indem er beispielsweise antwortet: «Wie kann ich natürlich sein, nachdem Sie mich darum gebeten haben?» oder: «Wie soll ich die Kamera vergessen, wo ich mich ihr doch eben gerade zuwenden soll?». Allgemein lässt sich die Hypothese formulieren, dass wir unter dem Joch einer Doppelbindung stehen, sobald wir in einer Interaktion eine Art Unwohlsein und Blockade spüren.

Es gibt verschiedene Arten, eine Doppelbindung zu kreieren. Sie kann beispielsweise entstehen, wenn die Körpersprache der Sprache der Worte widerspricht: Es besteht Diskordanz, Inkongruenz in der Kommunikation. So bringt man beispielsweise verbal zum Ausdruck: «Ich trage dir nichts nach» und hat zugleich nonverbal eine anklagende Haltung. Man kann auch etwas bekräftigen und gleichzeitig entkräften: «Ich trage dir nichts nach, werde mich nur daran erinnern.»

Bestimmte Menschen neigen dazu, Botschaften auszusenden und in einem zweiten Anlauf systematisch zu entwerten. So macht jemand beispielsweise einer anderen Person einen Vorwurf, um ihr gleichzeitig oder tags darauf anzuvertrauen: «Aber nehmen Sie das bloß nicht ernst.» Eine Anweisung kann für sich genommen eine Doppelbindung ersetzen, wenn sie die Anweisung mit der Vorstellung verbindet, sich nicht kommandieren zu lassen. Hier ein paar im Alltag weit verbreitete Beispiele: «Seien Sie spontan», «Ergreifen Sie die Initiative», «Seien Sie entspannt», «Tun Sie, als sei ich nicht da».

In Paaren bringt oft der Frustriertere der beiden Partner seine Erwartungen zum Ausdruck, indem er den anderen unbewusst in eine Doppel-

---

42 Der berühmte Test mit dem Tintenklecks, konzipiert 1921 von dem Schweizer Psychiater Hermann Rorschach

bindung versetzt. So macht etwa eine Ehefrau, die unter mangelnder Aufmerksamkeit seitens ihres Mannes leidet, diesem den Vorwurf: «Im Übrigen hast du mir noch nie Blumen mitgebracht.» Der Ehemann, welcher allerdings noch nie daran gedacht hatte, nimmt dies zur Kenntnis und bringt ihr am nächsten Tag einen herrlichen Strauß roter Rosen mit. Darauf sagt seine Frau: «Danke für die schönen Blumen, aber es hätte mich sehr gefreut, wenn es spontan von dir gekommen wäre.» Hätte der Ehemann von Anfang an die subtile und unbewusste Doppelbindung seiner Frau erkannt, hätte er ihren zwiespältigen, fast unfreundlichen Kommentar vermeiden können. Und er hätte seiner Frau etwas anderes geschenkt, das in ihren Augen ebenso symbolisch und bedeutsam für sie gewesen wäre. Denn letztlich erwartete sie eine Initiative seinerseits, eine Aufmerksamkeit in Form einer Überraschung. Die Doppelbindung bietet auch eine schöne Gelegenheit, etwas noch nie da Gewesenes zu tun oder zu sagen, das beide Gesprächspartner befriedigen kann. Erfindungsreiche Menschen mit ausgeprägter Neigung zu Humor oder dem Einsatz von Metaphern angesichts eines Engpasses können sich diesen pathogenen Doppelbindungen leicht entziehen.

Eine oft erwähnte Doppelbindung ist die der Mutter, die ihrem Sohn zwei Krawatten, eine rote und eine blaue, schenkt. Um ihr eine Freude zu machen, trägt der Sohn tags darauf die rote, aber die Mutter entgegnet ihm: «Also magst du die Blaue nicht?» und bringt ihn damit, ohne es zu wollen, in eine Doppelbindung. Trüge er indessen die blaue Krawatte, würde seine Mutter dieselbe Bemerkung machen, und trüge er alle beide zugleich, hielte man ihn für einen Narren. Angesichts dessen erklärt Franck Farrelly, Erfinder der Provokationstherapie, dass die Doppelbindung eigentlich gute Gelegenheiten birgt: «Es gibt immer ein Mittel, um eine Doppelbindung auszunutzen», sagt er, «wenn man auf der tiefsten, aber nicht zum Ausdruck gebrachten Ebene der Forderung reagiert.» So hätte der Sohn einem Vorschlag von Franck Farrelly zufolge seiner Mutter antworten können: «Mutti, ich teile deinen Geschmack nicht. Eigentlich mag ich weder die Rote noch die Blaue, aber das ist nicht das Wesentliche .... Wesentlich ist, dass du wissen sollst, dass ich dich über alles liebe.» Doppelbindungen werden im Allgemeinen ohne böse Absicht geäußert. Sobald wir uns daran stoßen, ist es – um auf befriedigende Art zu antworten – klug, die positive Absicht ihres Erzeugers zu suchen oder gar zu erfinden, wenn es uns nicht gelingt, ihn darum zu bitten, sie uns zu erläutern. Wir können spontan seine nicht zum Ausdruck gebrachte Erwartung erkennen und darauf direkt antworten, ohne ihm auf den Leim zu gehen.

Die Metakommunikation: Lösung und Falle

Menschen kommunizieren nicht nur untereinander, sondern sie kommunizieren auch über ihre Kommunikation, indem sie metakommunizieren. Sie tun dies, wenn sie ihre verbalen wie nonverbalen Botschaften qualifizieren. Die Metakommunikation ist ein Kommentar zur Kommunikation, der dazu dient, den Sinn einer Botschaft genauer zu definieren. Dabei kann es um den ausgedrückten Inhalt, das wahrgenommene Gefühl oder die Art der Beziehung gehen. Dieser Kommentar kann bewusst eingebracht werden, aber ebenso gut auch unbewusst geschehen. Nachdem es sich in der Mathematik als nützlich erwiesen hat, ist das Präfix «meta-» nun auch in die Praxis von Kommunikationsspezialisten gelangt (Metaregel, Metaposition, Metasprache, Metasystem), wobei «meta-» bedeutet: «auf eine höhere Ebene verortet».

Die Metakommunikation kann sich als Lösung erweisen, wenn man zuvor den notwendigen Abstand gewinnt, um die interaktionelle Beziehung in Augenschein zu nehmen. Eine Metakommunikation kann explizit und verbal oder implizit und nonverbal sein. Um etwa unserem Gesprächspartner einen Vorwurf zu vermitteln, können wir *verbal* metakommunizieren und gleichzeitig sagen: «Nur im Scherz …» oder *nonverbal* durch ein Augenzwinkern.

Eine Metakommunikation kann auch auf Grund einer empfangenen Botschaft geführt werden, indem wir unseren Gesprächspartner, der energisch ein Urteil vorträgt, etwa fragen: «Meinen Sie das jetzt ernst?» Ist die Bedeutung einer empfangenen verbalen Botschaft unklar, zielt die Metakommunikation darauf ab, deren Bedeutung zu klären, noch bevor sie beurteilt wird. Die Metakommunikation kann daher in der Beziehung eine regulierende Funktion haben. Sie erlaubt beispielsweise, aus einer Doppelbindung herauszukommen, indem man den Gesprächspartner fragt: «Wem soll ich eher vertrauen – dem, was du sagst oder der Art, wie du es sagst?»

In Form von Annahmen oder ungünstigen Kommentaren kann sich Metakommunikation auch in uns selbst auswirken, ohne dass wir dies unserem Gesprächspartner immer mitteilen, sei es, weil wir es uns nicht gestatten, sei es, weil der Kontext es uns nicht zu gestatten scheint. Die Gefahr besteht also darin, diesen Annahmen, welche unsere Beziehung zum Gegenüber erstarren lassen können, zu glauben. Sobald sich die Metakommunikation in einer Beziehung nicht in angenehmer Weise sicherstellen lässt, kommt es höchstwahrscheinlich zu Störungen des Austauschs. Die Metakommunikation stellt in vollem Umfang ihre Regulierungsfunktion sicher, vorausgesetzt, die Beziehung zwischen beiden Gesprächspartnern ist qualitativ gut und von gegenseitigem Vertrauen geprägt.

Metakommunikation kann auch ein Störfaktor sein. Sie ist trügerisch, wenn sie reaktiv, unkontrolliert erfolgt und zu einem Austausch in Form einer Eskalation führt – einem Austausch, bei dem die Protagonisten nicht mehr auf inhaltlicher Ebene, sondern auf der Beziehungsebene diskutieren, die wiederum auf dem Verhältnis der Kräfte beruht. All ihre Energie wird dann in Form gegenseitiger Erklärungen, Rechtfertigungen, Attacken, Angriffe, Beleidigungen und Kommentare in Bezug auf das jeweilige Verhalten des anderen vergeudet. Klassisches Beispiel ist der Ehestreit, dessen ausschließlich «metakommunikativer» Inhalt des Austauschs nur ein Vorwand ist, um miteinander abzurechnen: «Da siehst du mal, wie du mit mir umgehst!» «Und du: Wie antwortest du mir?!» Manche im Fernsehen übertragene Debatte kann leicht in Metakommunikation abgleiten, die eine Quelle der Eskalation und des Steckenbleibens von Äußerungen darstellt. Wenn der Moderator die Diskussion nicht wieder auf sein ursprüngliches Ziel ausrichtet und unter seinen Gästen nicht neue Regeln für den Austausch aufstellt, bleibt die Debatte inhaltsleer – wobei dieses Metakommunikationsspiel vom Moderator aus Gründen des Show-Effekts durchaus einmal angestrebt werden kann ….

Selbst von Seiten eines Dritten – Moderator, Mediator, Therapeut etc. – ist Metakommunikation nicht immer die beste Lösung im Umgang mit Konflikten. Oft erweist es sich als klüger, die Protagonisten einfach zu fragen, welche Ziele oder positiven Absichten sie mit ihren metakommunikativen Spielen verfolgen. Diese scheinbare Treuherzigkeit hat zum Ziel, in das Räderwerk ihres Teufelskreises einzugreifen und die Maschinerie anzuhalten, um die logische Ebene zu wechseln und auf eine Ebene höherer Ordnung zu gelangen, auf der sich der Konflikt lösen lässt.

16 Die guten Eigenschaften indirekter Kommunikation

Die Sprache der zwei Gehirne

Wir verfügen über zwei unterschiedliche und komplementäre Weisen, um Informationen zu sammeln und zu verarbeiten:

- die lineare, analytische und sequenzielle Verarbeitung, die schematisch den Fähigkeiten der linken Hirnhemisphäre entspricht
- die räumliche, umfassende und synthetisierende Verarbeitung, bei der es um die Fähigkeiten der rechten Hirnhemisphäre geht.

Dreht sich die eine Verarbeitungsweise um die Beziehungen der Elemente untereinander, so konzentriert sich die andere auf die Elemente selbst. Unser Bild von der Welt entsteht im Wesentlichen über die analoge Sprache, die herkömmlich mit der Tätigkeit der rechten Hemisphäre einhergeht. Nun liegt der Zugang zur Veränderung eben genau in diesem Weltbild, wo sich auch bevorzugt ein Wandlungsprozess in Gang setzen lässt. Wer hat noch nicht bemerkt, wie wenig produktiv es ist, zu urteilen, zu erklären und zu argumentieren, um beim Gegenüber einen dauerhaften Wandel zu bewirken? Die in unserer Kultur unterschätzte und zu wenig genutzte rechte Hemisphäre muss wirklich rehabilitiert und stärker stimuliert werden, vor allem in den Bereichen des Managements, der Pädagogik und der Therapie, wo in hohem Maße Persönlichkeitsentwicklung gefragt ist.

Es geht dabei indessen nicht darum, die rechte und linke Hemisphäre in Gegensatz zueinander zu bringen. Beide ergänzen sich und bilden ein *unteilbares Ganzes*. Es geht vielmehr darum, durch die Effekte von Kommunikation ihre fruchtbare Interdependenz und ihre Kooperation zu fördern, damit beide ihre jeweiligen Kompetenzen besser miteinander vereinen.

Milton Erickson zog all seine Leistung genau daraus, dass er sich vorzugsweise an die rechte Hemisphäre seiner Klienten wandte, und zwar durch den Einsatz von Metaphern und Sprachstrukturen, die von diesen ohne weiteres assimilierbar waren. Und wenn die linke Hemisphäre seiner Klienten immer noch zu wach und reaktiv blieb, verwandte er bewusst sehr komplex gehaltene pseudologische Ausdrücke, um sie in einer Weise zu saturieren, dass sie schließlich «aufgab» und die rechte Hemisphäre übernehmen ließ. Durch diese Technik mit dem Ziel, in der linken Hemisphäre des Klienten Verwirrung hervorzurufen, gelang es Erickson, die Kreativität und die Wandlungsressourcen seiner Klienten zu stimulieren. Wie Milton Erickson helfen auch die Praktizierenden der Schule von Palo Alto ihren Klienten, sich zu verändern, indem sie vor allem die linke Hemisphäre «blockieren», um die Empfänglichkeit der rechten Hemisphäre zu öffnen, indem sie diese direkt ansprechen. Die Techniken eines therapeutisch widerspruchsvollen und doppelsinnigen Kommunikationsstils, der Scheinalternative oder der Symptomverschreibung stellen diese paradoxe Kommunikation her. Sie berührt vor allem die rechte Hemisphäre und wird von dieser sehr gut assimiliert. Die Metapher des Widerstreits zwischen den beiden Hirnhälften hat vor allem die Aufmerksamkeit von Paul Watzlawick erregt. In einem seiner Werke, «Die Möglichkeit des Andersseins», beschreibt und analysiert er, wie Milton Erickson vorging, um die Sprache der rechten Hemisphäre zu sprechen und so die linke Hirnhälfte zu blockieren, welche im Allgemeinen die Veränderungsmöglichkeiten eines Menschen einschränkt.

Die bevorzugte Sprache der linken Hemisphäre ist die des rationalen Erklärens, der Demonstration, der Beschreibung bis ins kleinste Detail: Sie untersteht der direkten Kommunikation. Die Sprache der rechten Hemisphäre dient eher dem Synthetisieren, dem Imaginieren, dem Knüpfen von Assoziationen und neuen Konstruktionen der Wirklichkeit. Und so bezeichnete Watzlawick eine Sprache immer dann als «Sprache des Wandels», wenn sie sich vorzugsweise an die rechte Hemisphäre richtet. Zu dieser Trennung der Kompetenzen der beiden Hirnhälften kommt jedoch eine weitere Unterscheidung hinzu: Die linke Hemisphäre ist der Sitz des Bewussten und die rechte der des Unbewussten. Vor allem für Erickson ermöglicht die Tatsache, sich bevorzugt an das unbewusste des Klienten zu wenden, das Mobilisieren des «Therapeuten», des «Spezialisten für den Wandel», der jedem von uns innewohnt. Derselben Vorgehensweise folgt die Pädagogik meiner Seminare, in denen ich im Wesentlichen darauf abziele, bei den Teilnehmern den «Experten im Problemlösen» zu berühren, nämlich jene rechte Hemisphäre, die stets bereit ist, sich dafür einzusetzen, dass sich Wandel leicht vollzieht. Überdies fördert die Tatsache, sich abwechselnd an die Logik des Unbewussten und an die des Bewussten zu wenden, auch die Speicherung im Gedächtnis ….

Nach Erickson hängen diese Blockaden damit zusammen, dass diese beiden Instanzen aufgehört haben, «demokratisch» zu funktionieren: Rechte und linke Hemisphäre oder anders gesagt, Bewusstes und Unbewusstes wissen die Macht nicht mehr zu teilen und respektieren auch ihre jeweiligen Kompetenzbereiche nicht mehr. Bildhaft drückt er es so aus, dass das

Bewusste irgendwann einmal alle Macht übernommen hat und nun nicht mehr loslassen kann. Es ist wie ein Versagen der demokratischen Steuerung ihres Funktionierens, die sich daran zeigt, dass sich der Betroffene – der Energie und Kreativität der rechten Hemisphäre beraubt – irgendwann durch die exzessive Orthodoxie eingezwängt sieht, welche die rigide Rationalität der linken Hemisphäre mit sich bringt. Die Logik der rechten Hemisphäre passt sich dem paradoxen Ansatz, den die linke Hirnhälfte nur in geringem Maße zulassen kann, recht gut an. Weniger durch erworbene, unantastbare Regeln eingeengt, ist das Unbewusste allerdings flexibler, und dies macht es besser geeignet, einen Wandel einzuleiten. Demnach ist es besonders sinnvoll zu lernen, sich direkt an sein Unbewusstes zu wenden, und zwar durch eine Kommunikation, die umso wirksamer ist, als sie indirekt erfolgt.

Aber auch in diesem Zusammenhang ist die Unterscheidung zwischen rechter und linker Hemisphäre nur eine nützliche Metapher. Bewusstes und Unbewusstes trennen sich nicht voneinander, sondern beeinflussen und durchdringen sich gegenseitig: Demnach hat die rechte Hemisphäre jene Fähigkeit zu umfassender Aktion und zum Wandel, während die linke Hemisphäre fabelhaft kompetent ist für das Zerlegen von Aktionen, die abschnittweise zu erledigen sind, um einen Wandel herbeizuführen. Diese Metapher bildet ein vor allem in der Therapie und der Pädagogik besonders fruchtbares Werkzeug: Wenn das Bewusste im Wesentlichen unser Denken regiert, so beherrscht das Unbewusste im Wesentlichen unser Verhalten und unsere Handlungen. So zielt unser Ansatz darauf ab, jenen berühmten, oft von Watzlawick aufgegriffenen Satz von Heinz von Foerster in die Praxis umzusetzen: «Willst du erkennen, lerne zu *handeln*.» (zit. nach Watzlawick 1989, S. 74.)

Die hypnotische Kommunikation nach Milton Erickson

Unsere Sichtweise von Hypnose ist noch immer gefangen im Erleben der früheren therapeutischen Hypnose (Franz F. A. Mesmer, 1734–1815) sowie der Hypnotiseure der Marktplätze und Schaubühnen. Je nach der gewünschten Wirkung und dem Geisteszustand, in welchem man darangeht, sind die Techniken der Hypnoseinduktion sehr verschieden, und ich danke hier ganz besonders Jean Godin, dem Präsident des Milton-Erickson-Instituts, den Erickson'schen Ansatz in Frankreich gefördert und dabei noch bereichert zu haben. Die Erickson'sche Hypnose beruht auf einer ganz anderen Basis als die in der Vergangenheit vorherrschende Hypnose. Erickson entdeckte und praktizierte eine neue Art, den hypnotischen Zustand hervorzurufen, der nichts mehr mit der klassischen hypnotischen Beziehung zu tun hat, bei der der autoritäre Hypnotiseur seinen Klienten mit Suggestionen betäubt, um ihn zu unterwerfen. Die Erickson'sche Hypnose unterliegt auch keiner Art induzierten Schlafzustandes. Das Individuum, das ihn erlebt, ist weder seines freien Urteils beraubt noch ist es dem Hypnotisierenden unterworfen. Vielmehr profitiert es von seinem eigenen Freiraum, den es braucht, und bleibt dabei vollkommen seinem Erleben verbunden. Es hat nur einen anderen Bewusstseinszustand, der für das nötige Wohlbefinden sorgt, um besseren Zugang zu den unbewussten Ressourcen zu finden, die für die Lösung der Schwierigkeiten nützlich sind, die ihn blockieren.

Natürlich lässt sich, ausgehend von einem scheinbar banalen, aber vollkommen harmonischen Austausch, ein Zustand der Trance oder Hypnose induzieren. Die Grenze zwischen hochgradig beeinflussender und hypnotischer Kommunikation ist sehr fließend. Gewisse Kommunikationstheoretiker wie vor allem Grinder und Bandler, die Begründer des NLP, welche Erickson in ein Modell gegossen haben, behaupten gar, sie existiere nicht. Im Grunde ist der Zustand der Hypnose ein natürlicher, den wir unwissentlich mehrmals am Tag erleben; in diesem Sinne trägt er vielleicht zu unserer geistigen Ausgewogenheit bei. Ernst Rossi[43], dem herausragenden Schüler Ericksons zufolge erleben wir diesen hypnotischen Zustand alle 90 Minuten. Dieses natürliche Phänomen kann in bestimmten sensiblen Zusammenhängen ein Problem darstellen, etwa bei der Luftüberwachung, bei Piloten in Flugzeugen mit zu viel Elektronik, bei der Bildschirmüberwachung in Atomkraftwerken, beim Autofahren etc. All diese Aktivitäten, die eben gerade die linke Hemisphäre polarisieren, induzieren den hypnotischen Zustand. Wir erleben den Hypnosezustand in zahlreichen Situationen: im öffentlichen Nahverkehr, bei bestimmten körperlichen Übungen (bisweilen «Meditation durch Bewegung» genannt) wie Jogging, wenn wir uns gehen lassen, um zu träumen oder zu meditieren, wenn wir unseren Geist «leer» machen, um uns völlig auf eine Aktivität zu konzentrieren oder wenn wir fasziniert dem Vortrag eines Tagungsteilnehmers lauschen. Dieses Phänomen der Hypnose, das einen integralen Bestandteil jeder menschlichen intra- oder interpersonellen Kommunikation darstellt, hat demnach nichts Magisches an sich: In der Öffentlichkeit ebenso suspekt wie jedem Einzelnen vertraut erweist es sich als sehr nützlich, um einen befreienden Wandel oder einfach nur einen Zustand des Wohlbefindens hervorzurufen.

Milton Erickson zufolge tritt ein Problem auf, wenn das Unbewusste nicht mehr im Stande ist, seine Arbeit zu verrichten, also durch eine tyrannische Machtübernahme oder eine einschränkende Interpretation des Bewussten in Verbindung mit übermäßigem Rationalisieren der linken Hemisphäre. Die Erickson'sche Hypnose beruht auf dieser Zweikammerstruktur des Gehirns.

---

43 Ernst Rossi, *Vingt minutes de répit*, Les Éditions de l'Homme, Paris, 1992

Ihr Ziel ist, wieder Kontakt zu den Ressourcen des Unbewussten aufzunehmen, den Beschränkungen durch das Bewusste zu entkommen, indem man sich an anderen Denkmechanismen als den unwirksamen und redundanten der linken Hemisphäre zuwendet. Für Erickson, den unbestrittenen Meister der therapeutischen Hypnose, wird unser Leben im Wesentlichen von unseren unbewussten Prozessen beherrscht. Daher erweist sich der Zustand der Hypnose als eben der Zustand, in dem sich das Lernen und Sich-Öffnen gegenüber dem Wandel am leichtesten gestalten, da er den Zugang zu diesen unbewussten Ressourcen in der rechten Hemisphäre fördert.

Die hypnotische Kommunikation richtet sich demnach vorzugsweise an das Unbewusste, an die rechte Hemisphäre und besteht darin, «ihm paradox in vager Weise von präzisen Allgemeinheiten zu erzählen». Das Unbewusste «versteht» diese indirekte besondere Kommunikation gut, da es ganz hervorragend darin ist, im Globalen zu arbeiten und die gedanklichen Assoziationsketten zu produzieren, die einer Lösung des Problems förderlich sind. Die therapeutische Dimension der hypnotischen Kommunikation beruht auf sehr spezifischen Techniken, welche die Ökologie der Person in hohem Maße respektieren. In dieser Hinsicht bedeutet sie für denjenigen, der diese Art der Kommunikation praktiziert, wirklich flexibel zu sein, da es, anders als bei der klassischen Hypnose, keine standardisierte Intervention gibt: Die Erickson'sche Hypnose ist vor allem eine Kommunikation nach Maß. Sie erfordert eine gute sensorische Wahrnehmungsschärfe seitens des Therapeuten, da dieser all seine Inspiration daraus schöpft, dass er seinem Klienten aufmerksam zuhört und ihn genau beobachtet. Unter diesen Bedingungen kann er seinem Klienten Schritt für Schritt folgen und ihn in dessen Rhythmus auf der unbewussten Suche nach Lösungen begleiten. Interaktionell betrachtet ist die Erickson'sche Hypnose im Wesentlichen eine Beziehung der Harmonie, bei der jeder «den anderen führt und gleichzeitig von diesem geführt wird».

Die Erickson'sche Hypnose bietet dem Klienten überdies die Gelegenheit und den Interaktionskontext, der ihn die Selbsthypnose entdecken und daraus Nutzen ziehen lässt. Er lernt, sich von seinen Sorgen zu lösen und die Einschränkungen durch seinen kritischen Geist oder sein Bewusstes auszuklammern, um dann in einem Zustand des Wohlbefindens und der Ausgeglichenheit, den er zu bewirken wissen wird, unbewusst seine Ressourcen zum Tragen zu bringen. Die Erickson'sche Hypnose gleicht ganz erstaunlich dem Grundprinzip der Zen-Meditation: «Sobald der denkende Geist nicht mehr anhaftet und sich nicht mehr anklammert, kann man zu Weisheit und Wissen erwachen.» [44] Dieser Zustand der Dissoziation an der Basis des

---

44 *L'autre Rive: Textes fondamentaux du Zen*, kommentiert von Meister Taisen Deshimaru, Albin Michel, Paris, 1988

Phänomens der Hypnose entsteht dadurch, dass sich das bewusste Gehirn auf sensorischen Wahrnehmungen (visuell, auditiv oder kinästhetisch) konzentriert, die es von seiner Tendenz zum Denken ablenken, den Automatismus seiner limitierenden mentalen Konditionierungen vereiteln und die Emergenz neuer Ideen-Assoziationen aktivieren, die einer Lösung des Problems förderlicher sind.

Die Sprache der Metaphern

Die Metapher ist ein sprachliches Mittel, eine Sache in bildhaften Begriffen einer anderen Sache zu verstehen und zum Ausdruck zubringen, um den Geist für neue Wege zu öffnen. Die Kunst der Metapher resultiert aus der Fähigkeit, Ähnlichkeiten wahrzunehmen und Verbindungen zwischen ursprünglich ganz unterschiedlichen, ja gegensätzlichen Ideen und Situationen herzustellen. Diese Art, die Dinge in eine Perspektive zu rücken, ermöglicht oft, sie besser zu begreifen. Spontan kann die Lösung eines Problems auftauchen, einfach nur dadurch, dass es mittels einer Metapher umgedeutet wird. Klagt jemand, durch ein Problem blockiert zu sein, kann eine metaphorische Neudefinition folgender Art die Lösung in Gang bringen:

– *Es ist ein wenig, als befänden Sie sich in einem riesigen Kreisverkehr, auf dem Sie seit langem herumfahren, nicht wissend, welche Straße sie nehmen sollen. Vielleicht sehen Sie diese verschiedenen Wege nicht einmal …. Indem Sie eine Treppe im Zentrum des Kreisverkehrs hinaufgehen, könnten Sie sie vielleicht besser unterscheiden und ihre Perspektiven absehen …. Es ist leichter, die richtige Richtung zu wählen, wenn das Ziel bekannt ist ….*

Die Metapher ist ein wertvolles Instrument des Wandels, da sie der rechten Hemisphäre Lösungswege suggeriert und dabei elegant die von der linken Hemisphäre gelernten Einschränkungen kurzschließt. Außerdem bietet sie ein Mittel für das umfassende Verstehen und Neudefinieren der Wirklichkeit: Aus eben diesem Grund birgt sie, einer Formulierung von Jean Godin folgend, die fabelhafte Eigenschaft, kreative Assoziationsketten anzustoßen und Widerstände zu vereiteln. Allerdings ist eine Metapher nur stark, wenn sie entsprechend dem Bezugsrahmen des Gesprächspartners konstruiert wird. So kommt es vor, dass ich zögerlichen Gesprächspartnern in der Therapie sage:

– *Wie Sie wissen, ist das Leben ein riesiges Labor voller Experimente und Erfahrungen …. Einige davon müssen nicht unbedingt wiederholt werden. Dafür gibt es alle möglichen Erfahrungen, die zu machen sich lohnt, all die angenehmen Erfahrungen, die Sie gemacht haben. Manchmal glaubt man, sie vergessen zu haben, aber sie sind durchaus in Ihnen und bereit, in verschiedener Form wiederzukehren: Ein Wort, ein Klang, ein Bild, ich weiß nicht, sie können einfach so wiederkommen …. Hier und jetzt sind wir in einem Versuchslabor: Wir können uns in aller Sicherheit damit beschäftigen, neue Vorgehensweisen und neue Wege des Nachdenkens auszuprobieren; wir können die angenehmsten Erfahrungen aus Ihrem Gedächtnis noch einmal durchleben …. aber auch die Ihnen noch zugänglichen Lernprozesse noch einmal durchmachen …. So könnten Sie sie noch einmal nutzen und reproduzieren ….*

Im Vergleich zu direkten Ratschlägen erweisen sich Metaphern als wirksamer, um einen Wandel hervorzurufen, vor allem bei spontan resistenten Personen. Im Allgemeinen finden wir die Möglichkeit, uns mit einem Teil der Metapher zu identifizieren und knüpfen – bewusst oder unbewusst – ganz leicht die nützlichen Verbindungen zwischen der metaphorischen Botschaft und der zu findenden Lösung. Die Sprache der Metaphern ist die Sprache des Kontakts und der Beziehung par excellence. Sie «berührt» den anderen umso besser, je mehr sich dieser verstanden und in seinem Erleben und seiner Sensibilität anerkannt sieht.

Geschichten und Anekdoten sind unerschöpfliche Quellen therapeutischer Metaphern, sobald sie einen mit der beschriebenen problematischen Situation verbundenen indirekten Rat enthalten. Sie lassen sich wie folgt in das Gespräch einführen:

– *Das von Ihnen benannte Problem erinnert mich an diese Geschichte, bei der …*

oder

– *… diese Person, die …*

oder

– *… diese Situation, in der …*

Metaphern ersetzen eleganter und produktiver die Ratschläge, die wir zu geben versucht sind und die nur selten Wirkung zeigen. Die Anekdoten verführen, weil sie insofern nicht bedrohlich sind, als der Betreffende, der sie hört, eine Dissoziation vornimmt. Da sie auf die indirekte Kommunikation zurückgreifen, respektieren sie die Autonomie des Gesprächspartners, denn sie lassen ihm den notwendigen Freiraum, eine nützliche Verknüpfung mit sich selbst herzustellen und in Bezug auf sein Problem eine günstige Bedeutung herzuleiten.

Die Kraft der Metapher ist erstaunlich. Das bloße Heraufbeschwören eines Satzes aus einer metaphorischen Geschichte kann die Wahrnehmung eines Problems vollkommen verändern. Metaphern sind wertvolle Leitlinien, um zukünftiges Handeln vorzubereiten: Zu suggerieren, dass …

– *... der Himmel über den Wolken hell und klar ist ...*

oder dass

– *... das Schaffen einer neuen Lösung einer Wiedergeburt gleicht ...,*

kann genügen, um den Betreffenden dahin zu bringen, sein Problem auf andere Weise zu betrachten, vor allem mit mehr Optimismus und Wohlbefinden. So war etwa Elodie, ein Mädchen von 6 Jahren, das wegen Enuresis zu mir kam, voller Freude über die ersten Erfolge. Zur dritten Sitzung kam sie jedoch ganz enttäuscht, da sie im Bett doch wieder eingenässt hatte. Also erzählte ich ihr ganz ausführlich und mit vielen Details, wie sie gelernt hatte, sich aufrecht zu halten und zu gehen, wobei ich besonders all die vielen, immer neuen Stürze hervorhob, die es ihr eben gerade erst ermöglicht hatten, solch gute Fortschritte zu erzielen: Jedes Mal, wenn sie stürzte, lernte sie gleichzeitig, wieder ein wenig beweglicher, kompetenter zu werden, bis ihr eines Tages das Gehen überhaupt keine Probleme mehr gemacht hatte. In der Folge zeigte sie – viel rascher als vorhergesehen – wie die Integration dieser Metapher bei ihr die vorhergesehenen Effekte hatte.

Die Metapher ist sowohl pädagogisch als auch therapeutisch, sie gestattet es, einander die Gedanken zu öffnen, aber auch, auf subtile Weise den Mechanismus der Widerstände gegen Veränderung auszuschalten. Einem unruhigen, zögerlichen, sehr auf sich zentrierten und durch stetes Grübeln über die Vergangenheit eingeschränkten Menschen könnten wir beispielsweise suggerieren:

– *Wenn man voranblickt, sieht man sein Ziel besser. Es lässt einen selbstbewusst voranschreiten.*

Oder:

– *Beim Autofahren sollte man eher nach vorn als in den Rückspiegel schauen, wenn man sicher sein und gut ankommen will.*

Diese indirekten Botschaften haben mehr Auswirkungen als Ratschläge in Form von Anweisungen wie:

– *Denken Sie mehr an die Zukunft, statt über die Vergangenheit nachzugrübeln.*

Oder:

– *Haben Sie vor allem Vertrauen.*

Ebenso kann man einem Menschen, der zehn Jahre in einer Analyse gesteckt hat und alles unter einem negativen Blickwinkel wahrnimmt, sagen:

– *Theorien werden oft zu Gebäuden, in die man sich einschließen lässt, weil alles darin eingeschlossen ist.*

Metaphern enthalten jene unschätzbare Energie, die wir alle benötigen, um uns zu motivieren, uns zu besinnen und «aufzutanken». Jemandem zu sagen:

– *Lassen Sie sich diese Idee noch ein wenig durch den Kopf gehen, sie müsste noch besser sein,*

eignet sich viel besser als das kritische Urteil:

– *Ihre Idee ist wirklich noch nicht ausgereift.*

Unsere verbalen Ausdrucksweisen haben beträchtliche Auswirkungen bei den anderen. Sie können deren Kraft ebenso hervortreten lassen wie deren Zerbrechlichkeit, ihre Motivation ebenso wie ihre Widerstände.

Indessen sind Metaphern nicht nur rhetorische Ornamente. Auch die Worte, deren wir uns im Alltag bedienen, sind konventionelle Metaphern des Wirklichen. Sie strukturieren, was wir wahrnehmen und wie wir interagieren. Unsere Sprache ist in dieser Hinsicht extrem «sprechend». Schauen wir uns etwa folgenden schwierigen Diskurs an und berücksichtigen dabei die eingesetzten Metaphern:

– *Er hat mir unhaltbare Argumente vorgesetzt. Ich habe seine Argumentation zerschlagen. Ich habe bis zum Schluss gekämpft. Schließlich hat er kapituliert, weil ich seine Strategie vereitelt habe. Ich habe ihn dort angegriffen, wo er keine Argumente hatte. Im Grunde genommen hat er seine Taktik schlecht ausgerichtet ….*

Sind das nicht Berichte von einer Schlacht? Die dort gewählten Worte sind allesamt Metaphern des Krieges. Aber stellen wir uns jetzt einmal den Bericht einer Person vor, die Verhandeln als eine Situation des Kooperierens in Richtung auf eine Übereinkunft wahrnimmt: Notwendigerweise sind die dabei gewählten Worte andere. Es könnte sich um Metaphern des Tanzens, des Bauens oder einer Orchestrierung handeln und wir würden eine ganz andere Beschreibung hören, wie etwa:

– *Ich habe all seine Einwände genutzt, um meine Argumentation auszurichten, ich habe von seinen Argumenten profitiert, indem ich die meinen angepasst habe, und ich habe mich seinem Schritt angepasst, um meinen Beiträgen mehr Gewicht zu verleihen. Ich bin dem Rhythmus seines Denkens gefolgt, habe seine Sichtweise erkundet, er hat meine berücksichtigt. Im Grunde haben wir es verstanden, auf eine Wellenlänge zu kommen ….*

Die Metaphern, welche wir verwenden, um mit bestimmten Situationen umzugehen und darüber zu berichten, orientieren unser Verhalten ebenso, wie sie sich in unseren Berichten widerspiegeln: Sie konditionieren in hohem Maße die Vorhaben, die uns gelingen, unsere Fehlschläge wie unsere Erfolge.

Daher ist es interessant zu untersuchen, welche Metaphern wir wählen würden, wenn wir unser Leben, unsere Aktivitäten zu beschreiben hätten, um uns die geistige Verfassung bewusst zu machen, in der wir sie angehen.

Die Effekte von Binsenweisheiten

Die Binsenweisheit ist eine maskierte Form der unwiderlegbaren Argumentation, das Aussprechen einer unbestreitbaren Tatsache. Der Rückgriff auf die Binsenweisheit ist recht nützlich bei dem Versuch, einen Rat auf indirekte Weise anzubringen. All seine Wirksamkeit beruht darauf, dass die Binsenweisheit den Gesprächspartner weder in dessen Logik angreift noch ihn in seinem Vorhaben bedroht. Jemandem beim Betreten eines Raumes beispielsweise zu sagen:

– *Vor der Tür ist eine Stufe,*

statt zu sagen:

– *Vorsicht Stufe!*

versetzt den Gesprächspartner notwendigerweise in einen geistigen Zustand der Akzeptanz und in eine Situation, in der es praktisch unmöglich wird, über seine Fähigkeit «aufzupassen» zu diskutieren. Die Binsenweisheit versetzt den anderen in einen Ablauf des Akzeptierens und vermeidet seine Opposition. Indem die Binsenweisheit nicht Gegenstand einer Misshelligkeit sein kann, kann sie durch den Gesprächspartner auch nicht in Frage gestellt werden.

Will man einen positiven Effekt im Sinne eines Wandels hervorrufen, muss die Wahl der Binsenweisheit nichtsdestoweniger den anderen stets schonen und auf indirekte Weise sein persönliches Erleben wertschätzen. So könnte man beispielsweise einem Menschen, der Angst hat, zur Tat zu schreiten und sich nicht auf der Höhe fühlt, sagen:

– *Die Dinge sind immer schwierig, bevor sie leicht und offensichtlich werden.*

Oder:

– *Jede Reise beginnt mit dem ersten Schritt.*

Oder:

– *Der Appetit kommt beim Essen.*

Da es bei der Binsenweisheit um indirekte Kommunikation geht, ist sie erheblich wirksamer als ein Ratschlag oder eine Anweisung, die stets diskutiert werden können, weil sie diskutabel sind (!). Wie die Metapher dient auch die Binsenweisheit dazu, einen Rat zu suggerieren, ohne ihn direkt an den Betroffenen zu richten. Wie bei der Metapher liegt die Kraft ihrer Wirkung darin, dass sie jemanden dazu anregt, «etwas» zu suchen und zu entdecken, ohne ihm die Initiative zu nehmen oder seine Wahl in eine bestimmte Richtung zu lenken. Geht eine Binsenweisheit mit einer guten Synchronisation einher, wird der Gesprächspartner sie spontan mit seinem Problem in Verbindung bringen und von sich aus seine Konstruktion der Wirklichkeit neu organisieren.

17 Ein ebenso gewitzter wie respektvoller Taktiker sein

Wohlmeinende Ironie, sanfter Humor und Provokation

«Es gibt Dinge, die so ernst sind, dass man nur Witze darüber machen kann», sagte der Physiker und Nobel-Preis-Träger (1922) Niels Bohr. Die Haltungen des Mitgefühls oder des mildtätigen Wohlwollens, die in der traditionellen Hilfsbeziehung üblicherweise eingenommen werden, sind nicht notwendigerweise therapeutisch. Wohlwollen wie Mitgefühl können ein gewisses Mitleid, eine gewisse Dominanz über den anderen maskieren. Außerdem können sie vom Klient als Abwertung seiner Person interpretiert werden, was dessen Selbstbild verstärken und der Emergenz und Mobilisierung seiner Ressourcen zur Problemlösung schaden kann. Andererseits können diese traditionellen Haltungen des Wohlwollens auch Zeichen einer Identifikation und einer Projektion sein.[45] Es gibt in der Tat eine «Güte», die das Leben verdunkelt. Die «Güte» kann auch fehlendes Engagement ersetzen. Der Humor hingegen, in einem Rapport der Achtung und des Respekts vor dem anderen, erweist sich als eine in der Therapie sehr wirksame Haltung insofern, als sie den Klienten dazu führt, unbewusst die für das Verständnis des Problems nötige Distanzierung vorzunehmen.

Die Anwendung des Humors in der Therapie geht auf Franck Farrelly[46] zurück, der dessen therapeutische Vorteile entdeckt hat. Dieser Therapeut aus der Bewegung der Kurztherapien zeichnet sich vor allem durch die bevorzugte Stellung aus, die er in seiner Arbeit dem Humor und der Provokation eingeräumt hat. Achtung gebührt ihm auch für die elegante Anwendung dessen, was er als wohlmeinende Ironie[47] bezeichnet.

---

45 Man projiziert den eigenen Schmerz auf den anderen oder man lädt ihm den Schmerz, den man seinetwegen hat, zusätzlich zum eigenen Schmerz auf. Außerdem kann man bei ihm ein Gefühl des Schmerzes hervorrufen, das er nicht gehabt hätte etc.
46 Franck Farrelly, *La Thérapie provocatrice*, Actualisation, Montréal, 1989
47 im frz. Original: «cruauté bienveillante», also «wohlmeinende Grausamkeit» (A. d. Ü).

Eines Tages kommt eine Beamtin, etwa in den Fünfzigern, zu mir. Amélie, so ihr Vorname, stellte ihr Problem wie folgt dar:

– *Ich bin uninteressant, man interessiert sich nicht für mich, wenn ich spreche, und darunter leide ich.*

Mit meiner Antwort lasse ich mir Zeit, nehme eine Haltung tiefen Nachdenkens ein, kratze mich mit einem sehr ernsten Ausdruck am Kopf, außerdem schaue ich sie von Zeit zu Zeit an. Sie wartet ungeduldig auf meine Antwort. Ich tue so, als läge sie mir auf der Zunge und ich würde nur zögern, sie auszusprechen, und dann tauche ich wieder in meine Überlegungen ein, … um ihr schließlich verständnissinnig und mit viel sanftem Humor (während ich sie doch erst seit ein paar Minuten kenne) zu erklären:

– *Ich glaube, seit ich praktiziere, bin ich allerdings noch niemandem begegnet, der so uninteressant ist (wobei ich ein wenig lächle).*

Völlig entsetzt entgegnet sie mir:

– *Und ich kann Ihnen sagen, dass man mir so etwas in meinen Therapien noch nie gesagt hat. Es ist unglaublich. Damit habe ich wirklich nicht gerechnet!*

Ich tue, als habe ich einen schweren Fehler begangen (in einer Haltung starker Verwirrtheit) und antworte ihr:

– *Aber geben Sie doch zu, dass es an der Zeit war, Ihnen die Wahrheit zu sagen .… Ich bin nicht hingegangen und habe Sie beruhigt, indem ich Ihnen sage: «Aber nein, Sie sind interessant. Dieses Problem existiert nur in Ihrem Kopf. Es ist ein Problem des mangelnden Selbstvertrauens.» Das geht nun schon seit Jahren so, dass man Sie beruhigt und Ihnen so etwas sagt und … es nützt überhaupt nichts. Weil … Weil … Ich weiß nicht … Ich denke, dass Sie vor allem ein ganz schöner Dummkopf sein müssen. So!*

Wesentlich entspannter bricht Amélie in Lachen aus:

– *Ich dachte, diese Sitzung würde anders laufen.*
– *Ach ja, Sie meinen: wie gewohnt. Ach … (Ich tue, als würde ich bedauern) .… Und: Sind Sie enttäuscht?*
– *Nein, es interessiert mich eher .… Das ist mal was Anderes.*
– *Es ist Zeit, dass sich etwas ändert. Geben Sie zu: Es tut gut, sich über sich selbst lustig zu machen; jedenfalls habe ich wahrgenommen, dass es sehr gut tat. Ich habe auch festgestellt, dass man sich rascher verändert, wenn man sich über sich lustig macht, als wenn man seiner selbst wegen weint .… Und Sie?*

Amélie antwortet einfach nur mit einem köstlichen, komplizenhaften Lächeln.

– *Aber lassen Sie uns auf das Problem zurückkommen. Wen möchten Sie «verführen», in Erstaunen versetzen? Wessen Aufmerksamkeit möchten Sie erregen? Lassen Sie uns das anschauen. Denken Sie nach!*

Das Verb «verführen» habe ich verwandt, um sie erneut zu provozieren und ihr Verlangen nach Veränderung aufzubauen. Ein weiteres Ziel war, in dieser Sitzung nicht die Worte «interessieren» und «interessant» zu verwenden, die ihre Einschränkungen reaktiviert hätten: Für Amélie ging es jetzt nicht mehr darum, die anderen zu interessieren, sondern zu verführen, sie in Erstaunen zu versetzen, ihre Aufmerksamkeit zu erlangen etc. Zu lange hatte sie sich an dem Verb «interessieren» und dem Adjektiv «interessant» gestoßen.

Die Unterstützung durch Franck Farrelly war sowohl in der Ausbildung wie in der Therapie sehr wertvoll für mich. Er hat mir beigebracht, Lachen und Lächeln hervorzurufen und mir auf diese Weise geholfen, Möglichkeiten freizusetzen, die ich niemals zu nutzen gewagt hatte. Die bewegende Kraft des Lächelns, des Humors und der Provokation ließe sich mehr in der Welt der Arbeit als im Alltag einsetzen. Der Humor hat die besondere Eigenschaft, unserem Blick auf die Dinge und Situationen neue Perspektiven zu öffnen, er versetzt uns nämlich in eine Position der Dissoziation und der Wahlmöglichkeit oder «Metaposition», die eben dieses im kritischen Sinne nötige Zurücktreten mit sich bringt und von daher die am besten geeigneten Reaktionen fördert. Der Provokation nahe zielt der Humor darauf ab, Erstaunen auszulösen: Die dergestalt «provozierte» Person hält eine Zeit lang inne, um die Situation anders zu würdigen und sich selbst anders zu betrachten. Er bringt demnach jene psychische Distanz mit sich, die nötig ist, um sich von einer schwierigen Situation zu lösen, sie besser zu kontrollieren und adäquater darauf zu reagieren.

Das Lachen ist bei manchen Klienten ein großartiger Auslöser für Motivation. Das ihm zu Grunde liegende Vergnügen, die daraus entspringende Fröhlichkeit helfen, den Zugang zu ihren Ressourcen wiederzufinden und diese zu mobilisieren. Da der Humor Lachen und Lächeln hervorbringt, fördert er jenen befreienden Zustand, der dem Loslassen folgt. Wie das Lächeln entspannt auch der Humor. Wenn ein leidender Mensch zu lachen lernt, so lernt er gleichzeitig auch, wie man es ausnutzt, das Gesicht zu verlieren – eine für die persönliche Entwicklung ausgesprochen günstige Eigenschaft. Sich wohl wollend zu mokieren kann sehr wirksam sein, um exzessives Selbstbemitleiden «gegenzukonditionieren». Sobald eine Gruppe oder eine Person lernen, über sich selbst zu lachen, entwickeln sie gleichzeitig ihre Reife. Sie wenden sich weniger den Rechtfertigungen und Rationalisierungen zu, die im Allgemeinen kontraproduktiv sind, um in einen Wandel zu münden.

Natürlich unterliegt der Einsatz des Humors einer bedeutenden Einschränkung: Auch wenn man gewisse *Verhaltensweisen* und Interpretationen «bloßstellen» kann, muss die *Person* stets und *in vollem Umfang respektiert* werden. Um therapeutisch zu sein, darf sich Humor niemals auf den Wert der Person auswirken. Er eignet sich nur, um einschränkende und schädliche menschliche Verhaltensweisen zu verspotten.

Schließlich übt Humor auch einen tief greifenden Einfluss auf unsere Wahrnehmung der Wirklichkeit aus, da er eine Meta-Umdeutung der von uns als problematisch wahrgenommenen Wirklichkeit darstellt. Um eine Einzelperson oder eine Gruppe davon zu überzeugen, schädliche und krank machende Standpunkte aufzugeben, ist es oft wirksamer, ein Lachen oder Lächeln auszulösen als logisch zu argumentieren, ihre Standpunkte seien nicht sachdienlich. Um die Sichtweise eines Gesprächspartners zu modifizieren, sollten wir keine Energie damit vergeuden, ihn zu bekämpfen, wir riskieren damit eher, ihn weiter zu bestärken. Viel produktiver ist es, freiwillig die dem Humor nahe paradoxe Lösung zu übernehmen, indem wir seinen Standpunkt bestärken, d. h. ihn sanft und wohl wollend «auf den Arm nehmen». Wir regen unseren Gesprächspartner eher dazu an, seine Haltung zu erwägen statt sie zu verteidigen.

Humor und Provokation sparen demnach in erheblichem Ausmaß Zeit und Energie.

Nehmen wir den Fall von Pascal, einer Führungskraft. Ihn ärgert, dass sein Mitarbeiter die von ihm vorgegebenen Leitlinien nicht befolgt:

- (Mit Wut in der Stimme) *Ich kann mich überhaupt nicht auf meinen Assistenten verlassen. Er ist eine unglaublich beeinflussbare Person, ein echtes Fähnchen im Wind. Er hört nur auf den Letzten, der spricht.*
- *Und ich stelle mir vor, ... dass Sie leider ... nie derjenige sind, der als Letzter spricht? Ist es das?* (Mit gleichfalls verstärkter Stimme)
- *Das ist nicht das Problem, ich will sagen, dass diese Person extrem beeinflussbar ist .... Das ist mein eigentliches Problem.*
- (Langes Schweigen, begleitet von einer nonverbalen Haltung großer, ein wenig ironischer Konzentration) *Ja .... Ich sehe .... Es handelt sich um eine sehr beeinflussbare Person, auf die Sie ... dummerweise ... «dennoch» keinerlei Einfluss haben ... seltsam ....*
- (In einer Haltung des «Verstanden-Habens» und ganz nachdenklich) *Ja ... irgendwie ... Aber ich sehe noch nicht recht, worauf Sie hinauswollen ....*
- *Hm, hm .... Eben das beunruhigt mich .... Sind Sie eigentlich wenigstens einmal die letzte Person gewesen, deren Rat er annahm?*
- *Nein .... Das ist nie geschehen .... Das ist übrigens auch logisch. Wenn es ein Problem gibt, fragt er mich natürlich als Ersten. Das muss er tun ....*
- *Hm, hm ....* (Mit einem nonverbalen falschen Zweifeln)
- *Ich bin nicht das fünfte Rad am Wagen; ich bin sein direkter Vorgesetzter: Er muss mich als Ersten konsultieren und informieren. Das ist klar .... Meinen Sie nicht ...?*

– *Eh* .... *Das ist immer noch komplex* .... *Schwierig, Ihnen sofort zu antworten: Ich weiß noch nicht* (sichtbares Lächeln, als gäbe es echte Komplizenschaft). *Was ist für Sie am wichtigsten: dass er Ihren Ratschlägen oder Anweisungen folgt oder dass er Sie als Ersten konsultiert?*

– (Schweigen, gestützt durch ein ebenso offenes wie maskiertes Lächeln) *Das Wichtigste ist, dass meine Ratschläge und Anweisungen Wirkung zeigen* .... (Langes Schweigen, das ich sich ausbreiten lasse) *Wollen Sie sagen, dass ich ihn bitten soll, mich sowohl als Ersten wie als Letzten zu konsultieren?*

– *Das könnte allerdings eine Lösung sein. Ich würde es so machen; ich würde ihm ohne Bosheit, sondern mit Humor sagen: «Herr Martin, letztlich würde ich es vorziehen, wenn Sie mich zwei Mal konsultieren würden. Das wäre effektiver für uns beide: einmal als Erstes, und Sie denken darüber nach, und dann noch ein letztes Mal, bevor die Dinge in Gang gesetzt werden.» Was halten Sie davon? Aber ist das auch möglich* .... *Was genau sind die Zusammenhänge, in denen diese Lösung Ihrer Ansicht nach besonders geeignet wäre?*

Nach diesem liebenswürdig provokativen Abschnitt habe ich die Kommunikationsstrategien von Pascal untersucht und ihm dabei andere Formen des Interagierens mit seinem Mitarbeiter deutlich gemacht. Der Humor hat zur Umdeutung der Problemstellung geführt, um das Problem in einen besser zu handhabenden Rahmen zu versetzen. Nachdem Pascal seine Haltung geändert hatte, konnte er nun leichter auch andere Lösungen ins Auge fassen, die er bei seiner anfänglichen Wahrnehmung des Problems nicht hatte umsetzen können. Indirekt haben wir ihm die Unangemessenheit seiner Problemstellung bedeutet, bis schließlich er selbst nach und nach an den Punkt kam, die Situation anders zu sehen und wahrzunehmen, dass es nicht darum ging, die Verhaltensweisen seines Mitarbeiters zu korrigieren, sondern strategische Lösungen zu suchen, die es ihm ermöglichen, seinen Einfluss besser auszuüben und seine Autorität zu festigen.

Mäeutik, die sokratische Ironie

Die sokratische Ironie hat nichts zu tun mit Spöttelei, sondern ist ein Modell des Befragens. Wenn Sie einmal die in diesem Buch angeführten Begegnungen betrachten, werden Sie feststellen, dass sich fast alle auf das Schema des sokratischen Dialogs stützen. Dieser bildet eine kostbare Quelle der Inspiration; er ist eine Pädagogik kreativen Wissens.

Sokrates' Ziel, so sagt man, habe darin bestanden, «die Seelen von dem Wissen zu entbinden, das sie bereits in sich tragen». Für Sokrates war nämlich das Leiden darauf zurückzuführen, dass der Mensch sich in der Wahrnehmung der Wirklichkeit täuscht. Die sokratische Ironie besteht darin, durch geschickte Fragen sowohl die Ressourcen eines Menschen als auch dessen irrige, für ihn schädliche Vorstellungen ans Licht zu bringen. Diese sokratische Methode fügt sich perfekt in den Erickson'schen Ansatz ein, der ebenfalls darin besteht, systematisch die – wie auch immer gearteten – Reaktionen seiner Klienten zu akzeptieren und zu nutzen, um sie rascher in Richtung des gewünschten Wandels zu geleiten. Das Modell des sokratischen Dialogs ist wie folgt strukturiert:

– *Ah, das ist es, was Sie denken …. Nehmen wir also diese Vorstellung als Ausgangspunkt und schauen, wohin sie uns führt. Wenn es so ist, wie Sie sagen, so folgt daraus, dass …*
– *Sicher, sagt der andere, natürlich …*
– *Und wenn es so ist, wie Sie sagen, dann folgt daraus, dass …?*
– *Ja, sicher.*
– *Aber Vorsicht, wir haben doch gesagt, dass …. Würde daraus nicht folgen, dass …? Und wenn wir sagen würden, dass …. Tun wir einmal, als ob ….*
– *Ja, das ist klar.*
– *Und daraus folgt, dass ….*

Die Pädagogik von Sokrates äußerte sich im Grunde in Form der Umdeutung: Indem er aufmerksam den Faden seines Schülers aufgriff und ihm folgte, indem er dessen Bezugsrahmen ans Licht brachte, reorientierte er seinen Schüler unmerklich in eine andere Richtung, sofern sich diese als für ihn wirksamer und weniger irrig erwies.

Der befreiende widerspruchsvolle und doppelsinnige Kommunikationsstil

Der widerspruchsvolle und doppelsinnige Kommunikationsstil ist therapeutisch besonders interessant, um den Klient aus seiner Sackgasse herauszuholen und den gewünschten Wandel hervorzurufen, indem man ihn in einen Kontext versetzt, wo er nur gewinnen kann. Sie geschieht meist durch «Symptomverschreibung»: Man verordnet dem Klienten, das zu tun, was er schon immer getan hat. Erickson ebenso wie die Therapeuten der Schule von Palo Alto haben sich dieses Verfahrens in hohem Maße bedient. Indem sie bevorzugt die Symptome ihrer Klienten nutzten, machten sie es für diese lästiger, die Symptome beizubehalten als sie abzulegen. Nehmen wir beispielsweise jemanden, der sich systematisch verweigert: Es wäre durchaus angemessen, ihm zu verordnen, Widerstand gegen das zu leisten, worum man ihn bittet, etwa indem man ihm sagt:

– *Im Übrigen werden Sie ja doch «Nein» sagen.*

Damit besteht Gefahr, vollkommene Verwirrung hervorzurufen. Welche Wahl bleibt ihm nun eigentlich? Entweder, er gehorcht dieser Anweisung nicht, und das gewünschte Ziel ist erreicht, oder er gehorcht und das Ziel ist gleichermaßen erreicht. Diese Strategie ist insofern paradox, als die Bitte an den Klient, Widerstand zu leisten, letztlich darauf hinausläuft, dass er gehorcht. Sie stützt sich auf einen subtilen und zugleich unwahrscheinlichen Widerspruch, der darin besteht, den Klient einer Scheinalternative auszusetzen. Erickson hat in hervorragender Weise gezeigt, wie mächtig und fruchtbar der therapeutische widerspruchsvolle und doppelsinnige Kommunikationsstil ist, wenn es darum geht, den Klient von seinem Leid zu erlösen: Ganz gleich, ob er nun gehorcht oder nicht, er könnte sein Symptom loswerden.

Der therapeutische widerspruchsvolle und doppelsinnige Kommunikationsstil gleicht der Technik des *kôan* im Zen, über das wir bereits berichtet haben, insofern, als das *kôan* ein Thema, einen Vorschlag oder eine Frage darstellt, die man dem Schüler zu lösen aufgibt, und deren Lösung ihm unter der Wirkung der von seinem Meister angestrebten geistigen Verwirrung Zugang zu einer höheren Ebene der Weisheit verschafft, um sich zu befreien. Die hypnotische Kommunikation gründet Erickson zufolge im selben Prinzip.

Die Scheinalternative

Das am weitesten verbreitete Bild der Scheinalternative ist das des «Zahl: du gewinnst; Kopf: Ich verliere» oder auch des «Zahl: Ich gewinne; Kopf: du verlierst». Im ersten Fall gewinnt der Gesprächspartner immer, im zweiten Fall verliert er immer, in beiden Fällen aber vertraut man sich dem Schicksal an! Werbung, Telefonmarketing und politische Propaganda nutzen in hohem Maße diese Technik, welche darin besteht, die Illusion einer Wahlmöglichkeit zu vermitteln. Denken wir einmal an jenes berühmte Plakat der Nationalsozialisten aus dem Jahre 1938: «Nationalsozialismus oder bolschewistisches Chaos», auf das von anonymer Hand geschrieben wurde: «Kartoffeln oder Erdäpfel».

In der Therapie wird sie angewandt, wenn man einen Gesprächspartner dahin bringen möchte, zwischen zwei Lösungen zu wählen, die er ohne zu zögern verworfen hätte, wären sie ihm getrennt voneinander bei zwei Gelegenheiten angeboten worden. Die Illusion der Alternative liegt darin, dass es zwischen beiden Vorschlägen keinen Unterschied gibt, da beide dazu beitragen, das Ziel des gewünschten Wandels zu erreichen, und dies umso mehr, als der Betreffende so gestellt wird, dass er den einen nicht ablehnen kann, ohne den anderen zu zunehmen. Die Scheinalternative beruht auf dem «Tertium non datur» («Ein Drittes gibt es nicht.» Logik: Grundsatz des ausgeschlossenen Dritten) auf der Grundlage der aristotelischen Logik, welche den Betreffenden zwingt, zwischen zwei Lösungen zu schwanken, deren vorgeblicher Unterschied bloße Illusion ist, dabei jedoch eine – wenn auch illusorische – Entscheidung zwischen beiden erzwingt. Wie auch immer also die Entscheidung ausfällt: Der Betreffende wird das für ihn angemessene Verhalten annehmen. Die Scheinalternative ist auch besonders wirksam, um einen hypnotischen Zustand zu induzieren:

– *Sie können jetzt wählen, ob Sie sich auf die Geräusche in Ihrer Umgebung oder auf die Empfindungen in Ihrem rechten Bein konzentrieren möchten.*

In beiden Fällen polarisiert der Betreffende seinen bewussten Geist, was zu dem angestrebten hypnotischen Zustand führt. Diese Technik wird in großem Umfang in der hypnotischen Kommunikation genutzt. Indem man zum Beispiel sagt:

– *Ich weiß nicht, ob Ihre Augenlider schwerer werden oder sich schließen.*

fokussieren wir die Aufmerksamkeit unseres Gesprächspartners auf die Empfindungen in seinen Augenlidern, was ihn dazu bringt, seinen Bewusstseinszustand zu ändern.

Auch in der Kindererziehung ist die Scheinalternative sehr wirksam, um ihren heilsamen Gehorsam zu bewirken, vor allem, wenn sie in die Trotzphase des systematischen «Nein», des strategischen «Weiß ich nicht» oder gar des «Ich will nicht» kommen. Sie erlaubt es, auf subtile Weise, ohne zu ermüden und ohne ein Kräftemessen die eigene Autorität zu festigen. Um ein Beispiel Ericksons aufzugreifen, könnte man ein Kind, das sich weigert, schlafen zu gehen, fragen:

– *Was möchtest du? Möchtest du um viertel vor acht oder um viertel nach acht schlafen gehen?*

Ich wende die Scheinalternative oft in meinen Seminaren an, wenn ich die Teilnehmer frage, ob sie vor oder nach der Pause zu den Übungen übergehen möchten oder ob sie lieber in Großgruppen oder in Untergruppen trainieren möchten! Paul Watzlawick betont: «Es ist nicht die – im Übrigen effektive – Schwächung unserer Fähigkeiten zur Kritik, welche die Illusion möglich macht, sondern eben gerade die Scheinalternative, welche die Fähigkeiten der linken Hemisphäre zur Kritik und Analyse blockiert.»

Auch gegenüber Klienten in der Therapie, die sich in für sie schädlichen Monologen verfangen, greife ich oft ein und unterbreche sie, indem ich frage, ob es ihnen in unserer Sitzung lieber sei, dass ich ihnen die Fragen stelle oder auf Fragen antworte: Dies ist eine implizite Art, die Intervention wieder in die Hand zu nehmen, indem die aus der klassischen Therapie hervorgegangenen Konditionierungen gestoppt werden. Auch ein Animateur in einer Versammlung, der einer unproduktiven Zwietracht Einhalt gebieten möchte, kann die Teilnehmenden in diese Scheinalternative versetzen, indem er fragt:

– *Unterbrechen wir die Versammlung jetzt oder wenden wir eine andere Verhandlungsmethode an?*

In gespannte Erwartung versetzen

Die Taktik, den Gesprächspartner in gespannte Erwartung zu versetzen, besteht darin, in ihm die Erwartung von etwas zusätzlich zu Integrierendem zu wecken …. Sie zielt darauf ab, ihn auf den Erhalt einer Information vorzubereiten, noch bevor sie ihm enthüllt wird. Oft bediente sich Erickson dieser Technik, indem er wie folgt formulierte:

– *Es gibt da etwas, das Sie wissen, ohne jedoch zu wissen, dass Sie es wissen …. Wenn Sie wüssten, was Sie unwissentlich wissen, hätten Sie vielleicht den fehlenden Schlüssel zu Ihrer Frage in der Hand.*

Meine Tochter, die gerade ihre Laufbahn im Lehramt beginnt, erzählte mir, dass sie diese Technik erfolgreich anwendet: Als es ihr eines Tages nicht mehr gelang, die Aufmerksamkeit der Klasse zu gewinnen, verkündete sie ihren etwa vierjährigen Schülern:

– *Ich glaube, ich werde euch nicht erzählen, was ich euch heute beibringen wollte. Das mache ich lieber ein anderes Mal, denn ich weiß, dass ihr es heute nicht schaffen werdet, still zu sein, und es ist zu schade, euch etwas vorzuenthalten, das interessant sein könnte.*

Gleichzeitig verhielt sie sich nonverbal traurig, und dies eine Zeit lang …. Die Klasse begann sich zu beruhigen, als ein kleiner Schüler fragte:

– *Lehrerin, wie lange wirst du noch schmollen?*

Diese Reaktion hatte sie nicht erwartet. Sie verkniff sich das Lachen, während sie innerlich jubilierte, und antwortete dem Schüler in gleicher Stimmlage:

– *Ich weiß nicht …*.

Sogleich war es in der Klasse vollkommen still: Die erstaunten Kinder waren gut in eine Erwartungshaltung, d. h. in einen Zustand versetzt worden, um interessante Dinge zu hören ….

Die Dissoziation oder Metaposition

Wie der Fisch nicht weiß, dass er im Wasser lebt, solange er es nicht verlässt, haben wir im Allgemeinen einen schärferen Blick für die Probleme anderer. Wenn jemand ein Problem zeigt, ist er meist damit verbunden, was ihm jeden Abstand nimmt, um es in all seinen Dimensionen wahrzunehmen. Wer aufmerksam zuhört, ist im Allgemeinen losgelöst vom Problem; er steht nicht in Kontakt mit dessen *emotionaler Dimension* und wird demnach nicht von ihr beherrscht. Indem er sich in die Metaposition begibt, legt er mehr Wert darauf, seinem Gesprächspartner zuzuhören und ihn zu beobachten. Die Dissoziation ist auch eine der Basistechniken der Kurztherapie, um den Klient aus seiner Erfahrungswelt herauszuholen und von seinen einschränkenden Emotionen zu lösen. Ziel ist, sein subjektives Erleben des Problems zu modifizieren, damit er es auf neue Weise und aus einem erweiterten Blickwinkel betrachten kann. Diese Technik mit dem Ziel, den Gesprächspartner aus der Rolle des Akteurs bzw. Opfers in die des Zuschauers bzw. Kritikers zu versetzen, ermöglicht es diesem, sein Problem klarsichtiger darzustellen, ohne es dabei erneut zu durchleben. Es gibt eine ganze Reihe von Techniken, die zu dieser Dissoziation führen, im Zentrum steht jedoch die Praxis der Erickson'schen Hypnose.

Eine einfache, leicht in den Alltag übertragbare Technik, um einen Klient und sein Problem voneinander zu trennen, besteht darin, ihm vorzuschlagen, Drehbuchautor in seiner problematischen Situation zu sein. Demnach zeige ich ihm einen imaginären Bildschirm auf einer der Wände des Raumes, in dem wir uns befinden, und bitte ihn, das Problem auf den Bildschirm zu projizieren und präzise alles zu beschreiben, was sich darauf abspielt. Gemeinsam werden wir Zuschauer des Films, den wir sorgfältig in den kleinsten Einzelheiten kommentieren. In einem zweiten Abschnitt lasse ich das Szenario der Situation – wenn nötig – auf einem anderen imaginären Bildschirm abermals ablaufen, diesmal jedoch in seiner gelösten Form. Generell ist diese Intervention sehr dynamisierend, umso mehr als sie spielerisch und im Allgemeinen sehr humorvoll ist. Auch wird sie umso «angenehmer» erlebt, als die Kreativität des Klienten in hohem Maße stimuliert wird.

Die Kunst der Verwirrung

Ohne jeden Zweifel hat die Gestalt Milton Ericksons in der Ausübung der Kunst der Verwirrung Modellcharakter. Die Anwendung der Verwirrung eignet sich vor allem bei Personen, deren linke Hemisphäre besonders entwickelt ist: Diese neigen stark zum Intellektualisieren und Rationalisieren der Dinge in ihren kleinsten Details. Die Taktik der Verwirrung besteht darin, sie mit pseudologischen, extrem komplexen und besonders unverdaulichen Erklärungen zu überhäufen oder in hinreichend komplizierten, aufgeblasenen und irreführenden Begriffen absolut bedeutungslose Fakten anklingen zu lassen, um den Gesprächspartner in einen Zustand echter Verwirrung zu versetzen. Es ist eine Art, das Terrain vorzubereiten, die den Gesprächspartner zwingen soll, sein Erleben auf andere als die gewohnte Weise zu reorganisieren. Die ebenso komplexe wie dumme Frage:

– *Sind Sie sicher, dass Sie sich nicht sicher sind, was Sie sagen?*

bringt den Klient durcheinander, überrascht ihn und lässt ihn ausgetretene Pfade verlassen. Ziel der geistigen Verwirrung ist es, die Aktivität der linken Hemisphäre grenzwertig zu beanspruchen, indem ihre Kompetenzen gefordert werden, oder auch, sie durch Provokation zu «schockieren», indem etwa bewusst bekannte Sinnsprüche oder Aphorismen abgewandelt werden, wie zum Beispiel: «Wichtig ist der zweite Schritt» oder «Gelegenheit macht Liebe» etc. Diese Technik der Verwirrung, mit der sich Widerstände gegen den Wandel verhindern oder umgehen lassen, erweist sich auch als sehr wirksam gegenüber Gesprächspartnern, die nur wenig zuhören oder die vorhersehen und im Vorhinein herleiten, was man ihnen unter Umständen antwortet.

Umgekehrt lässt sich geistige Verwirrung auch durch eine extrem banale und oberflächliche Aussage auslösen, etwa indem man sagt:

– *Die Zahl 25 kommt vor der 26, die ihrerseits auf die 25 folgt …. Heute haben wir den Fünfundzwanzigsten.*

Dies wird unseren Gesprächspartner denken lassen: «Warum sagt er mir das? Da muss ein Sinn drinstecken, das ist wahrscheinlich viel wichtiger als es den Anschein hat.» So schafft man bei ihm einen Zustand des Sich-Fragens, der die eingefahrenen Bahnen seiner unproduktiven Erklärungen durcheinander bringt und gleichzeitig einen Zustand aufmerksamen Abwartens hervorruft, der einem Wandel förderlich ist. Eine Person im Zustand der Verwirrung sucht sich an etwas Klärendes und Verständliches anzuklammern, von dem aus sich dann die konkreten Gegebenheiten des Problems angehen lassen.

Die Verwirrung, wie sie von Erickson und Farrelly praktiziert wurde bzw. wird, nimmt in der hypnotischen Kommunikation eine bevorzugte Stellung ein. Es gibt viele Vorgehensweisen, um sie hervorzurufen, etwa das Spielen mit einer Inkohärenz zwischen verbaler und nonverbaler Sprache oder das Formulieren einer Reihe von Binsenweisheiten, wie zum Beispiel:

– *Sie sitzen hier im Sessel zu meiner Linken, und ich sitze in dem anderen Sessel zu Ihrer Rechten.*
– *Ihr rechter Arm kann mehr oder weniger schwer sein …. Empfindungen entstehen in unserem Körper ständig. Ein Teil von Ihnen achtet darauf, ohne*

dass Sie sich dessen völlig bewusst sind, jetzt …. Es kann interessant sein, diese verschiedenen Empfindungen zu untersuchen und sie zu erleben, jetzt oder demnächst.

Die Methode des «Als-ob»

Das «therapeutische» Element dieser Methode liegt in der Situation, die sie erzeugt. Die Taktik des «Als-ob» stellt sich nicht gegen die Wirklichkeit, ihr Ziel ist vielmehr, sie zu befruchten, indem der Betreffende ganz einfach ermutigt wird, sich mental eine andere Wirklichkeit zu gestalten, «um einfach mal zu schauen». Diese mentale Vorstellung induziert indessen ihrerseits Modifikationen auf intellektueller, emotionaler und physiologischer Ebene. Diese Praxis ist beim Menschen natürlich, Kinder praktizieren sie ständig bei ihren spielerischen Lernprozessen. Auch die Erwachsenen handeln viel öfter als sie glauben nach dem «Als-ob», dies jedoch paradoxerweise viel weniger bewusst und oft weniger pragmatisch als Kinder. Wie oft handeln wir auf der Grundlage fiktiver, einschränkender und ohne Beweis akzeptierter Annahmen! Das Risiko, das wir dabei eingehen, besteht darin, auch die Annahmen (unsere «Als-obs»), die unsere Handlungsmöglichkeiten blockieren, verifiziert zu sehen. So bringt uns etwa die Annahme, unser Gesprächspartner sei unaufrichtig, unbewusst dazu, uns zu verhalten, als sei er es tatsächlich, und eben dies behindert und verschlechtert unser Verhältnis zu ihm.

Die Ausbilder in Wirtschaftsverhandlungen geben den Teilnehmern ihrer Kurse oft konstruktive Ratschläge zur Anwendung des «Als-ob»: «Verhalten Sie sich», so sagen sie, «als sei Ihnen der Gesprächspartner *a priori* geneigt!» Auch Eltern, die uns konsultieren, weil es ihnen nicht mehr gelingt, ihre Autorität den Kindern gegenüber durchzusetzen, können wir zeigen, wie sie mit ihren Kindern sprechen können, «als würden sie sich an verantwortungsbewusste Erwachsene wenden». Einen meiner Gesprächspartner, der sich in einer endlosen Aufzählung von Pseudoerklärungen verliert, unterbreche ich bisweilen und sage:

– *Tun Sie, als sei dieses Problem gelöst, und sagen Sie mir, was dann für Sie anders liefe.*

Die Technik des «Als-ob» ist in diesem Punkt Teil des Arsenals an guten Motivationsinstrumenten, da sie den Gesprächspartner unweigerlich dazu bringt, sich die Befriedigung, welche ihm die Lösung seines Problems bringt, vorzustellen und bereits zu leben. Gegenüber einem Menschen, der ein abwertendes Selbstbild hat, ist die Frage:

– *Tun Sie, als hätten Sie sich schon vollkommen geändert …. Welch neue Befriedigung werden Sie aus Ihrem Leben ziehen?*

besonders fruchtbar, um ihn die gewünschte Zukunft projizieren und entdecken zu lassen. Jemandem, der sich in einer schwierigen Beziehung befindet, könnte man vorschlagen:

– *Tun Sie, als seien Sie X, jene Person, der Sie wahres Kommunikationstalent zuerkennen. Wie würden Sie sich dann verhalten?*

Oder einer von ihrer Tochter tyrannisierten Mutter könnte man sagen:

– *Verhalten Sie sich, als hätte Ihre Tochter vor allem das Bedürfnis, beruhigt zu werden.*

Wenn sie diesem Rat folgt, wird sie sehr wahrscheinlich feststellen, dass ihre Tochter ihr gegenüber zuvorkommender ist, indem ihre veränderte Haltung die Art ihrer Beziehung verändert hat.

Das Schlimmste ins Auge fassen lassen

Jemanden zu bitten, sich das Schlimmste vorzustellen, zielt weniger darauf ab, ihn über seine tatsächlichen Befürchtungen sprechen zu lassen, als vielmehr, ihm die Möglichkeit zu geben, sich die verheerendsten, irrationalsten und am wenigsten wahrscheinlichen Konsequenzen vorzustellen, zu denen sein Problem führen kann, wenn er sein Verhalten nicht ändert. So kann beispielsweise die Ehefrau in einer schwierigen Paarsituation antworten:

– *Ich denke, wenn dieses Problem weiter besteht, müssen wir uns trennen.*

Worauf der Coach oder Therapeut erwidern kann:

– *Nein, ich bat Sie, irrational zu sein ....*

Tatsächlich hat er ganz leicht die entscheidende Antwort bekommen, das heißt, es wurden die Folgen offen gelegt, die seine Gesprächspartnerin befürchtet. Denn diese Gattin, welche die Auflösung der Ehe befürchtet, erhöht im Grunde die Gefahr, dies auch zu induzieren und durch ihr eigenes Verhalten zu bewirken.

Wir verwenden die «Taktik des größten anzunehmenden Unfalls» auch, um die beiden Definitionen des Gewinners und des Verlierers hervorzuheben: *Ein Gewinner ist derjenige, der weiß, was zu tun ist, wenn er verliert, während ein Verlierer derjenige ist, der weiß, was er tut, wenn er gewinnt ....* Im Unterschied zum Verlierer antizipiert der Gewinner den Fehlschlag und kann damit seine Alternativlösungen vorbereiten, während der Verlierer, der den Fehlschlag nicht zu antizipieren wagt, keinerlei Alternativlösung vorsehen kann. Daher betrachtet er die Situation mit einem Höchstmaß an

Furcht; der Fehlschlag wird derart gefürchtet, die Situation wird derart belastend, dass er sich selbst in einen Geisteszustand bringt, der den Zugang zu seinen Ressourcen einschränkt.

Zirkuläres Fragen

Zirkuläres Fragen ist eine Taktik, die sich ganz besonders für den Umgang mit Konflikten eignet und in Kapitel 22 vertiefend dargestellt wird. Statt jeden Einzelnen um Darstellung seines Problems zu bitten, fordern wir jeden auf, den Standpunkt des Anderen in der umstrittenen Situation wiederzugeben:

– *Herr …, wenn Ihre Frau jetzt nicht anwesend wäre, wie würden Sie das Problem aus ihrer Sicht beschreiben?*

Und wir würden die Ehefrau bitten, während der Ausführungen ihres Mannes zu schweigen. Anschließend würden wir dieselbe Bitte an die Ehefrau richten und den Ehemann bitten, zu schweigen. Während der jeweiligen Darlegungen heben wir dann systematisch die übereinstimmenden Punkte hervor, wie sie durch den Zuhörenden bestätigt werden, während wir die abweichenden Punkte festhalten, ohne sie in dieser ersten Phase anzusprechen.

Diese Taktik ist in mehrfacher Hinsicht wirksam:

- Sie zwingt beide Gesprächspartner, sich gegenseitig sehr aufmerksam zuzuhören.
- Gleichzeitig gestattet sie beiden, ihren jeweiligen Blickwinkel zu erweitern.
- Und schließlich bringt sie beide wechselseitig in eine Haltung wirklicher Empathie, da sich jeder in die Position des anderen versetzen muss.

Diese Methode zwingt jeden der beiden, sich vom eigenen Standpunkt zu lösen und – zumindest für den Augenblick – den des anderen einzunehmen, um ihn beschreiben zu können. Die Tatsache, dass sich jeder der Beteiligten verstanden sieht, selbst wenn sein Standpunkt vom Partner nicht geteilt wird, ist ein Zwischenziel, das unbedingt erreicht werden muss, um den gemeinsamen Wunsch zu wecken, bestimmte Verhaltensweisen zu verändern.

Diese Technik hat aber auch dann ihren Wert, wenn wir sie nur einem Gesprächspartner gegenüber anwenden. So fragen wir beispielsweise ein Kind, das Probleme mit seinen Eltern hat:

– *Versetz dich an die Stelle deines Vaters. Tu so, als sei er hier mit mir allein und stell dir vor, was er mir sagen würde.*

Hier schließen wir wieder an die Taktik des «Als-ob» an.

Symptomverschreibung und Ermutigung zum Widerstand

Die Symptomverschreibung ist eine Taktik, die in diesem Buch bereits angesprochen wurde. Paul Watzlawick zufolge ist sie auch ein Mittel, um «die logische und analytische Zensur der linken Hemisphäre zu umgehen oder zu blockieren» und sich direkt an die rechte Hemisphäre zu wenden. Diese von den Praktizierenden der Schule von Palo Alto ausgiebig angewandte Methode hat einwandfrei gezeigt, bis zu welchem Punkt es wirksamer ist, ein Symptom zu verordnen statt es zu bekämpfen, was der Betroffene ja schon tausend Mal erfolglos versucht hat. Die Symptomverschreibung – daran sei erinnert – zielt darauf ab, das Verhalten zu verhindern, welches das Problem unterhält. Sie kann auf verschiedene Weise zum Ausdruck kommen: als befreiender widerspruchsvoller und doppelsinniger Kommunikationsstil, als Umdeutung oder als Scheinalternative. Es sei jedoch betont, dass die Leistungsfähigkeit der Symptomverschreibung ganz entscheidend von der Qualität der therapeutischen Beziehung und von der Art des Vermittelns abhängt: Sie zwingt den Verordnenden, sich sehr genau der Sprache seines Gegenübers als sein Bild der Wirklichkeit zu bedienen. So könnte man beispielsweise jemandem, der eben deshalb nicht einschlafen kann, weil er sich zum Schlafen zwingt, verordnen, gegen den Schlaf anzukämpfen, indem er sich zwingt, die Augen offen zu halten, sobald die Lider schwer werden, oder weiterzulesen, obwohl sich schon alle Zeichen des Schlafes zeigen.

Die Symptomverschreibung ist in zahllosen Situationen des Alltags anwendbar: Eines Tages ging ich mit Christoph, einem fünfjährigen kleinen Jungen, im Wald spazieren und wir hatten ein sehr angenehmes Gespräch, bis er stolperte und sich das Knie aufschlug. Da begann er heftig zu weinen, weil es ihm wehtat. Ich sagte ihm:

– *Das ist normal, dass du weinst. Mir ist das auch schon passiert, und ich weiß, dass du jetzt noch mindestens zehn Minuten weiter weinst.*

Ganz kurz danach hörte Christoph auf zu weinen und erklärte heiter und schelmisch:

– *Du, mir tut nichts mehr weh!*

Ich antwortete ihm, als sei ich wütend darüber, dass man mir widerspricht:

– *Das ist unmöglich, du schummelst, ich weiß ganz genau, dass man mindestens zehn Minuten weinen muss.* (indirekte Symptomverschreibung)

Hoch aufgerichtet entgegnete Christoph in herausforderndem Ton:

– *Du bist eben nicht wie ich!*

Um es abzuschließen, habe ich zugegeben, dass er zweifellos viel weniger wehleidig sein müsse als ich.

Freundliche Sabotage, Symptomübernahme

Gelingt es nicht, bei einem anderen Menschen eine Verhaltensänderung zu bewirken, bietet sich die Taktik der freundlichen Sabotage als hoch wirksame Lösung an. Nehmen wir zum Beispiel Christine, die von ihrer Tochter Martine verlangte, ordentlicher zu sein. Ich schlug vor, sie solle die komplementäre Natur der Beziehung zu ihrer Tochter, bei der sie natürlich stets die führende Position einnahm, einmal umkehren. Diese Position, auf die sie fixiert war, war vollkommen ungeeignet, um zu erreichen, was sie sich vorgestellt hatte. Sie hatte im Gegenteil alles Interesse, sich in die nachgeordnete Position zu begeben, um ihre Tochter auf diese Weise besser beeinflussen zu können und die Situation zu meistern. Diese Taktik der nachgeordneten Position – Sie erinnern sich – läuft darauf hinaus, das Symptom zu verschieben, und hier Symptomverschreibung von der Tochter auf die Mutter zu betreiben. Christine würde sich des Verhaltens von Martine bedienen und Unordnung verbreiten, mehr noch als ihre Tochter! Überall etwas herumliegen zu lassen oder an unpassenden Orten (vor allem im Zimmer ihrer Tochter) unterzubringen, sich in der Wäsche vertun (vorzugsweise saubere Wäsche in die Waschmaschine tun und die Schmutzwäsche auf dem Sessel von Martine sich anhäufen lassen) etc. Dieses Sabotageverhalten müsste dann fortgeführt werden, bis ihre Tochter interveniert, sich beklagt und ihr die Leviten liest bzw. das Verhalten ihrer Mutter annimmt. Während Martine also «herumnörgelt», müsste die Mutter die nachgeordnete Position einnehmen, sich für ihre Fehler entschuldigen und vor allem sich rechtfertigen (wie es ihre Tochter tut). So könnte sie etwa entgegnen, es fiele ihr zunehmend schwer, saubere von schmutziger Wäsche zu unterscheiden oder sie habe keine Zeit gehabt, aufzupassen. Sie könnte ihr sogar «gestehen», die Unordnung sei ihr letztlich gar nicht mehr so unangenehm. Und wenn Martine ihre Kritik ausweiten würde, müsste sie sich auf noch banalere Weise entschuldigen: Sie habe es nicht absichtlich getan oder sei unaufmerksam gewesen …, wobei sie stets versichern müsste, «ihr Bestes zu tun», ohne dass es ihr freilich je gelänge ….

Diese Taktik der Symptomübernahme erweist sich als ebenso pädagogisch wie therapeutisch: Sie macht den Verursacher des schädigenden Verhaltens indirekt, aber sicher verantwortlich. In unserem Beispiel zielte Christines Taktik darauf ab, das Problem in einer Weise auszuweiten, dass es ihre Tochter wirklich stört. Nachdem Martine nicht mehr auf die Hilfe ihrer Mutter rechnen konnte, gab es nur noch eine Lösung: die Ordnung in ihrem Zimmer und die Pflege ihrer Kleidung selbst in die Hand zu nehmen.

Oft empfehlen wir diese Taktik Personen, die mit depressiven Menschen zusammenleben und in dem Bestreben, ihnen zu helfen, leider genau das Gegenteil erreichen. Sie versuchen, diese Menschen zu unterstützen, ihnen immer und immer wieder zu sagen, das Leben sei nicht so schwarz, wie sie es sähen. Sie sagen ihnen, es sei besser, zu reagieren statt sich gehen zu lassen, auszugehen statt sich einzuschließen .... Dabei bringt all dies den Depressiven nur weiter in seine nachgeordnete Position, was ja gerade sein Problem darstellt. Die Methode der Symptomübernahme mit dem Ziel, sich des Symptoms des anderen zu bedienen, kann sehr klug und fruchtbar sein. Die Verhaltensweisen eines depressiven Verwandten zu übernehmen, d. h. wie er über einen Mangel an Motivation und Wünschen zu klagen, eine gewisse Entmutigung darüber zum Ausdruck zu bringen, dass man sich nicht um Dinge kümmern könne, die eigentlich zu erledigen wären, über eine ständige Trägheit zu seufzen und vor allem, Ratschläge abzulehnen und ihretwegen gereizt zu sein etc. – kurz: eine noch stärker nachgeordnete Stellung als er einzunehmen, führt gewöhnlich dazu, dass er aufschreckt. Unseres Gejammers müde und genervt durch unsere Bemerkungen und Verhaltensweisen reagiert er schließlich, kommt in Gang und gibt uns dann die eigenen Lektionen und Ratschläge wieder zurück. In diesem neuen Rahmen nimmt die depressive Person allerdings die führende Position ein, die sie brauchte, um aus ihrer Passivität herauszukommen. All dies geschieht bei ihr auf unbewusster Ebene, d. h. auf einer Ebene, die sich am besten eignet, um einen Wandel zu bewirken.

Das Kurzschließen

Beim Kurzschließen handelt es sich um einen besonderen «Kurzschluss», denn es geht darum, einen Brand zu verhindern. Ziel ist das Durchbrechen der repetitiven Schemata, die unseren Gesprächspartner in seinen ihn blockierenden Situationen oder seinen gefährlichen Beziehungseskaladen einschließen. Angesichts zweier Menschen in einem «Spiel ohne Ende» liegt eine Möglichkeit, ihre Interaktionen kurzzuschließen, darin, ihre Aufmerksamkeit auf einem ganz eigenen Aktivitätsniveau zu gewinnen, um Modelle repetitiven schädlichen Verhaltens zu unterbrechen oder das sterile Räderwerk ihrer Beziehungsspiele aus dem Gleis zu bringen. Bei einem Konflikt unter Freunden könnte man beispielsweise einem von ihnen sagen:

– *Seltsam, was du auf einmal für schmale Lippen bekommen hast.*

Oder man könnte sie fragen:

– *Haben Sie dieses merkwürdige Geräusch gerade gehört?*

Sobald sich Teilnehmer während einer Versammlung in themenfremden Diskussionen verlieren, würde die Frage:

– *Haben Sie gesehen, wie spät es ist?*

oder:

– *Wann muss die Versammlung beendet sein?*

diesen Vorgang anhalten. Eine andere, aus Japan stammende Taktik besteht darin, eine Versammlung, die infolge fehlender Übereinstimmung an einen toten Punkt kommt, unter Konstatieren desselben zu abzubrechen und jeden Teilnehmer zu bitten, in Ruhe über eine andere Lösung nachzudenken, die zu einer Übereinkunft führen könnte. Wer als Erster eine Lösung findet, wird beauftragt, die anderen zu einer neuen Versammlung einzuberufen, um darüber zu debattieren. Diese Methode wird zusätzlich interessant dadurch, dass sie es ermöglicht, vom «dialektischen Wettstreit um des Kampfes willen» zu einem «Wettstreit um die Übereinkunft» überzugehen. Die Raffinesse dieser Umdeutung des Kontexts eignet sich besonders für konflikthafte Situationen im Management.

Die Taktik des Vorwegnehmens

Die Taktik des Vorwegnehmens zielt darauf ab, mögliche Einwände und Kritik unseres Gesprächspartners im Vorhinein zu berücksichtigen. Sie gestattet auch, Widerstände zu nutzen, die uns manche Klienten entgegensetzen. Ihnen kann man sagen:

– *Ich habe zwar eine einfache Idee für eine Lösung, denke aber, sie gefällt Ihnen nicht. Sie werden sie dumm und uninteressant finden, und Sie werden sie gleich wieder vergessen, ohne sie zu nutzen.*

Danach schweigt man, und zwar so lange, bis der andere reagiert. Der Gesprächspartner – in sanfter Falle gefangen – beeilt sich im Allgemeinen, etwas über diese Idee zu erfahren, aber natürlich lässt man sich erst eine Weile bitten, bevor man sie ihm enthüllt. Auf diese Weise regt man seine Neugier an und schwächt dabei gleichzeitig einen eventuellen Widerstand und eine Ablehnung. Da man ihm bereits gesagt hat, dass er diesen Vorschlag dumm und uninteressant finden würde, entschärft man das befürchtete Verhalten und bringt ihn paradoxerweise dazu, den Vorschlag in viel geringerem Maße für dumm zu halten, als vorhergesehen .... Diese Technik ist umso wirksamer, wenn der Betreffende gleichzeitig in gespannte Erwartung versetzt wird und man sich ihrer feinfühlig und taktvoll bedient.

Die Taktik des Vorwegnehmens ist bei versierten Unterhändlern wohl bekannt. Sie kommen ihren Gesprächspartnern zuvor, indem sie eben jene Einwände, die sie fürchten, lieber selbst vorbringen, als sie von jenen formulieren zu lassen. Da sie sich nicht verteidigen müssen, um die Einwände zu umgehen oder ihnen auszuweichen, bringen sie sich in eine günstigere Position, um ihr Gegenüber zu bewegen, sie abzuwägen.

Sechster Teil
Anwendung beim Problemlösen

18 Untersuchen, Klären oder Neudefinieren der Problemstellung

In diesem Teil geht es darum, die verschiedenen Etappen des Wandels aufzuführen:

* dem Gesprächspartner helfen, sein Problem in einer Weise klar darzulegen, dass es sich lösen lässt
* gemeinsam mit ihm bisherige Lösungsversuche untersuchen, die zum Fortbestehen des Problems beigetragen haben
* seinen Wunsch nach Wandel aufbauen, indem die angestrebte Zukunft entworfen wird
* seine Ressourcen und die nützliche Funktion seiner Widerstände untersuchen.

Je nach Art des Problems und dem Persönlichkeitsprofil des Betreffenden können sich indessen auch ein direkter Rat, eine einfache Umdeutung oder eine indirekte Intervention als hinreichend erweisen, um den gewünschten Wandel zu erreichen.

Die Schwierigkeiten beim Umsetzen eines Wandels können daraus resultieren, dass Ihr Gesprächspartner sein Problem von Anfang an falsch dargelegt hat. Sie können ferner dadurch entstehen, dass Sie nicht wissen, wie Ihre demotivierten oder unter starken Widerständen stehenden Gesprächspartner, die ihrerseits nicht genau wissen, wie sie das Gewünschte formulieren sollen, zu motivieren wären. Es geht also darum, diesen Wunsch mit ihnen gemeinsam aufzubauen, indem Sie ihnen helfen, ein realistisches Ziel für den Wandel herauszuarbeiten. Anschließend müssen ihre Ressourcen und die anzuwendenden Mittel zusammengefasst und die zu durchlaufenden Lernprozesse bestimmt werden, wobei gleichzeitig mit Blick auf den gewünschten Wandel die in ihren Widerständen steckenden wertvollen Ressourcen zu mobilisieren sind.

Gestelltes Problem → **Untersuchung der Aussage** → *zu lösendes Problem*
    Klärung und Neudefinition

Die Art, in der Ihr Gesprächspartner sein Problem stellt, zeigt gleichzeitig seine Einschränkungen, die er sich geschaffen hat, und die Art, in der sie ihn daran hindern, es zu lösen. Oft maskieren wir unsere Ziele und Veränderungswünsche, indem wir stattdessen vage Klagen und schlecht umrissene Probleme vorbringen. In dieser ersten Phase der Klärung suchen Sie die faktischen Gegebenheiten seines Problems zu sammeln, um die Denkvorgänge, Annahmen, Interpretationen und Deduktionen zu finden, die zu seinem Entstehen geführt haben. Die Formulierung des Problems ist entscheidend: Ist sie schlecht, kann sie das Problem unlösbar machen.

Nun kann sich Ihr Gesprächspartner aber auch ein Problem zu Eigen gemacht haben, das ihn gar nicht betrifft. Dann geht es darum zu verifizieren, ob sich hinter diesem Problem nicht ein anderes verbirgt und ihn zu lehren, seinen Verantwortungsbereich klarer abzugrenzen.

Schauen wir uns die am häufigsten vorkommenden Fälle an.

Die vage Problemstellung

Das erste Hindernis beim Lösen eines Problems liegt in seiner Formulierung. Wenn Ihr Gesprächspartner sein Problem abstrakt und vage formuliert, so vergrößert er dessen Ausmaß derart, dass er die Grenzen aus den Augen verliert. In Ausübung unseres Berufs stehen wir sehr oft dieser Art von Schwierigkeiten gegenüber, die sich anhand folgender Aussagen zeigen: «Reanimation gibt es nur für *die* da», «In meiner Abteilung gibt es ein Motivationsproblem», «In meiner Abteilung sind die Leute verantwortungslos» – oder in der Therapie: «Ich bin dauernd ängstlich», «Ich bin deprimiert», «Ich lebe schlecht» etc. Und eben diese vagen und globalen Formulierungen machen Probleme unlösbar, veranlassen Organisationen dazu, sich externe Berater zu suchen und führen den Einzelnen in eine Therapie.

Ob sich die Umsetzung eines Wandels als wirksam erweist, beruht auf der Sorgfalt, mit der das Problem klar und präzis neu definiert wird, um es für eine Lösung geeignet und lösbar zu machen und es dergestalt zu lösen und verschwinden zu lassen.

Zunächst einmal geht es darum, Ihrem Gesprächspartner dabei zu helfen, sein Problem in einen Kontext zu bringen, indem Sie ihn bitten, ganz konkret die Situationen zu schildern, in denen es sich manifestiert. Diese Präzisierungen erleichtern die Klärung des Ziels und die Suche nach konkreten Mitteln und nach dem Minimum an Maßnahmen. Um Ihrem Gesprächspartner die Klärung zu erleichtern, müssen die Fragen sensorische Worte enthalten, die ihn dazu bringen, zur Darlegung seiner problematischen Situation den Beschreibungsmodus zu nutzen. Ziel ist nämlich, ihn vom Erklärungsmodus (Ursachen und Erläuterungen) abzubringen, auf den er sich versteift hat und der seine Handlungsmöglichkeiten einschränkt. Indem der Schwerpunkt auf das «Was?» des Problems, auf die Frage: «Was geschieht konkret in dieser schwierigen Situation?» gelegt wird, steigen Ihre Chancen, gleichzeitig auch die Frage zu beantworten: «Wie konstruiert mein Gesprächspartner sein Problem?» Mit dieser Methode sollen stets legitimierte Erklärungen, Rechtfertigungen und Rationalisierungen kurzgeschlossen werden, um schneller zu einer neuen Wahrnehmung des Problems zu gelangen, die eine neue Haltung ihm gegenüber begünstigt.

Jeder allzu große Problembereich muss umschrieben und in Einzelbereiche unterteilt werden. Je kleiner der Handlungsbereich, desto rascher und sichtbarer sind die Ergebnisse. Viele Fehlschläge hängen damit zusammen, dass das *Problem zu Beginn unzureichend umschrieben und untergliedert* wurde. Beim Umsetzen von Veränderungen muss sehr auf die Formulierung von Problemen geachtet werden und man muss sich die Zeit nehmen, sie neu zu definieren, um die limitierenden, inadäquat konstruierten Wirklichkeiten anders zu klären. Gewisse im ursprünglichen Zustand belassene Formulierungen werden ebenso wenig jemals eine Lösung finden, wie gewisse Konstruktionen der Wirklichkeit die Betroffenen nur in eine Sackgasse führen können.

Nehmen wir Claude, den Abteilungsleiter eines großen Therapiezentrums, der sich über «die mangelnde Solidarität unter seinen Mitarbeitern» beklagt. Zuallererst bitte ich ihn, konkret zu beschreiben, wie sich «Solidarität» seiner Ansicht nach manifestieren sollte, um die Kriterien herauszuarbeiten, die er diesem Begriff zuordnet. Um diese wertvollen Informationen zu gewinnen, muss dem Strukturieren der Fragen besondere Aufmerksamkeit gewidmet werden. Wir haben in diesem Zusammenhang bereits gesehen, welch kostbares Werkzeug im Umgang mit Information der Sprachkompass darstellt:

– *Welches sind die vorrangigen Zusammenhänge, in denen die Mitglieder Ihres Teams nicht solidarisch sind?*

– *Stellen Sie sich vor, das Problem sei gelöst. Was würde Ihnen dann zeigen, dass sie solidarisch geworden sind?*

– *Was würde sich ändern, wenn die Mitglieder Ihres Teams solidarischer wären? Wie würde sich dies in ihrem Verhalten zeigen?*

– *Welche Ziele ließen sich dann erreichen?*

Solange mein Gesprächspartner und ich das Problem nicht konkret umrissen haben, haben auch meine Anregungen zu einer Lösung kaum eine

Chance, sachdienlich oder wirksam zu sein. Diese Kriterien müssen unbedingt erhoben werden, weil sie die Richtung angeben, die zur Lösung des Problems einzuschlagen ist.

Während dieser Klärungsphase geschieht es häufig, dass der Betreffende sich – oft unbewusst – selbst die Ratschläge gibt, die sich als echte Lösungen erweisen können. Auch wir müssen wachsam bleiben, bereit, sie zu verstehen, um sie ihm sofort «zurückzusenden» und ihm auf diese Weise zu zeigen, dass er selbst über Lösungen und Ressourcen verfügt, um sein Problem zu lösen. Die Mäeutik fördert diese Emergenzen, die viel öfter eintreten als man glaubt!

Ein zu enger Formulierungsrahmen

Umgekehrt kann eine Problemstellung zugleich vage und zu eng gefasst sein. Typisches Beispiel ist jemand, der sich über das Verhalten einer Person oder einer Abteilung beklagt, das er gern verändert sähe. Nehmen wir das Beispiel von Pierre, dem mit seiner Sekretärin sehr unzufriedenen Verantwortlichen, der seine Unzufriedenheit wie folgt zum Ausdruck bringt:

– *Ich hätte gern, dass meine Sekretärin mehr auf mich hört, denn das macht mir große Probleme.*

– *Wie verhalten Sie sich konkret, damit sie Ihnen zuhört und um ihre Aufmerksamkeit zu gewinnen? Nehmen Sie eine präzise Situation, in der Ihnen dieses Problem begegnet.*

Diese erste Frage zielt implizit darauf ab, die Problemstellung zu erweitern, indem sie Pierre auf eine Weise in den Interaktionskontext einschließt, dass er anders agieren kann, um ihn zu modifizieren. Ausgehend von seinem anfänglichen, illusionär[48] (da er nur seine Sekretärin betrachtete und sich selbst nicht einschloss) formulierten Wunsch gehen wir zur Definition eines realistischen, in umschriebenen Kontexten präzisen Ziels über, bei dem Pierre den angestrebten Wandel beeinflussen kann. Indem wir ihn in seine Beziehung zu seiner Sekretärin einbeziehen und ihn auf das fokussieren, was er konkret von ihr erwartet, vermeiden wir die langwierige Darlegung seiner Kommentare und Urteile über sie, die ihn bislang die Veränderungen, die er bewirken könnte, aus den Augen verlieren ließen. Denn genau da liegt das Problem: Pierre kann seine Sekretärin nur dann dazu bringen, sich zu verändern, wenn er seine Sichtweise ihrer Person und von daher seine Art, mit ihr zu interagieren, verändert. Das schlechte Zuhören der Sekretärin lässt

---

48   siehe Kapitel 3, Abschnitt *Der Einfluss von Utopien und die Illusion von Kontrolle*

sich nämlich nicht von den Interaktionskontexten lösen, in denen es sich manifestiert. Wir hören dem «anderen» umso besser zu, je mehr wir uns von ihm gewürdigt fühlen.

In diesem Beispiel mussten wir demnach den Rahmen der Problemstellung erweitern, da eine umfassende Sicht der Situation nötig war, um vor Ort sachbezogen handeln und das gewünschte Ergebnis erzielen zu können. Danach lässt sich der erste Schritt in Richtung des beabsichtigten Wandels ins Auge fassen, indem wir die Aufmerksamkeit auf eine bestimmte Beziehungssituation richten, in der sich das Problem manifestiert. Dieser Wandel muss jedoch immer so angesetzt sein, dass er sich leicht vollziehen lässt.

Insgesamt impliziert die Komplexität menschlicher Probleme eine interaktionelle Betrachtungsweise des Problems, um lokal sachbezogen agieren zu können, da jeder gelöste Punkt des Problems mit der Gesamtheit der problematischen Situation in Wechselwirkung steht. Der Ausgangspunkt der systemischen Intervention, deren Grundprinzipien in Kapitel 9 dargestellt wurden, liegt in der umfassenden Betrachtung und im anschließenden lokalen Agieren – nicht umgekehrt.

Eine inadäquate logische Ebene

Irrtümer hinsichtlich der logischen Ebene sind häufig und bestehen meist im Verwechseln der Ebene: Man kann allerdings auch einmal die Ebene der anzusetzenden Mittel mit der Ebene der zu erreichenden Ziele verwechselt haben. Es kann auch vorkommen, dass man das Verhalten einer Person mit deren Absichten verwechselt oder man hat nicht zwischen der Beobachtung eines Fakts und dessen Interpretation differenziert .... Außerdem kann es vorkommen, dass man den Mitteln den Status von Werten verleiht. Die Neudefinition des Problems besteht also darin, eine Umdeutung der logischen Ebene vorzunehmen oder, anders gesagt, die Bestandteile des Problems in sachdienlicherer Weise neu anzuordnen.

Lassen Sie uns dies anhand von Sylvie, Hausfrau und Mutter, beschreiben. Sie klagt darüber, sie sei:

– *die Sklavin für den Haushalt,*

bedauert aber auch, dass:

– *dort schlechte Stimmung herrscht.*

Zunächst einmal frage ich sie, was für sie das Wichtigste sei:

– *Ist es der Haushalt oder das Klima innerhalb der Familie?*

Damit lasse ich sie die beiden Erwartungen in eine hierarchische Ordnung bringen. Sylvie entgegnet, für sie sei:

– *der Haushalt die Voraussetzung für familiäre Harmonie.*

Sie sagt aber auch, ihr sei bewusst, dass:

– *dieser am stärksten durch die unerträgliche Stimmung gestört wird, die bei ihr zuhause herrscht.*

Diese erste Befragung mit dem Ziel, die Ursache-Wirkungs-Beziehung zu lösen, die sie zwischen Haushalt und häuslicher Eintracht geknüpft hatte, ermöglicht es, ihre Problemstellung umzudeuten. Demnach schlage ich ihr vor:

– *Zwar eignet sich Hausarbeit am besten, um Sauberkeit zu erreichen, trägt aber vielleicht nicht unbedingt zu einem guten Ambiente in der häuslichen Umgebung bei.*

Das dergestalt umgedeutete Problem verortet die Hausarbeit auf die Ebene eines Mittels im Dienste der Sauberkeit und nicht mehr im Dienste familiärer Eintracht. Da für Sylvie der Wunsch nach familiärer Eintracht im Vordergrund steht, konzentriert sich die erste Phase der Intervention auf diesen Aspekt des Problems. Gemeinsam untersuchen wir die Konfliktsituationen in der Familie und suchen nach Mitteln, mit denen sich ein harmonischeres Klima erreichen ließe. Im Übrigen ermöglicht die Lösung dieses ersten Punktes unter Umständen auch die Lösung ihres Daseins als Hausangestellte: Bei verbesserten Beziehungen in der Familie erhält sie vielleicht auch leichter Unterstützung durch ein Familienmitglied, um das gemeinsam bewohnte Haus sauber zu halten und zu pflegen.

Die Interpretation macht das Problem unlösbar

Zwar ist es oft nötig, die Problemstellung umzudeuten, indem man sie in neu einen operationelleren Kontext verortet (Umdeutung des Kontexts oder der logischen Ebene), jedoch kann das Problem auch mit einer nichtoperationalen Interpretation der Situation zusammenhängen. Dann geht es darum, durch Umdeuten die der Situation zugewiesene Bedeutung neu zu fassen. So wie schlechte Formulierungen Probleme unlösbar machen, schafft auch eine inadäquate Wiedergabe der Wirklichkeit Probleme.

Findet sich jemand in einer Situation blockiert, ist es oft seine Interpretation der Situation, seine Wirklichkeit 2. Ordnung, die ihm schadet. Nach Aufnahme der faktischen Gegebenheiten der Situation (Wirklichkeit 1. Ordnung) schlage ich ihm andere Interpretationen vor, um ihn dahin zu bringen, neue Lösungsmöglichkeiten ins Auge zu fassen, die er in seiner «ersten Sichtweise des Problems» nicht zu erkennen vermochte. Die blockierten Situationen liegen sehr oft in der Bedeutung, die wir ihnen zuweisen. *Demnach ist es weniger die Situation, die uns blockiert, als vielmehr die Art, in der wir sie interpretieren.* Das Vorgehen besteht also darin, die Annahmen und Interpretationen an der Basis der Konstruktion eines Problems[49] zu behandeln.

Unsere Intervention kann aber auch darin bestehen, unmittelbar die limitierenden Interpretationen an der Basis des Problems umzudeuten, ohne die faktischen Gegebenheiten herauszuarbeiten.

Bei einem meiner Seminare erwartete Jacques, einer der Teilnehmer, einen Anruf von einem seiner Mitarbeiter, um sich über die Ergebnisse einer wichtigen Verhandlung informieren zu lassen. In der Pause ließ er mich an seiner Besorgnis teilhaben:

– *Einer meiner Mitarbeiter ist ein fürchterlicher Individualist. Er weiß sehr gut, dass ich ungeduldig auf die Ergebnisse dieser Verhandlung warte, und trotzdem gibt er die Information wie üblich nicht weiter, und ich muss darauf warten.*

Ich schlage ihm eine andere Interpretation vor:

– *Vielleicht wagt er nicht, Sie zu stören? So manche schüchterne oder zurückhaltende Person würde ebenso handeln wie Ihr Mitarbeiter .... Bisweilen ist ein Individualist nur schwer von einem schüchternen Menschen zu unterscheiden.*

Diese Umdeutung rief Jacques sofort frühere Situationen ins Gedächtnis, die ihn dazu brachten, seinen Mitarbeiter als einen – vielleicht – schüchternen Menschen zu sehen, der es daher nicht wagen würde, ihn im Seminar zu stören. Ich schlug ihm also vor, die Initiative zu ergreifen. Nach dem Telefonat berichtete mir Jacques, sein Mitarbeiter habe ihm tatsächlich eingestanden, aus Sorge um Diskretion gezögert zu haben. Teils auf Grund irriger Annahmen und Interpretationen hatten Jacques und sein Assistent sich angewöhnt, einander zu misstrauen. Einige Zeit nach diesem Erlebnis vertraute Jacques mir an, beide hätten wieder vertrauensvolle und sehr zufrieden stellende Beziehungen angeknüpft. Indessen muss betont werden, dass die Neudefinition des Problems, die Jacques vorgeschlagen wurde, zu seiner Seinsweise passte: Als eher reservierte und diskrete Person konnte er die neue Hypothese der Interpretation, die ich ihm bot, leicht integrieren. Die Umdeutung geschieht jedoch meist in zwei Phasen:

---

49 siehe Kapitel 9, Abschnitt *Beschreibungen, Ziele und weniger Erklärungen*

- Die erste Phase einer Umdeutung besteht darin, die einschränkenden Beziehungen von Ursache und Wirkung, welche sich der Betroffene vorstellt, zu Tage zu fördern.
- In der zweiten Phase wird eine Neuinterpretation anhand neuer, vorteilhafterer Ursache-Wirkungs-Beziehungen vorgeschlagen.

Im vorangehenden Beispiel beraubte sich Jacques regelrecht jeder Lösung, indem er das Verhalten seines Mitarbeiters als ein Zeichen von Individualismus interpretierte; er zog sich selbst den Boden unter den Füßen weg, denn was konnte er dagegen tun? Seine Interpretation des Problems machte das Problem unlösbar. Bei einer Umdeutung geht es nicht um die *Wahrheit* eines Standpunkts, sondern um dessen *Wirksamkeit*[50].

Einschränkende Voraussetzungen in der Problemstellung

Im Laufe einer Therapie oder Ausbildung kann es auch vorkommen, dass die Interpretationen und Annahmen an der Basis des Problems nicht auf Anhieb dargeboten werden. Man sagt mir:

– *Ich verstehe mich sehr schlecht mit meinem Chef.*

Oder auch:

– *Ich kann nicht verhandeln.*

Die erste Frage zielt daher darauf ab, die limitierende Interpretation an der Basis des Problems zu Tage zu fördern:

– *Was halten Sie von Ihrem Chef?*
– *Was verstehen Sie unter einer Verhandlungssituation?*

Die Antworten ermöglichen es dann, die zur Lösung des Problems nötigen Umdeutungen vorzunehmen. Lassen Sie uns diesbezüglich unbedingt festhalten, dass eine Umdeutung nicht die Formulierung einer Wahrheit darstellt, sondern lediglich ein größeres Feld an Möglichkeiten eröffnen soll. Die Probleme, die wir uns selbst bereiten, liegen meist in der einschränkenden Bedeutung, die wir Verhaltensweisen und Situationen zuweisen: Zu wissen, dass «ein Problem nicht gegeben, sondern durch den Geist konstruiert ist», setzt eine Menge Ressourcen frei.

---

50   siehe Teil 1 und Kapitel 25

Das Problem als Folge einer einschränkenden Vorhersage

Ein Problem kann einfach aus einschränkenden Vorhersagen konstruiert sein. Diese sind oft mit Versagenssituationen in unserer Vergangenheit verknüpft, welche die uns einschränkenden Glaubenssätze geformt haben. Oft neigen wir dazu, gestern Geschehenes mit heute und morgen Geschehendem zu verwechseln und dadurch Situationen miteinander zu verquicken, die notwendigerweise unterschiedlich sind. All diese willkürlichen Deduktionen und Induktionen können Situationen hervorrufen, die sich zweifellos nicht ereignet hätten, wenn man ihre zukünftige Existenz nicht bewirkt hätte. Weil unser Verhalten von Glaubenssätzen regiert wird, haben diese auch mächtigen Einfluss auf die Ergebnisse, die wir erhalten. Eben gerade diese einschränkenden Glaubenssätze erschaffen bewusst oder unbewusst die Katastrophenvorhersagen, die wir zwar fürchten, die jedoch Wirklichkeit werden. Angesichts antizipierter Fehlschläge ist es sinnvoll, sowohl die Glaubenssätze, auf denen sie beruhen, als auch die Erfahrungen, aus denen sie sich herleiten, zu Tage zu fördern. Um einen tief greifenden Wandel zu fördern und konkret zu gestalten, wird es nötig sein, diese Glaubenssätze umzudeuten. Zunächst einmal bringen wir unseren Gesprächspartner dahin, die früheren eigenen oder entlehnten Erfahrungen zu beschreiben, die am Anfang seiner Vorhersage eines Fehlschlags stehen. Je nach Kontext ergeben sich daraus mehrere Möglichkeiten: Entweder fördern wir auf dem Umweg über eine Umdeutung die Ressourcen zu Tage, die der Betreffende unbewusst in eben diesen Erlebnissen gesammelt hat und die gerade jetzt die Mittel darstellen, deren er zur Lösung seines Problems bedarf. Oder wir zeigen auf, dass die Verbindung zwischen gestern und heute vollkommen unangemessen ist, weil die Gegebenheiten durcheinander gebracht wurden, und man muss sich darum kümmern, sie zu identifizieren und muss sie sogar auflisten.

Ein Glaubenssatz gilt dann als *einschränkend*, wenn er zur Vorhersage eines Versagens führt oder die Möglichkeiten des Betreffenden begrenzt, indem er ihn daran hindert, die Gegebenheiten der aktuellen Situation konstruktiv zu nutzen. Einschränkende Glaubenssätze verschleiern die Wege zukünftiger Erfolge, weil sie den Betreffenden am Zugang zu seinen Ressourcen hindern. Selbst wenn die Glaubenssätze stets legitim und respektabel sind, da sie zum Teil auf Gelebtem beruhen, sind sie dennoch für die Transformation durch die Technik des Umdeutens empfänglich, sobald sie unserer Entwicklung schaden.

Lassen Sie mich dies am Beispiel von Patrick verdeutlichen, der sich nicht von seinem neu eingestellten Mitarbeiter befreien kann, mit dem er nicht mehr zufrieden ist:

– *Ich habe einen Team-Leiter eingestellt, der von Anfang an unverzeihliche Fehler gemacht hat. Ich habe keinerlei Vertrauen mehr in ihn.*

– *Sie glauben also, dass er auch weiter Fehler machen wird ... und dass er außer Stande ist, daraus eine Lehre zu ziehen?* (Herausarbeiten der Vorhersage)

– *Ja, das glaube ich.* (Die Antwort ist gegeben. Das Problem ist jedoch, dass wir bei den anderen im Allgemeinen die Verhaltensweisen und Resultate induzieren, die wir von ihnen erwarten.)

– *Es ist möglich, dass er daraus keinerlei Lehre zieht .... Manche profitieren jedoch ganz hervorragend von ihren Fehlern, ohne dies jedoch offen zu zeigen, sodass es Ihnen nicht immer bewusst wird. Haben Sie bemerkt, dass Sie etwas verbessern konnten, weil Sie mit anderen im Vertrauen darüber sprechen konnten? Ohne sich schuldig zu fühlen oder zu meinen, sich rechtfertigen zu müssen .... Aber natürlich ist man lieber mit einem konstruktiven, pädagogischen und verständnisvollen Gesprächspartner zusammen.*

– *Wollen Sie damit sagen, ich sei weder verständnisvoll noch pädagogisch oder konstruktiv?*

– *Nein, das nicht. Ich frage mich nur, ob Sie es mit Ihrem neuen Mitarbeiter sein möchten.*

– *Ist das eine Frage?*

– *Ja, das ist die eigentliche Frage.*

– *Und ich sage Ihnen: Ich glaube, es lohnt sich nicht, sich all diese Mühe zu geben.*

– *Woran erkennen Sie, dass es sich wirklich nicht lohnt?*

– *Na ja, er versteht es, alles zu vermasseln und sich zu rechtfertigen, wenn ich wieder einmal mit ihm über dieses Problem spreche. So kommen wir nicht weiter ....*

– *Sicher.* (Ein längeres Schweigen.) *Man kann alles vermasseln, aber nicht, weil man nicht vorankommen möchte, sondern ganz einfach, weil man das Urteil des anderen fürchtet und ihm nicht hinreichend vertraut.*

– *Ich habe allerdings kein Vertrauen in diese Person.*

– *Aber wenn ich richtig verstanden habe, möchten Sie ihn auch nicht entlassen. Die Probezeit ist vorbei.*

– *Genau das ist mein Problem.*

– *Wären Sie daran interessiert zu erfahren, wie man einen Fehler kritisiert, ohne dabei den Betroffenen zu schädigen oder zu blockieren, sondern ihm im Gegenteil wieder Vertrauen zu geben, weil man sich die Zeit genommen hat, auch die hinter seinen Fehlern verborgenen Ressourcen zu erforschen? Letztlich ist das doch ein klassisches Managementproblem.*

– *Ich sehe nicht, wie ich mich anders verhalten könnte!*

– *Mit welchen Lösungen haben Sie es versucht? Erzählen Sie, wie Sie es das letzte Mal gemacht haben, als Sie mit ihm gesprochen haben.*

Nachdem wir auf diese Weise den prädiktiven Glaubenssatz von Patrick und seine Lösungsversuche in Bezug auf seinen Mitarbeiter herausgearbeitet hatten, haben wir untersucht, wie man anders an den neu Eingestellten herangehen könnte, damit er wieder Vertrauen fasst und Nutzen aus seinen Fehlern zieht. Wandel ist auch eine Frage von Lernprozessen [51].

---

51 siehe Kapitel 1, Abschnitt *Verändern zu wollen genügt nicht*, und Kapitel 2

19 Bisherige Lösungsversuche explorieren

Der Lösungsversuch ist das Problem.

Paul Watzlawick

Eine der Besonderheiten der Schule von Palo Alto besteht darin, gezeigt zu haben, in welchem Ausmaß Probleme durch die Anstrengungen der Betroffenen oder ihres Umfeldes überdauern. Ein Problem kann nicht nur dadurch entstehen, dass man eine Situation nicht in angemessener Weise wahrnimmt und ihr entsprechend begegnet, sondern auch dadurch, dass man ungeeignete Lösungen umsetzt. Achtet man einmal auf die bereits unternommenen Lösungsversuche, so kann man feststellen, dass es oft eben gerade diese Lösungsversuche sind, die ein Problem geschaffen, unterhalten und sogar verstärkt haben. Ein Problem tritt auf, wenn eine Schwierigkeit nicht spontan überwunden wurde: Wären die Reaktionen angesichts der Situation auf Anhieb effektiv gewesen, hätte sich das Problem nicht gestellt. Leider neigen wir trotz des Scheiterns eines Lösungsversuchs dazu, uns auf eine Wiederholung zu versteifen, statt ihn zu hinterfragen, und denken, mit mehr Willenskraft und Ausdauer kämen wir zum Ziel. Folgende Fragen können dazu dienen, bereits unternommene Lösungsversuche sichtbar zu machen:

– *Welche Ratschläge haben Sie erhalten und befolgt, um dieses Problem zu lösen?*
– *Was haben Sie bisher getan, um das Problem zu lösen?*
– *Welche Lösungen sind Ihrer Ansicht nach mit Sicherheit unwirksam?* (Diese Frage eignet sich vor allem bei besonders empfindlichen Personen, die über ihre Fehlschläge keine Rechenschaft ablegen möchten.)

Die Untersuchung der Lösungsversuche ist für die Umsetzung jeder Strategie eines Wandels eine notwendige Voraussetzung. Während der Darlegung erfolgloser Lösungsversuche enthalte ich mich im Allgemeinen jeglichen verbalen oder nonverbalen Kommentars, um meinen Gesprächspartner nicht zu stören und sorgsam alle bereits unternommenen Lösungsversuche Revue passieren zu lassen. Denn während seiner Darlegungen entdeckt er gleichzeitig ganz von selbst das, was ganz und gar nicht funktionieren kann, und bewirkt damit bewusst oder unbewusst seine eigenen Umdeutungen. Nach dem Explorieren der Lösungsversuche geht es darum, neue Lösungen zu finden, die zunächst einmal darauf abzielen, die Verhaltensweisen zu unterbrechen, welche das Problem unterhalten.

Jean, Abteilungsleiter, klagt über die mangelnde Kooperation von Robert, dem Leiter der benachbarten Abteilung:

– *Robert schleust dauernd Informationen an mir vorbei.*
– *Das heißt …. Wie geschieht das konkret?*

Jean nennt mir daraufhin eine Reihe von Beispielen.

– *Und was schließen Sie daraus?* (Interpretation des Problems)
– *Ich schließe daraus, dass er mich zu isolieren versucht, dass er mich von Entscheidungen fern halten möchte, mich in der Ausübung meiner Verantwortlichkeiten behindern und mich mattsetzen möchte.*
– *Und wie haben Sie bisher darauf reagiert?* (Exploration der Lösungsversuche)
– *Na ja, ich meinerseits traue ihm auch nicht. Ich vermeide es sorgfältig, ihn einzubeziehen und mache ihm seine Entscheidungen nicht leicht.*
– *Und wie kann er Ihre Haltung Ihrer Ansicht nach interpretieren? An seiner Stelle würde ich Ihnen misstrauen.* (Leichtes, zufriedenes Lächeln bei Jean)
– *Genau das ist mein Ziel, ich hoffe ja, dass er sich in Acht nimmt.*
– *Ihr Ziel ist demnach erreicht, da Sie ja genau das anstreben. Wo ist dann Ihr Problem? Ich verstehe das nicht.*
– *Doch, es gibt ein Problem, denn all dies ist für meine Abteilung, die auf intensive Zusammenarbeit mit der seinigen angewiesen ist, sehr hinderlich.*
– *Wer braucht diese Zusammenarbeit also notwendiger?*
– *Ich brauche sie wirklich, denn dieses Misstrauen in den Beziehungen hat verheerende Auswirkungen; für ihn übrigens auch, aber ich glaube, das ist ihm gar nicht so bewusst.*
– *Sie wollen damit sagen, dass alle gewinnen würden, wenn es zu vertrauensvollen Beziehungen käme? Oft vergisst man, dass Misstrauen nur die Angst des anderen verbirgt, und wenn man sich gegenseitig Angst macht, wird eine Zusammenarbeit unmöglich. Man geht sich lieber aus dem Weg, hält Informationen zurück beziehungsweise liefert gar unvollständige oder mehr oder weniger falsche Informationen. Eines ist zumindest sicher: Wenn man Angst hat, sichert man sich gern ab.*
– *Das ist klar ….* (Langes Schweigen, das zu unterbrechen ich mich wohlweislich hüte)
– *Welche Risiken würden Sie eigentlich eingehen, wenn Sie ihn auf die wechselseitigen Schwierigkeiten bei der Zusammenarbeit ansprächen? Was würde geschehen, wenn Sie klar und gemeinsam Ihre beiderseitigen Ziele neu defi-*

*nieren würden? ... Bei dieser Gelegenheit könnten Sie auch die Grenzen Ihrer
jeweiligen Territorien abstecken. Das erleichtert im Allgemeinen die Zusammenarbeit ....*
– *Gut, aber all das wird Zeit brauchen.*
– *Sicher; halten Sie diese Zeit für verschenkt?*
– *Nein, mehr als zurzeit können wir nicht verlieren.*

Bei diesem Austausch wurde eine ganze Reihe von Punkten des Problems
behandelt. Die Verhaltensweisen von Robert wurden als Symptom seiner
Furcht vor Jean neu interpretiert. Jean, dem durch diese Neuinterpretation
das Gefühl von Sicherheit und Wertschätzung vermittelt wurde, neigt jetzt
mehr dazu, den ersten Schritt zu tun, um seinerseits Robert das Gefühl
von Sicherheit zu vermitteln und gegenseitiges Vertrauen zu schaffen, aus
dem eine fruchtbarere Zusammenarbeit zwischen den beiden Abteilungen
erwachsen kann.

In dieser Begegnung haben wir nicht herauszufinden versucht, warum
Robert Jean in seinen Funktionen umging, sondern vielmehr mit ihm gemeinsam betrachtet, wie sich bessere Bedingungen für die Zusammenarbeit
mit Robert schaffen ließen, was letztlich sein Ziel war. Die zuvor von Jean
unternommenen Lösungsversuche waren schon allein deshalb inadäquat,
weil sie einem linearen Denken entsprangen: Ihm zufolge war es Robert, der
angefangen hatte und schuld war und der demnach «sein Verhalten zu korrigieren hatte» – Lösungen, die den Teufelskreis des Problems nur verstärken
konnten. Die Problemstellung Jeans war auf epistemologischer Ebene falsch,
die daraus folgenden Handlungen hatten kaum Chancen, zu greifen. Sich
angesichts eines Beziehungsproblems zu fragen, wer Recht hat und wer
nicht, ist – wie wir gesehen haben – ein Versuch am untauglichen Objekt. An
erster Stelle muss das Ziel der Beziehung geklärt werden: Die systemische
Intervention [52] besteht darin, das gewünschte Ziel herauszuarbeiten, um
daran die Suche nach Lösungen auszurichten, die es ermöglichen, dieses Ziel
mit minimalen Mitteln und in kürzester Zeit zu erreichen.

Tendenziell wiederholen wir außerdem, was schon früher einmal erfolgreich war. Den neuen Gegebenheiten gegenüber indifferent oder nur wenig
sensibel glauben wir, die Lösungen von gestern hätten auch heute oder morgen denselben Effekt. In lebenden, sich unausweichlich entwickelnden Systemen kommt es jedoch nie ein zweites Mal zu den gleichen Gegebenheiten,
daher muss man logischerweise zugestehen, dass unsere Reaktionen sich
anpassen und sich im selben Rhythmus entwickeln. Diese Schwierigkeit,
unsere Reaktionen anzupassen, unsere Reaktionen und Lösungen zu aktualisieren, durchzieht alle Probleme der Eltern-Kind-Beziehung. Die Kinder

---

52 siehe Kapitel 9

entwickeln sich viel rascher als ihre Eltern, die das Ausmaß des von ihren Kindern zurückgelegten Weges – wenn diese erst einmal zu Jugendlichen geworden sind – nicht immer wahrnehmen. Was geschieht angesichts dieser Verschiebung? Die Eltern fühlen sich hilflos, ineffizient, weniger gehört und weniger respektiert. Die Jugendlichen wiederum fühlen sich gänzlich unverstanden. Zwei Wahrnehmungen der Wirklichkeit stehen einander gegenüber. Die Erziehung unserer Kinder zwingt uns in einen permanenten Lernprozess; paradoxerweise sind es unsere Kinder, die uns zwingen, zu wachsen und uns zu entwickeln. Je mehr wir unsere Interventionen ihrer Entwicklung anpassen, desto mehr werden wir von ihnen als Leitfigur respektiert. Denn wie wollen wir schließlich unsere Kinder entwickeln, wenn wir uns nicht auch selbst ein wenig weiterentwickeln? Gleiches gilt für ein Unternehmen. Wie können die Verantwortlichen einen gewünschten Wandel bewirken, ohne die eigenen Funktionsweisen zu ändern? Und dann erst diejenigen, Politiker und andere, die danach streben, dass sich die Gesellschaft verändert ....

20 Die gewünschte Zukunft projizieren: vom Wunsch nach Wandel zu dessen Ziel

Den Wunsch nach Wandel aufbauen

Gegenwärtige Frustrationen nutzen → Wünsche ans Licht bringen, Erwartungen klären.
Die gewünschte Zukunft projizieren lassen, «als sei sie schon wahr geworden».

Oft ist es besser, die gegenwärtige Unzufriedenheit in verschiedenen Bereichen auszunutzen als von der Notwendigkeit eines Wandels zu überzeugen.
Da ein Verlangen oft aus einer Frustration, einer unerfüllten Erwartung resultiert, können wir ganz bewusst beschließen, die Frustration unseres Gesprächspartners zu verstärken, falls sich seine Motivation für einen Wandel wirklich als unzureichend erweist. Einer resistenten und passiven, in einem alten Problem gefangenen Person können wir sagen:

– *Eigentlich besteht doch gar keine Eile, sich zu verändern, wo Sie doch bis jetzt ganz gut mit dem Problem gelebt haben.*

Diese bewusst provokante Bemerkung löst im Allgemeinen schlagartig Missbilligung und Widerstand aus. Diese Reaktionen sind sehr wertvoll, um dem Wunsch nach Wandel allmählich gesunde Funktionen zu verleihen. Wir nehmen uns also die Zeit, alle Frustrationen, die unser Gesprächspartner erlebt hat, herauszuarbeiten und dabei gleichzeitig die Beschreibung einer besseren Zukunft zu gewinnen.
Wunsch und Verlangen sind ganz entscheidend. Sie bewirken, dass sich der Mensch entwickelt und geben seinem Handeln einen Sinn. Evolution wird gebremst, wenn man aufhört, sich nach etwas zu sehnen. Die Erfahrung zeigt, dass es lohnenswert ist, sich Zeit zu nehmen und sich seine Zukunft

vorzustellen, um im Geist den Samen des Wandels zu sähen. Dieser Abschnitt übt erhebliche Anziehungskraft aus. Der Wunsch nach Wandel genügt indessen nicht, um sich auch tatsächlich zu verändern. Man muss darüber hinausgehen, um die Motivation für ein verändertes Verhalten zu schaffen: Dazu ist es ganz entscheidend, zum einen die nützlichen und vorteilhaften Folgen eines zukünftigen Wandels nach dessen Vollzug darzulegen, indem man sie antizipiert, zum anderen aber auch zu verifizieren, ob dieser Wandel dem Betreffenden und seinem Umfeld schaden könnte. Es geht hier darum, die «Ökologie» des Wandlungsziels zu testen, indem man den Betreffenden fragt, welche negativen Folgen ein Wandel für ihn selbst oder für sein Umfeld hätte. Die – im Allgemeinen negierende – Antwort wird seinen Wunsch nach einem Wandel noch verstärken, denn sie fokussiert ihn auf die möglichen Ergebnisse und führt ihn dazu, noch konkreter an dieser für ihn und die Seinen zufrieden stellenden Zukunft zu arbeiten. Sobald die einmal offenliegenden Wünsche

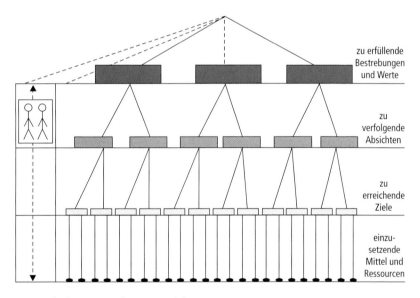

Dynamik eines Veränderungsprojektes

Die Bestrebungen sind die Werte, denen die Person/en zu entsprechen trachtet/n; diese Ebene ist abstrakt, aber stark mobilisierend. Die Absichten entsprechen dem Erreichen mehrerer Ziele. Diese sind ihrerseits präzise, konkret, realistisch und mehr oder weniger kurzfristig. Die Mittel sind die einzusetzenden Ressourcen. Diese vier Ebenen müssen die Ökologie des vom Wandel betroffenen Systems respektieren. Der Fahrstuhl entspricht der erforderlichen Arbeit, um die verschiedenen Ebenen in Übereinstimmung zu bringen, wodurch die Dynamik des Wandels entsteht.

der Ökologie des betroffenen Systems entsprechen, ist die Umsetzung des Wandels von einem ganz anderen Geist beseelt: Die Kooperation des Betreffenden ist mit im Spiel, um den gewünschten Wandel zu vollziehen.

Klären der Ziele

*Erwartungen → **klärende Fragen** → Zieldefinitionen*

Wie wählt man nun den schnellsten Weg, wenn die Richtung nicht genau vorgegeben ist? Extrem wichtig ist hierbei das Klären der Ziele. Es erlaubt uns nicht nur, im Rahmen einer «gut abgestimmten, kooperativen Beziehung» zu interagieren, sondern auch, die zu durchlaufenden Abschnitte klar ins Auge zu fassen, um den Wandel in der gewünschten Richtung vorzunehmen. Je mehr wir in kleinen, konkreten Etappen vorgehen, desto leichter werden diese durchschritten. Wenn unsere Ziele hinreichend präzise sind, tendiert unser Verhalten stark in die angestrebte Richtung. Wer sich hingegen im Kreis dreht, hat meist keine hinreichend klaren Ziele im Kopf. Von daher werden seine nichtkanalisierten Verhaltensweisen vor allem von seinen augenblicklichen emotionalen Reaktionen beherrscht. Die Tatsache, ein klares Ziel zu verfolgen, reguliert unser Verhalten. Indem wir unsere Ziele sorgfältig definieren, vermeiden wir die wohl bekannten Klippen der Manipulation und Automanipulation, seien sie nun bewusst oder unbewusst. Beim Umsetzen von Veränderungen – in einem Unternehmen wie in der Therapie – muss jeder wissen, wohin er geht und was auf dem Spiel steht. Diese wichtige Etappe des Definierens von Zielen erlaubt darüber hinaus, «Symptome utopischen Denkens» und «Kontrollillusionen»[53] zu erkennen, die ansonsten vielleicht verborgen geblieben wären. Wenn mein Gesprächspartner vage und maßlose Ziele formuliert, ermuntere ich ihn dazu, sie zu untergliedern, um sie spezifischer zu gestalten. So kann er dann innerhalb kleiner Operativzonen agieren, in denen sich der Wandel ganz leicht in realistischen Etappen oder Unterzielen vollziehen lässt, die ihn seinen ursprünglichen Erwartungen nach und nach näher bringen. Jedes erreichte Unterziel ist dann für ihn eine durchlaufene Etappe, und eben dies dynamisiert und verstärkt seinen Wunsch nach Entwicklung. Je kürzer die Etappen, desto besser wägt der Betreffende seine Fähigkeit, sich zu wandeln, ab. Das Registrieren selbst unserer kleinsten Fortschritte hilft uns, unser Vertrauen in uns selbst und unsere Fähigkeiten wiederzufinden und zu festigen.

---

53 siehe Kapitel 3, Abschnitt *Der Einfluss von Utopien und die Illusion von Kontrolle*

Nehmen wir zum Beispiel Jean-Paul, der:

– *hofft, sich in seiner Haut wohler zu fühlen*

und untersuchen wir die klärenden Fragen, die wir ihm stellen könnten, um ihm zu helfen, von einem vagen Verlangen zur Definition präziser und konkreter Ziele zu gelangen. Wir könnten ihn beispielsweise fragen:

– *Was wird sich in Ihrem Tagesablauf verändert haben, wenn Sie sich dann besser fühlen?*
– *In welchen Situationen genau möchten Sie sich besser fühlen? Und welche Resultate möchten Sie erreichen, die Sie zufriedener stellen?*
– *Was genau bekommen Sie mehr oder was ist besser, wenn Sie sich wohler in Ihrer Haut fühlen?*
– *Welche neuen Dinge würden Sie in Angriff nehmen, die Sie nicht bereits tun?*

Um anschließend die Lösungsversuche herauszuarbeiten, die er bereits unternommen hat, um sein Problem zu lösen, könnten wir ihn fragen:

– *In welchen Momenten fühlen Sie sich am wenigsten wohl in Ihrer Haut? Wie schaffen Sie es in diesen Augenblicken, sich in Ihrer Haut unwohl zu fühlen?*
– *An was genau denken Sie, wenn Sie sich «schlecht fühlen»? Was sagen Sie im Stillen zu sich selbst? Über die anderen, das Leben, die Situation, in der Sie leben?*

Natürlich ist der Betreffende durch diese Fragen überrascht, denn er ist weit davon entfernt, zu glauben, dass es sein Handeln ist, das dazu führt, dass er sich schlecht fühlt, oder dass es seine Konstruktion der Wirklichkeit ist, die ihm schadet.

Definieren eines objektiven Ziels nach den erforderlichen Kriterien

John Grinder und Richard Bandler, die Begründer des NLP, haben ganz besonders über die Intensität der Befragung nachgedacht, vor allem beim Definieren von Zielen. Ihnen zufolge muss das Ziel eines Wandels, um operationell zu sein, folgende Bedingungen erfüllen:

● Es muss spezifisch, konkret und messbar sein, d. h. auf faktischen Kriterien beruhen, um anhand der Fakten messen zu können, ob es erreicht wurde.
● Es muss positiv formuliert und in einen präzisen Kontext eingebettet sein.
● Es muss realistisch, d. h. erreichbar sein.
● Es muss im Verantwortungsbereich der Person liegen, die es erreichen möchte.

- Es muss «ökologisch» sein, d. h. sowohl sein inneres und beziehungsbedingtes Gleichgewicht als auch die Vorteile der problematischen Situation wahren.

Alles dreht sich um die zentrale Frage:

Was wollen Sie erreichen oder verbessern?

Stellen wir uns verschiedene Hypothesen und Antworten vor:

– *Ich möchte nicht mehr gestresst sein, wenn ich abends nach Hause komme.*

Das Ziel ist gut kontextualisiert, aber negativ und vage formuliert. Ohne sich dessen bewusst zu sein, reaktiviert und verankert diese Person damit in ihren Worten eben jenes schädliche Verhalten, das sie beseitigen möchte. Die «negativen» Formulierungen, wie «Ich möchte nicht mehr …» oder «Ich will nicht …» sind ein bedeutendes Hindernis für ihre Realisation. Negativformulierungen sind für Gehirn und Nervensystem schwer zu assimilieren, wie wir in Kapitel 1 gesehen haben. Beide sind – anders als die Sprache – nicht in der Lage, Negationen zu integrieren: In der Welt des Erlebens kann die Negation nicht existieren. Wie sollte man auch ein Nicht-Verlangen befriedigen? Warum also unser Gehirn unnötig damit belasten?

Ein weiterer Irrtum besteht darin, das Ziel auf unscharfe, abstrakte und globalisierende Weise zu formulieren, wie zum Beispiel:

– *Ich möchte mich wohl fühlen, wenn ich nach Hause komme.*

Wir bringen den Betreffenden also dahin, uns dies konkreter zu beschreiben:

– *Wie verhalten Sie sich, wenn Sie sich gut fühlen?*

Dadurch gewinnt man messbare Verhaltenskriterien, die es möglich machen, das Erreichen seines Ziels zu evaluieren. Um ihm bei seiner Suche zu helfen, könnten wir ihn bitten:

– *Denken Sie an eine Situation, in der Sie sich wohl gefühlt haben.*

Damit würde er über Verhaltenweisen verfügen, die er übertragen könnte, wenn er nach Hause kommt. Diese Technik bezieht sich auf das, was im NLP als «Ressourcen-Anker» bezeichnet wird: Sie erlaubt es dem Betreffenden, seine Ressourcen erneut zu erfahren, um sie zu revitalisieren.

Indessen kann eine Beschwerde ebenso wie ein Ziel stets sehr vage bleiben. Wenn wir also systematisch auf unscharfe Antworten stoßen, greifen wir auf die «Zauberfrage», d. h. auf die Technik des «Als-ob» zurück:

– *Nehmen wir an, eines Abends kommen Sie nach Hause und sind Ihr Stressproblem los. Inwiefern würden Ihre Heimkehr und Ihr Abend anders verlaufen?*

Diese Frage soll Raum zum Träumen, für Freiheit und Kreativität schaffen, die sich unser Gesprächspartner nicht mehr gestattet und damit auch nicht mehr in der Lage ist, sich ein inneres Bild von seinem Wohlbefinden zu machen. Wurde er durch diese Frage erst einmal geweckt, so erleichtert dies die Klärung seiner Ziele ganz enorm. Indessen bleibt herauszufinden:

Was bringt Ihnen das zusätzlich?

Nutzen und Vorteile herauszuarbeiten entwickelt zugleich unsere Motivation, das angestrebte Ziel auch zu erreichen. Eine klare Vorstellung von den Vorteilen zu haben, die aus dem Erreichen eines Wandlungsziels zu ziehen sind, stärkt das Verlangen nach Veränderung ganz enorm. Diese Frage wirkt energisierend: Sie macht das Ziel attraktiv, sie mobilisiert und lenkt unsere Energie auf das gewünschte Ziel.

Woran erkennen Sie, ob Ihr Ziel tatsächlich erreicht wurde?
Anhand welcher konkreten Fakten könnten Sie dies verifizieren?

Diese Fragen klären die Kriterien der Evaluation und dienen dann dazu, festzustellen, welches davon Vorrang hat. Es geht darum herauszufinden, welches die konkreten Fakten, die sensorischen Informationen sind, die dem Betreffenden zeigen, dass er auf dem richtigen Weg ist. Zum einen fassen wir eine partielle, etappenweise Evaluation ins Auge:

– *Woran erkennen Sie, dass Sie auf dem richtigen Weg sind?*

Und dann für die abschließende Auswertung:

– *Woran erkennen Sie, ob Sie Ihr Ziel tatsächlich erreicht haben?*

Gegenüber dem oben erwähnten Chef, der sich wünschte, dass seine Sekretärin ihm besser zuhört, habe ich meine Frage folgendermaßen formuliert:

– *Stellen Sie sich vor, Ihre Sekretärin hört Ihnen besser zu: Was sähen Sie an Ihr ganz besonders gerne wieder, um erkennen, dass es so ist?*

Was immer wir als positiv oder negativ bewerten, hängt davon ab, ob unsere Kriterien erfüllt wurden oder nicht. Diese Frage sollte daher die Verhaltenskriterien umreißen, die der Chef von seiner Sekretärin erwartete, um adaptierte Lösungen auf dem Weg dorthin zu erkunden.

Steht Ihnen Unangenehmes bevor, wenn Sie Ihr Ziel erreichen?

Bei dieser Frage geht es darum, die Folgen eines Wandels zu untersuchen, die nicht nur für den Betroffenen, sondern auch für seine Umgebung negativ sein könnten. Diese Frage ist für die Überprüfung der Ökologie eines Ziels grundlegend: Die Antworten darauf können dazu führen, ein Ziel von vornherein zu hinterfragen und ein anderes, besser geeignetes zu definieren. Der Respekt vor der Ökologie von Systemen ist eines der wichtigen Charakteristika der systemischen Intervention. Die menschlichen Systeme wehren sich gegen einen Wandel, wenn ihre Ökologie nicht berücksichtigt wurde. Dann entwickeln sie Widerstände und alle nur möglichen Homöostasereaktionen, um ihr früheres Gleichgewicht wiederzuerlangen.

Gibt es Hindernisse beim Realisieren dieses Ziels?

Entscheidend ist, unsere Gesprächspartner zu fragen, was das Erreichen ihres Ziels behindern könnte, um dies beim Verfolgen dieses Ziels zu berücksichtigen. Bei Personen, die tendenziell selbst reale Hindernisse nicht zur Kenntnis nehmen oder ständig ihre Fehlschläge rechtfertigen, zögere ich nicht, die Dinge hochzuspielen, indem ich sie die kleinsten Hindernisse, aber auch das Schlimmste, was ihnen geschehen könnte, betrachten lasse. Mit dieser Frage soll auch verifiziert werden, ob das definierte Ziel in die Verantwortung desjenigen fällt, der es verfolgt, und diesen in eine Gewinnerposition zu bringen: Hindernisse zu antizipieren ermöglicht auch, Lösungen vorherzusehen, die dann umgesetzt werden können. Diese Vorsichtsmaßnahme stärkt das Selbstvertrauen, denn ein dergestalt Vorbereiteter sieht sich besser für den Erfolg gerüstet.

Welche Ressourcen benötigen Sie?
Welche Mittel sollen angewandt werden?

Wir gehen nun dazu über, nicht nur die Ressourcen zu sichten, über die unser Gesprächspartner bereits verfügt, sondern auch die Ressourcen, die auf der Beziehungsebene sowie materiell und technisch in seiner Umgebung zur Verfügung stehen (Personen, Gegenstände, Wissenserwerb, Informationssuche …) oder noch erworben werden müssen. Wir befinden uns hier im Stadium der Logistik und der Programmplanung.

Welche Etappen sind zu durchlaufen?

Abhängig vom Ziel geht es darum, sorgfältig die verschiedenen Aufgaben herauszuarbeiten und deren Abfolge zu organisieren. Wenn wir es mit jemandem zu tun haben, dem es schwer fällt, die Abschnitte eines Prozesses wahrzunehmen, so tun wir dies gemeinsam mit ihm, und zwar schriftlich und bis ins kleinste Detail.

Wo und wann soll es losgehen?

Das erste Ziel muss abhängig von der Person und vom Kontext gewählt werden. Dabei muss jedoch fast sicher sein, dass es auch erreicht wird, weil es darum geht, dass der Betreffende schon in der nächsten Sitzung einen ersten positiven Schritt in Richtung eines Wandels vollzogen haben sollte. Lassen Sie uns die Untersuchung des Problems von Jean hinsichtlich seiner Schwierigkeiten mit einer anderen Abteilung und vor allem mit deren Leiter namens Robert weiterverfolgen, um eine Reihe von Fragen auszuprobieren. Nach dem Neudefinieren der Problemstellung bringe ich Jean dahin zu klären, was er wirklich von Robert erwartet:

– *Was wird sich für Sie geändert haben, sobald das Problem mit Robert gelöst ist? Woran werden Sie erkennen, ob Robert tatsächlich besser kooperiert?*

Das Futur ist hier dem Konditional vorzuziehen, weil es stärker motiviert zu sagen: «Woran werden Sie erkennen, dass es Ihnen besser geht?» statt: «Wenn es Ihnen besser geht, woran werden Sie das erkennen?».

– *Robert und ich treffen uns zwei Mal pro Woche, um unsere gemeinsame Arbeit offen zu besprechen. Robert wird meine Kompetenzbereiche anerkennen, meinen Verantwortungsbereich respektieren, weil es uns gelungen sein wird, uns über diese beiden Punkte zu einigen. Er wird mir unmittelbar die Informationen weiterleiten, die ich brauche, und um meine Anwesenheit bitten, wenn die zu treffenden Entscheidungen es erfordern.*

Indem ich Jean bitte, ihre jeweiligen Kompetenz- und Verantwortungsbereiche und die dann auszutauschenden Informationen zu präzisieren, kann er besser über die Mittel nachdenken, die er zur Erfüllung dieser Kriterien anwenden muss. Danach können wir das Gespräch fortsetzen.

– *Worin könnte es Ihnen schaden, Robert um all diese Informationen zu bitten? Wissen Sie, was Robert von Ihnen erwartet?*
– *Ich sehe nicht, weshalb das peinlich wäre, weder für ihn noch für mich. Im Gegenteil: Ich halte es für einen Weg, um ihm zu zeigen, dass ich mit ihm zusammenarbeiten möchte und um ihm ein gewisses Vertrauen zu beweisen. Hinsichtlich dessen, was Robert von mir erwartet, gestehe ich, dass er es mir noch nie klar gesagt hat, das ist also eine gute Gelegenheit!*
– *Was riskieren Sie, indem Sie ihn danach fragen?* (Nach einer sehr raschen Antwort Jeans insistiere ich, dass er sich Zeit nimmt, um ruhig darüber nachzudenken.)
– *Nichts. Es gibt uns die Möglichkeit, mit dem Katz-und-Maus-Spiel aufzuhören. Letztlich schadet es uns beiden. Unsere schlechte Beziehung stört die Arbeit beider Teams.*

Diese Methode der Zieldefinition hat den Vorteil, alle vagen und unrealistischen Erwartungen, die oft den Ausgangspunkt unserer Unzufriedenheit bilden, zu beseitigen. Außerdem läuft der Therapeut oder Berater nicht Gefahr, bei seinen Interventionen in die Irre zu gehen, da er sich eine klare Richtung und ein präzises Instrumentarium gibt, um die erreichten Etappen zu evaluieren[54]. Die Klärung von Zielen «verleiht einer Therapie Sinn», wie sie auch in einem Unternehmen die Bedingung für einen Wandel ist, der etwas in Bewegung setzen soll. Der Ausdruck «Sinn verleihen» beinhaltet ihre drei Bedeutungen. Die Klärung verleiht Sinn, weil sie:

- unsere sensorischen Orientierungspunkte anspricht.
- der erforderlichen Arbeit eine Richtung gibt.
- ermöglicht, uns für etwas einzusetzen, das für uns «einen Sinn ergibt».

Hinter jedem Problem verbirgt sich ein zu klärendes Ziel.
Das einmal formulierte Ziel erlaubt uns, unsere Energie besser auszurichten, um es auch zu erreichen.
Es verleiht mehr Kraft, wenn Sie mit anderen und mit sich selbst in Form von Zielen sprechen, die zu erreichen sind.

---

54 siehe Kapitel 25

21 Ressourcen nutzen, von Widerständen profitieren

Ressourcen aufdecken und mobilisieren

*Definiertes Ziel → **Mobilisation von Ressourcen** → zu realisierendes Ziel*

Als «Ressourcen» gelten alle psychologischen, emotionalen, relationalen, materiellen oder technischen Mittel, die es ermöglichen, das gewünschte Ziel zu erreichen. Milton Erickson, stets auf der Suche nach den Ressourcen seiner Klienten, riet seinen Schülern unaufhörlich, sich darauf einzustellen, aus dem, was ihnen ein Klient liefert, unmittelbar die Ressourcen und Lernprozesse zu gewinnen, die zur Lösung seines Problems von Nutzen sind. Seine Therapien folgten der Grundhypothese: *Wenn eine Person Teil eines Problems ist, verfügt sie auch über die Ressourcen, es zu lösen, versteht es jedoch nicht, allein darauf zuzugreifen* und es ist am Therapeuten, ihr wieder Zugang zu verschaffen. Es ist am Zuhörenden – Therapeut, Coach, Berater, Freund, Elternteil, Verantwortlicher oder Manager – bevorzugt jene Haltung der Wachsamkeit einzunehmen, um die Ressourcen des Betroffenen zu würdigen und zu mobilisieren statt seine Einschränkungen hervorzuheben und sich darauf zu konzentrieren.

Die Schwierigkeiten bei einem Wandel hängen oft damit zusammen, dass der Betreffende glaubt, er könne nicht anders handeln oder es seien die anderen, die durch ihre Starre den Erfolg behindern. Die Vorstellung, anders handeln zu können, ja selbst zu lernen, es anders machen zu können, ist ihm fremd: Seine Konstruktion der Wirklichkeit schränkt seine Möglichkeiten ein. Einem Klient, der mir erklärt, er habe «alles versucht», um sein Problem zu lösen, werde ich zeigen, dass er auf diese Weise Hartnäckigkeit und Ausdauer bewiesen hat. Diese Qualitäten bilden nämlich seine persönlichen Ressourcen, die man nutzen muss, um den gewünschten Wandel in Gang zu bringen. Zeigt jemand indessen ein hohes Maß an Passivität, um sein Problem zu lösen, so hebe ich seine Kraft der Resignation und seine Fähigkeit, unbefriedigende Situationen auszuhalten, hervor, die wir als Ressourcen nutzen, um seinen Wunsch nach einem Wandel aufzubauen.

Bevor man jemandem Vorschriften macht, muss man sorgfältig darauf achten, sie entsprechend den Ressourcen auszuwählen, die dem Betreffenden leicht zugänglich sind, um sie dadurch in einen Kontext einzubetten, in dem sie nur erfolgreich sein können.

Erickson zufolge liegt die beste Art, sich selbst Einschränkungen aufzuerlegen, darin, zu glauben, der andere «könne» oder «wolle» sich nicht ändern. Seiner Ansicht nach besteht die vernünftigste Hypothese jedoch darin, zu glauben, dass der andere ganz einfach «nicht weiß, wie man sich wandelt» oder – besser noch – dass er «nicht weiß, dass er sich wandeln kann». Und die wichtige Rolle des Therapeuten besteht darin, ihm eben dies beizubringen, indem er ihn auffordert, «eine Aufgabe zu erfüllen, die ihm bestätigt, dass er es bereits weiß». Dieser Erickson'sche Geisteszustand bildet eine «Meta-Umdeutung» der Umsetzung von Wandel. Jede Entwicklung eines Individuums erfolgt notwendigerweise über bewusste oder unbewusste Lernprozesse. Dieses Vorgehen, das die Grundlage der Kurztherapie bildet, hilft auch beim Umsetzen von Veränderungen in einem Unternehmen. Sobald die Ressourcen erkannt und aufgedeckt wurden, sind sie auch schon mobilisierbar. Systematisches Wahrnehmen von Ressourcen begünstigt ein auf beiden Seiten konstruktives Zuhören und schafft außerdem ein Klima des Wohlbefindens und Vertrauens, das für die Umsetzung von Veränderungen unverzichtbar ist.

Die Fähigkeit, unsere Gesprächspartner in einem Wandlungsprozess zu begleiten und zu trainieren, resultiert großenteils aus unserer Fähigkeit, die hinter ihren Handicaps oder Widerständen verborgenen und nur ihnen sichtbaren Fähigkeiten ans Licht zu bringen. Jeder von uns kann lernen, ein solcher Entdecker und Entwickler von Ressourcen zu sein.

> Menschliche Ressourcen sind empfindlich und leicht verderblich, sie können verfallen.
> Werden sie weder erkannt noch genutzt, dann sind sie vergeudet. Ihre Besonderheit ist, nur dann unerschöpflich zu sein, wenn man sich ihrer bedient!
> Das Individuum neigt in hohem Maße dazu, nur diejenigen Fähigkeiten zu nutzen, die bei ihm auch anerkannt werden. Dieser «Pygmalion-Effekt» kann eine große Stärke darstellen, daher wäre es bedauerlich, ihn zu unterschätzen.
> Bei vielen Gelegenheiten könnten wir in einem ganz alltäglichen Kontext gegenseitig unsere menschlichen Ressourcen mobilisieren.

Der Hypothese von Milton Erickson zufolge verfügt der Mensch über die Ressourcen zu seiner Entwicklung. In meinen Interventionen als Therapeutin oder Beraterin versuche ich, meinen Klienten beizubringen, wie man Zugang zu diesen Ressourcen gewinnt, um sie zu nutzen. Ebenso würde auch ein Verantwortlicher oder Trainer seine ganze Effektivität aus der Tatsache schöpfen, dass er sich nicht nur darum kümmert, die Ressourcen des von ihm gemanagten Teams zu nutzen, sondern auch daraus, dass er aus den Hemmnissen und Fehlern der Mitarbeiter deren «verborgene» Ressourcen hervorlockt, weil er ihre nützlichen Funktionen freizulegen versteht. Jedes Individuum trägt Ressourcen und Hemmnisse in sich. Auch teile ich nicht jene weit verbreitete Vorstellung von persönlicher Entwicklung, bei der es zunächst einmal darum geht, die Hemmnisse zu bekämpfen. Damit läuft man Gefahr, sie zu verstärken und die darin enthaltenen Ressourcen zu beschädigen. Im Grunde verbergen diese Hemmnisse ein Verlangen nach Entwicklung mit einem ganzen Potenzial adäquater, im Entstehen befindlicher Ressourcen. Und eben diese verborgenen Ressourcen benötigen wir dringend. Da wir uns aber ihrer Existenz noch nicht bewusst sind, können wir nicht aus eigener Kraft Zugang zu ihnen erlangen. Erickson beherrschte in hervorragender Weise die Kunst, die Hemmnisse seiner Klienten zu nutzen, um einen gewünschten Wandel zu bewirken. Eines Tages kam eine besonders schamhafte Frau in seine Sprechstunde: Sie habe sich nie bei Tageslicht vor ihrem Mann entkleiden können, da sie sich vor seinen Annäherungsversuchen fürchte, obwohl sie dafür durchaus empfänglich sei. Sobald sie sich also neben ihn legte, konnte sie sich nicht davon abhalten, ein Gespräch anzufangen, um jede Annäherung zu vermeiden. Erickson nutzte dieses Hemmnis, um den von ihr gewünschten Wandel zu bewirken: Zunächst berücksichtigte er die Haltung dieser Frau; er riet ihr, sich nicht nur weiterhin im Dunkeln zu entkleiden, sondern dies auch noch in einem anderen Raum zu tun. Allerdings schlug er vor, sie solle das Schlafzimmer mit ein paar Tanzschritten betreten. Das würde ihr sehr leicht fallen, da ihr Mann sie ja ohnehin nicht sehen könnte; und ohne sich zur Schau zu stellen, könnte sie vergnügt und ohne Hemmung tanzen. Diese typisch Erickson'sche Lösung überraschte und amüsierte die Frau. Bei der nächsten Sitzung berichtete sie Erickson von ihrer neuen Erfahrung: Sie hatte sich in einer völlig anderen Stimmung neben ihren Mann gelegt, eher fröhlich, lustig, entspannt und vor allem ganz wohlig, da sie sich anschließend auf angenehme Weise umgänglicher machen ließ. Sie konnte ja nicht zugleich entspannt und steif sein! Die Widerstände gegen Veränderungen sind umso stärker, wenn die in den Hemmnissen der Betroffenen eingeschlossenen Ressourcen im Zuge der Veränderungen weder erkannt noch genutzt werden.

Diese Art, einen Wandel zu bewirken, hat auch in Unternehmen ihre Gültigkeit. Die Tricks und Kniffe Ericksons, um Wandel zu «manipulieren», stehen dem entgegen, wie Auditierungen in Unternehmen durchgeführt werden, nämlich als Vorbereitung für die Umsetzung von Veränderungen. Diese Auditierungen betonen meist die gestörten Funktionen, Schwachpunkte, Handicaps, Hemmnisse und Blockaden des Unternehmens, ohne hinreichend verborgene Ressourcen freizusetzen, die ebenso darin enthalten sind. Dergestalt durchgeführt, können diese Auditierungen im Gegenteil dazu führen, das Personal zu entmutigen und zu demotivieren. Um das Bedürfnis nach Veränderung zu spüren und sich dazu in der Lage zu fühlen, muss man wissen, dass man über die Ressourcen verfügt. Diese Auditierungen müssten sich – dem Beispiel der Kurztherapie folgend – darum kümmern, die verborgenen und verfügbaren materiellen und technischen, aber auch menschlichen Ressourcen herauszuarbeiten, über die das Unternehmen verfügt, um das Humanpotenzial aufzuzeigen, das generell wichtiger ist als man glaubt. Meist ängstigen wir uns vor dem Wandel und «leisten ihm Widerstand», weil wir befürchten, nicht die notwendigen Ressourcen zu haben, um ihn zu vollziehen und daher nicht in der Position sind, ihn anzunehmen und auf positive Weise zu leben.

Wenn Sie die Grenzen des anderen suchen, werden Sie sie auch finden – und sich selbst begrenzen.
Wenn Sie seine Ressourcen suchen, werden Sie auch diese finden – und sich ebenfalls Ressourcen vermitteln.
Leider ist uns diese Suche oft weniger vertraut!

Ressourcen verankern

Einschränkende aktuelle Situation → **Situation, in der die Ressource liegt** → *Transfer und Verankerung dieser Ressource in der einschränkenden Situation*

Wenn wir die nahe oder ferne Vergangenheit unseres Gesprächspartners explorieren, so geschieht dies, um ihm Zugang zu nützlichen, in seinem Unbewussten «engrammierten» Ressourcen zu ermöglichen und sie in die für ihn problematische Situation zu übertragen [55]. Die Vergangenheit wird so aus konstruktiver und zweckorientierter Sicht heraus genutzt: Wir versuchen, daraus die Lehren, Lernprozesse und Ressourcen zu ziehen, die notwendig sind, um den angestrebten Wandel umzusetzen. Das Verankern von Ressourcen ist etwas Wertvolles, das Sie im Übrigen spontan hervorrufen: Bei einer Gruppe oder einer Person beispielsweise vergangene erfolgreiche Erfahrungen wieder wachzurufen erlaubt es, diese erneut mit ihren Ressourcen zu assoziieren und das Vertrauen in die Möglichkeit von Entwicklung

---

55 Für die Technik des Verankerns siehe das Werk von Alain Cayrol und Josiane de Saint Paul, *Derrière la magie – La Programmation Neuro-Linguistique*, Dunod, Paris, 2002, S. 101–113.

zu reaktivieren. In diesem Sinne auf die Vergangenheit zurückzugreifen ist besonders ergiebig bei Personen, welche die Vergangenheit tendenziell schwarz sehen oder sich negativ darüber äußern, wobei sie überzeugt sind, die Gegenwart in gleicher Weise zu leben, und der Zukunft angstvoll entgegensehen. Diese Methode bringt sie dazu, Erinnerungen umzudeuten, die ihre Wandlungsmöglichkeiten einschränken. Der Erickson'sche Ansatz zieht all seine Wirksamkeit aus einem Postulat, aus dem sich viel gewinnen lässt: Die erlittenen Schwierigkeiten, Traumata und Fehlschläge haben gleichzeitig die Ressourcen für unsere Entwicklung geschaffen, denn schließlich sind wir immer noch am Leben!

> Ihre Gesprächspartner sollten sich Situationen ins Gedächtnis rufen, in denen sie von den aktuell benötigten Ressourcen und Kompetenzen profitiert haben, um ihr Selbstvertrauen wiederzufinden.

Respekt vor der Ökologie

Ein wesentlicher Punkt im systemischen Ansatz der Umsetzung von Wandel ist die Aufmerksamkeit, die der Ökologie menschlicher Systeme zu widmen ist. Jedes menschliche System – Individuum, Paar, Familie, Unternehmen – ist selbst organisiert und homöostatisch. Es ist eine Gesamtheit, zusammengesetzt aus eng ineinander verwobenen Systemen und Untersystemen, in ständiger Interaktion mit einem sozialen, ökonomischen und kulturellen Umfeld, das ebenfalls seine eigene Ökologie erzeugt. Jedes per definitionem sensible lebende System erfordert daher, beim Umsetzen eines Wandels seine Ökologie zu respektieren, wenn man vermeiden will, dass Widerstände auftauchen. Ein menschliches System ist ein Ökosystem: Ebenso wie die Natur muss es nach den Regeln seiner Ökologie respektiert und geschützt werden. Im Zentrum des Begriffs der menschlichen Ökologie steht das Prinzip der Zweckmäßigkeit, der nützlichen Funktion von Funktionsstörungen, der positiven Absicht menschlicher Verhaltensweisen, die erhalten werden müssen, damit sich der gewünschte Wandel vollziehen kann, ohne durch Widerstände behindert zu werden. Ja, mehr noch: Menschliche Schwächen und Dysfunktionen heben sich umso besser auf, als man sie in Kontexten nutzt, in denen sie zum Trumpf werden. Demnach betrachten wir jeden Mangel als ein schlecht genutztes menschliches Charakteristikum. Mit dieser Haltung wird unwiderruflich das binäre und manichäische Denken verurteilt, das nicht nur die Kreativität erstickt, sondern auch die Möglichkeit von Entwicklung blockiert. Indem man ohne jede Vorsichtsmaßnahme eine Funktionsstörung aus einem System eliminiert, schafft man unter Umständen andere, bisweilen folgenreichere Störungen. Von dem Moment an, in dem wir intervenieren, um einen Wandel zu bewirken, wissen wir, dass wir beim Berühren eines der Elemente des Systems an sein Gleichgewicht insgesamt rühren.

Die Widerstände, oft ungeschickterweise durch denjenigen hervorgerufen, der den Wandel steuert, sind ein Zeichen dafür, dass die Ökologie des Systems betroffen ist. Die Widerstände gegen Veränderung, welche oft von Coaches, Therapeuten, Beratern oder Führungspersonen zu Tage gefördert werden, können auch Indikatoren ihrer eigenen Rigidität sein. Die anderen zu beschuldigen, Widerstand zu leisten, heißt nur allzu oft, ihnen eine Verantwortung aufzuladen, die eigentlich auf uns allein liegt. Durch das Herausarbeiten und Darstellen der ökologischen Gesetzmäßigkeiten eines Systems – Individuum, Familie, Abteilung oder Unternehmen – wird vermieden, seine Widerstände zu aktivieren. Sobald wir Teil der uns entgegenstehenden Widerstände sind, geht es nur zu oft um schlecht integrierte und interpretierte Fakten oder um eine tatsächliche Schädigung der Ökologie des Systems, in dem wir operieren.

Der systemische Ansatz zielt weniger auf die Behandlung von Elementen des Systems als auf deren Interaktionen. *Die Einheit von Beobachtungsort und Intervention ist daher das Interaktionsfeld, auf dem über Gleichgewicht und Werden des betreffenden Systems entschieden wird.* Demnach gewinnen das Beobachten und Berücksichtigen von Interaktionsweisen mehr Gewicht als das stets hypothetische Erklären historischer, persönlicher oder sozialer Faktoren von Symptomen und Funktionsstörungen. Die «nützlichen Funktionen» eines Symptoms oder einer Funktionsstörung zu bewahren erlaubt es, das Auftreten von Widerständen gegen den Wandel zu verringern oder zu vermeiden. Eine Funktionsstörung ist als Anpassungsreaktion zu verstehen und folgt den Regeln und der Organisation des Systems, in welchem sie auftritt. Paradoxerweise müssen Kohärenz und Gleichgewicht eines Systems unbedingt respektiert werden, damit es sich rascher, leichter und ohne Umkehreffekte wandelt.

> Die nützliche Funktion unserer Fehler zu nutzen erlaubt uns, ein wenig mehr wir selbst zu werden.

Die nützliche Funktion unserer Fehler oder, anders gesagt, die Ressourcen unserer Hemmnisse zu nutzen ist eine wirksame und kreative Form des Selbstmanagements. Je mehr man sich nämlich in Richtung der eigenen Ökologie entwickelt, desto mehr findet man zu sich selbst. Jeder Fehler birgt potenziell seine Qualität, wie auch jede Stärke gleichzeitig ihre Schwäche birgt, so wie das Schädliche das Nützliche enthält und umgekehrt. Meine Gesprächspartner in der Ausbildung sind im Allgemeinen erstaunt, wenn ich sie bitte, sich mit der Suche nach den nützlichen Funktionen in Funktionsstörungen, die wir ansprechen oder die ich selbst zu Tage fördere, zu beschäftigen: «Wenn Ihr Mitarbeiter ein Nichtsnutz ist, bitten Sie ihn, eine gute Methode zu finden, um Zeit und Energie zu sparen. Er müsste auch diese Qualität haben, untersuchen Sie das.»

Diese Umdeutungen von Gegebenheiten – oder Rekonstruktionen der Wirklichkeit – modifizieren unsere Routinen und Stereotype des Denkens und setzen unsere Kreativität ebenso wie den Wunsch und das Vergnügen frei, unsere Probleme zu lösen.

Dieses Prinzip lässt sich am Beispiel behinderter Menschen verdeutlichen, welche die ihnen verbliebene Autonomie maximal ausnutzen: «Nutze, was du jetzt bist.» Manche von ihnen erbringen gar Leistungen, die sie niemals erreicht oder auch nur zu erreichen versucht hätten, wenn sie nicht behindert und im Vollbesitz ihrer Ressourcen wären. Milton Erickson, farbenblind und mehrfach von Poliomyelitis betroffen, war es gelungen, seine Handicaps zu überwinden, um sie zu seinem Vorteil umzuwandeln. Wie er selbst sagte, verschafften ihm seine Lähmungen «einen erschreckenden Vorteil» gegenüber den anderen, indem gerade sie es ihm ermöglichten, seine außergewöhnliche Beobachtungsgabe zu entwickeln.

Symptomverschreibung und Widerstände

Der klassischen Logik zufolge müsste man die Symptome, die dysfunktionalen Verhaltensweisen und die Widerstände bekämpfen, um sie zu beseitigen. Die paradoxe Logik bildet genau das Gegenteil dieses Ansatzes. Sie stützt sich auf die Tatsache, dass jemand ein Symptom umso mehr zu beseitigen sucht und dieses Ringen oder diese antizipatorische Angst das gefürchtete Symptom umso stärker hervorruft, je mehr er dessen Auftreten fürchtet. Die paradoxe Lösung besteht hingegen darin, eben dieses Symptom zu verordnen, das der Klient gerne beseitigt sähe. Jemanden, der sich vor dem Erröten fürchtet, zu bitten, sich ganz bewusst zum Erröten zu zwingen, blockiert im Allgemeinen das Auftreten des Symptoms.

Eines Tages empfing Erickson einen jungen Mann namens Alexander, der ihm sagte:

– *Ich habe es satt! Seit fünfzehn Jahren versuche ich, nicht mehr an den Nägeln zu kauen. Ich will damit aufhören, aber ich schaffe es nicht.*

Worauf Erickson ihm entgegnete:

– *Sie haben ja fünfzehn Jahre Frustration hinter sich. Seit fünfzehn Jahren berauben Sie sich des fantastischen Vergnügens, richtig schöne, große Stücke vom Nagel zu knabbern … Sie werden also auch weiter an den Nägeln*

kauen, aber diesmal werden Sie es besser machen: Warten Sie ab, bis die
Nägel schön lang sind, dann macht es Ihnen viel mehr Spaß!

Marcelle, unverheiratet, legte mir eines Tages folgendes Problem vor: Sobald
sie zu sich nach Hause kam, spürte sie eine immense Traurigkeit. Ich sagte
ihr, ich bräuchte ganz präzise Informationen über alles, was in ihr geschieht,
sobald sie ihre Wohnung betritt, um ihr Problem auch richtig zu verstehen.
Ich bat sie, für die nächste Sitzung sorgfältig den Augenblick zu notieren, in
dem ihre Traurigkeit einsetzt, sowie ferner in den kleinsten Einzelheiten
alles, was geschieht: woran sie denkt, und alles, was sie tut. Für den Fall, dass
sie keine Traurigkeit verspüren sollte, verordnete ich ihr, sie selbst zu provozieren. Diese merkwürdige Art des Vorgehens überraschte sie. Während
dieser Empfehlungen deutete sie sogar ein leichtes Lächeln an. Also fragte ich
sie, ob sie sich über meine Ratschläge oder über etwas anderes (vielleicht sich
selbst ...) lustig mache! Jemanden aufzufordern, das Zwangsverhalten, dessen er sich entledigen möchte, zu produzieren und etwas Neues hinzuzu-
fügen, verändert die Situation vollkommen. Das problematische Spontan-
verhalten wird nun zum therapeutischen Verhalten, das vom Therapeuten
ausschließlich in diesem Kontext verordnet wurde. Dieses Verhalten wird
zwangsläufig vom Klient kontrolliert, da er es bewusst produzieren muss,
und eben darin liegt die therapeutische Dimension der Symptomverschreibung. Ein unter Zwang ausgeführtes Symptom zwanghaften Verhaltens
befreit den Klient oft, indem es den gewünschten Wandel – das Aufgeben
des Symptoms – bewirkt.

In den beiden populärwissenschaftlichen Werken von Paul Watzlawick –
«Anleitung zum Unglücklichsein» und «Vom Schlechten des Guten oder
Hekates Lösungen» – werden eben diese Symptomverschreibungen dargestellt. Im Unglück zu leben und es zu schaffen, dass man scheitert, ist kein
Kunststück, aber der Leser erfährt, dass er seine Leistung auf diesem Gebiet
noch steigern kann, *indem er gewissenhaft all die in diesem Buch beschriebenen*
und bewährten Rezepte umsetzt. Oft empfehle ich meinen Gesprächspartnern
diese beiden Werke, denn deren Lektüre hat gewöhnlich eine äußerst zufrieden stellende Wirkung. Wenn sie mir sagen, sie hätten sich in den verschiedenen dargestellten Verhaltensweisen, die Fehlschläge und Leid garantieren,
wiedergefunden, fordere ich sie auf, sie noch einmal, aber diesmal «besser»
zu erproben und all ihr Talent hineinzulegen. Bisweilen bitte ich einen Klient
aber auch, auf zwei oder drei Seiten Punkt für Punkt, wie bei einem komplizierten Kochrezept, alles aufzuschreiben, was man tun muss, um seinen
Partner abzustoßen, sich einsam zu fühlen etc. – je nach dem zu behandeln-
den Problem.

Bei der paradoxen Verschreibung geht es um Pädagogik durch Fehlschläge. Und diese ist sehr raffiniert, weil sie den Betreffenden dazu bringt,
dass er in seinen negativen Versagenshaltungen nicht mehr spontan sein

kann, sondern sie bewusst umsetzt und daher kontrollieren oder sich in einem Maße darüber lustig machen muss, dass er diese Absurditäten nicht weiterverfolgen kann.

Eines Tages empfing ich Alice. Sie hatte viele Jahre Therapie hinter sich und litt, wie sie sagte, an:

– *zwanghaftem Versagen* ...

Das Vokabular, dessen sie sich bediente, zeigte, in welchem Ausmaß sie «initiiert» war. Ich nahm jedoch eine Haltung ein, die glauben ließ, ich verstünde nicht, was sie mir sagen wollte. Nachdem ich mir Zeit genommen hatte, um mit ihr ihre vielfältigen Versagenssituationen aufzulisten und zu klären, verschrieb ich ihr Folgendes:

– *Ich bitte Sie, jeden Morgen vor dem Aufstehen nachzudenken und zu entscheiden, welche Fehlschläge Ihnen im Laufe des Tages gelingen sollen.*

Allerdings bot ich ihr Hilfe an, um sie mit der Härte des Vorgehens vertraut zu machen! So sind wir dann den ganzen auf unsere Sitzung folgenden Tag durchgegangen, um bis ins kleinste Detail alles aufzulisten, was sie zu tun hatte. Für jede Situation schlug ich ihr vor, welcher Fehlschlag ihr ganz leicht gelingen könnte; diese Sitzung war besonders spielerisch. Allerdings haben wir vorsichtshalber drei Arten von Fehlschlag unterschieden:

● den «schweren Fehlschlag», der sie wirklich gefährden könnte,
● den «neutralen Fehlschlag», der sie weder zufrieden noch unzufrieden machen würde,

und schließlich das, was man

● den «üblichen Fehlschlag» nennen könnte, eben jenen, der ihr Selbstbild beeinträchtigte und Gegenstand der Therapie war.

Ihre üblichen Fehlschläge dienten, sobald sie sie beschrieben hatte, als Richtschnur unserer paradoxen Verschreibungen.

Ein weiteres, von Erickson angeführtes Beispiel für eine paradoxe Anweisung ist die Geschichte einer seiner Klientinnen, die über ihre Einsamkeit klagte und *daher* dazu neigte, sich zuhause einzuigeln, da sie es ihren Worten nach nicht verstand, gute Beziehungen zu anderen anzuknüpfen. Wenn sie mit anderen zusammen war, fühlte sie sich im Allgemeinen sehr unwohl.

Erickson legte also einen sehr gut geeigneten Kontext für sie an, der ihm erlaubte, den gewünschten Wandel zu bewirken: Er schlug ihr vor, in eine öffentliche Bibliothek zu gehen, einen idealen Ort für diese Person, da sie keinesfalls mit den anderen sprechen durfte. Ihr Auftrag lautete, dort einfach nur ihre Zeit zu verbringen, wie sie es ihrer Aussage nach ohnehin tat, wenn sie allein zu Hause blieb. Sie folgte seinem Rat. In der Bibliothek angekommen, interessierte sie sich für Artikel zum Thema Speleologie, als plötzlich jemand neben ihr fragte, ob sie sich für Höhlenforschung interessiere. Erstaunt bejahte sie und wurde in der Folge Mitglied eines Klubs für Speleologie. Auf diese Weise unternahm sie den ersten entscheidenden Schritt in Richtung des Soziallebens, das sie bis dahin nie zu führen gewusst hatte.

Der Lernprozess durch Symptomverschreibung oder durch einen Fehlschlag ist elegant, kreativ und effektiv zugleich: Er erzeugt und stimuliert ganz hervorragend die Ressourcen von jedem von uns.

Im Grunde genommen gibt es jedoch keine paradoxe Lösung, die von allem losgelöst, absolut ist. Eine Lösung erscheint nur paradox in Abhängigkeit von den Prämissen, welche die Konstruktion der Wirklichkeit desjenigen steuern, auf den sie angewandt wird. Und eben deshalb kann der Betreffende, «gefangen» in seinem Problem, sie nicht erkennen. Seiner eigenen Konstruktion der Wirklichkeit, seinen Glaubenssätzen und den ihn beherrschenden Regeln zufolge können solche Lösungen «auf den ersten Blick» nur sinnlos oder gar «noch schlechter» erscheinen. Denn die Lösungen anhand des «gesunden Menschenverstandes», die er erfolglos immer aufs Neue versucht hat, bringen ihm die Unvermeidbarkeit seines Verhaltens noch ein wenig mehr zu Bewusstsein und machen es ihm noch weniger möglich, davon Abstand zu nehmen.

Es ist der Wunsch, *bewusst* glücklich zu sein, der die Menschen oft in die Depression führt, ebenso wie es uns wach hält, wenn wir unbedingt einschlafen wollen. Die Theoretiker der Schule von Palo Alto schließen daraus, dass es *der Wille ist, freiwillig Veränderungen zu vollziehen, die sich unserer Kontrolle, unserem Willen entziehen,* was ihnen jeglichen operationellen Charakter nimmt. Daher quält sich der Schlaflose wirklich, wenn er kraft seines Willens ein spontanes Phänomen wie den Schlaf erreichen will. Er schließt sich im Grunde in ein Paradoxon vom Typ «Seien Sie spontan» ein, das eben gerade all sein Bemühen zum Scheitern verurteilt. Logischer ist es daher, einem Schlaflosen das Symptom zu verschreiben, indem man ihn im Gegenteil auffordert, gegen das Einschlafen anzukämpfen statt die in manchen Zeitschriften so großzügig angebotenen Ratschläge zu befolgen, mit denen er nun schon schlechte Erfahrungen gemacht hat.

Wer hat sich nicht schon davon überzeugen können, dass die Ratschläge zum Ablegen eines Verhaltens nur selten Wirkung zeigen? Wer um Rat bittet, bringt oft unbewusst eine paradoxe Erwartung zum Ausdruck: Gewiss, man möchte, dass sich etwas ändert, aber ohne sich selbst zu wandeln. Der Betreffende wird Sie fragen, wie er es denn noch besser machen könne als er es schon tut, wird sich aber dennoch freuen, wenn Sie ihm versichern, dass er es schon gut macht. Sollten Sie je in die unbewusste Falle tappen, die er Ihnen stellt, und sein Vorgehen kritisieren, besteht Gefahr, dass er sich angegriffen fühlt. Im Übrigen hört er Ihnen schon nicht mehr wirklich zu, so wie er auch darum bemüht ist, Ihnen zu erklären, dass er nicht anders kann. Und im Grunde hat er Recht. Das Scheitern der Begegnung ist damit garantiert: Sie haben Ihre Zeit vergeudet. Was ihn betrifft, ist er noch immer in seinem Problem gefangen; mehr noch: Sie laufen obendrein Gefahr, Ihrer Beziehung zu schaden. Der Vorteil der paradoxen Lösung besteht darin, die Widerstände der Person elegant zu umgehen, die sich demnach wandelt, ohne sich dazu gezwungen zu fühlen. Ein verordneter und auferlegter Widerstand hört auf, ein Widerstand zu sein und wird zur Ressource, die den gewünschten Wandel hervorbringt. Das Symptom muss allerdings auf angemessene und dem Gesprächspartner perfekt angepasste Weise verschrieben werden. Die Theorie ist einfach, ihre Anwendung jedoch subtil. Sie erfordert Fingerspitzengefühl und vor allem großen Respekt vor der betreffenden Person.

Widerstände und Hemmnisse: nützliche Antriebe im Verborgenen

Widerstand → **Nutzung seiner nützlichen Funktion** → *Ressource*
Widerstand → **Verschreiben des Widerstands** → *Ziel erreicht*

Jede Umsetzung von Wandel kann Widerstände hervorrufen. Sie sind eine natürliche Erscheinung in einem Veränderungsprozess, können aber auch aus einem Interventionsfehler resultieren. Im ersten Fall ginge es darum, die nützliche Funktion dieser Widerstände auszunutzen, in letzterem, den begangenen Irrtum zu korrigieren.

Wie wir gesehen haben, versteht Erickson Widerstände als potenzielle Verbündete des Wandels. Ihm zufolge umfassen sie alle verborgenen und zu entdeckenden Ressourcen und müssen daher wie ein Vermögen verwaltet werden, da auch sie Teil des kostbaren Besitzes eines menschlichen Systems sind. Demnach werden Widerstände gespart, investiert, genutzt, entwickelt, reorientiert, verschoben und entstehen bei Bedarf bewusst, falls dies von Nutzen sein sollte. Beim Formulieren einer Verschreibung für einen meiner Klienten mit flüchtigem Temperament, der sich wenig einbrachte, aber dennoch die Herausforderung liebte, sagte ich beispielsweise Folgendes:

– *Ich kenne Sie jetzt hinreichend und wette, dass Sie sich das, was ich Ihnen vorschlagen werde, nicht trauen! Davon bin ich überzeugt.*

Diese Intervention muss natürlich aus einer achtungsvollen Beziehung zum anderen heraus ins Werk gesetzt werden: Sie unterliegt einer paradoxen Pädagogik der Herausforderung.

Der langen Liste von Verschwendungen aller Art fügen wir nun den Kampf gegen die Verschwendung menschlicher Ressourcen hinzu, unter denen an herausragender Stelle die Verwaltung und Nutzung von Widerständen stehen.

Wie soll man aber nun diese Widerstände aufdecken, die sich nicht immer explizit manifestieren? Im Grunde kommen sie stets auf die eine oder andere Weise – verbal oder nonverbal – zum Ausdruck: Das Formulieren einer Regel, ein Urteil, eine Annahme, eine Interpretation, eine heraufbeschworene vergangene Erfahrung, ein Einwand, ein kleines «Ja, aber …», ein plötzlicher Wechsel der Atmung, eine leichte Nachahmung, eine Schwankung in der Stimme, eine Veränderung des Sprechrhythmus können das Auftreten von Widerständen anzeigen. Wichtig ist, sie zu berücksichtigen, um sie leichter zu bändigen: Indem ihre ursprünglichen Gründe anerkannt und ihre nützlichen Funktionen genutzt werden, erleichtern wir den gewünschten Wandel.

In unserer westlichen Sichtweise neigen wir dazu, Einwände und Widerspruch als bremsend und hinderlich zu betrachten, und sie zu bekämpfen.

Diese hochgradig isolierte und einschränkende Betrachtungsweise von Widerständen trägt weitgehend dazu bei, Wandlungsprozesse zu blockieren.

Lassen Sie uns Widerstände nicht mehr beseitigen, sondern nutzen, um die verborgenen Kräfte, welche sie repräsentieren, zu mobilisieren.

Siebter Teil
Die Anwendung im Umgang mit Konflikten

22 Die Lösung menschlicher Konflikte

Der Konflikt als Ruf nach einem neuen Gleichgewicht

Konflikte sind die Grundlage der Evolution lebender Systeme. Es ist unsere Herangehensweise, die sie bedrohlich oder fruchtbar, zur Quelle von Blockaden und Zerstörung oder von Entwicklung macht. Menschliche Beziehungen werden von einer vitalen Dynamik von Konflikt und Harmonie, Ordnung und Unordnung regiert. Konflikte sind vor allem Appelle, ein neues Gleichgewicht zu schaffen, das wiederum den Keim zu anderen, zukünftigen Gleichgewichten und Konflikten in sich trägt usw. In der im Wesentlichen evolutionären Welt der Menschen kann es demnach keine absoluten Regeln geben, welche die menschlichen Beziehungen ein für alle Mal regeln: Fehlbar und in steter Bewegung befindlich, erfordern diese abhängig vom Auftauchen neuer Gegebenheiten ständig das Erstellen neuer Regeln. Ordnung ohne Unordnung vernichtet die Essenz des Lebens selbst ebenso wie Unordnung ohne Ordnung.

Weil die Lösung von Konflikten Reflexion, Konfrontation, Entscheidungen und Bewältigung erfordert, sind wir gehalten, uns auf eine höhere logische Ebene zu begeben, wo die für eine Entwicklung nützliche Funktion von Konflikten freigesetzt werden kann. Es handelt sich dabei um einen Wandel, der das System selbst modifiziert und von Gregory Bateson als Wandel 2. Ordnung[56] bezeichnet wird.

Eine Reihe menschlicher Konflikte erinnert an eine Autoimmunkrankheit, bei der sich Zellen ein und desselben Organismus, die sich nicht mehr als Verbündete erkennen, gegenseitig bekämpfen und schließlich zerstören. Konflikte können auch Ausdruck eines schlecht genutzten Energiepotenzials sein. Um aus einem Konflikt herauszukommen, muss diese Energie in einer Weise reorganisiert werden, dass sie im Dienste eines Wandels reinvestiert und kanalisiert wird, der alle daran Beteiligten zufrieden stellt.

---

56 siehe Kapitel 1, Abschnitt *Die beiden Formen des Wandels*

Zum einen entstehen Konflikte oft aus den Kräfteverhältnissen heraus, hängen aber oft auch mit Unzufriedenheit, Frustration, Entwertung oder Langeweile zusammen. Angesichts einer unbefriedigenden Arbeit oder schablonenhafter, unbefriedigender Beziehungen kann der Rückgriff auf Konflikte eine gewisse «Lebendigkeit» mit sich bringen. Zunächst empfindet man vielleicht noch eine gewisse Erleichterung, ein Vergnügen beim Streiten, und sei es nur im Hinblick auf den eigenen Sieg, der die Gegenseite zum Scheitern bringt. Diese Art von Sieg ist jedoch nur vorübergehender Natur, da sie beim Verlierer die Idee der Revanche erzeugt. Deshalb geht es letztlich darum, sich klar zu machen, ob man etwas verändern oder den anderen nur bestrafen möchte, indem man ihn zum Verlierer macht. Oft verwechseln wir «Konflikt» mit «Kampf» und betrachten einen Konflikt als Nullsummenspiel, bei dem einer verliert, wenn der andere gewinnt. Aus eben diesem Grund nehmen manche Konflikte niemals ein Ende.

Unsere dualistische Weltsicht konditioniert uns zu glauben, ein Konflikt könne unmöglich zu einem positiven Ergebnis führen, bei dem es *zwei Gewinner* gibt. Daraus erklären sich die wohl bekannten Arten des Umgangs mit Konflikten, wie Bluff, Drohung, Erpressung, Aggression oder Desinformation zwischen den Parteien, die nichts anderes sind als eine abgeschwächte Form von Kriegsstrategien. Natürlich haben sie die Siege von gestern ermöglicht, aber auch die Probleme von heute erzeugt.

Konflikte als Resultat menschlicher Rigidität

Jedes menschliche System verfolgt und kontrolliert seine Entwicklung umso besser, je flexibler es ist. Zwar resultieren die meisten Konflikte aus der Rigidität des Menschen, werden aber auch dank seiner Flexibilität und der Fähigkeit, zurückzutreten und die Wirklichkeit zu rekonstruieren, gelöst[57].

Individuen in einem Konflikt verhalten sich wie echte Roboter, wie «einfache Maschinen»: Ihre Verhaltensweisen werden derart vorhersehbar und ihre Optionen sind dermaßen eingeschränkt, dass es möglich wird, ihre Worte vorwegzunehmen, um ihnen auf provozierende Weise aufzuzeigen, wie «sie funktioniert haben müssen». Diese pfiffige Pädagogik verwende ich oft, um nachzuweisen, dass Konflikte durch unsere repetitiven Verhaltensweisen aufrechterhalten werden, die uns in einem Teufelskreis gefangen halten.

Eine Reihe von Konflikten überdauert deshalb, weil wir uns nicht mehr dessen bedienen, was unsere menschliche Dimension charakterisiert, nämlich der Autonomie, in der unsere Kreativität liegt. Sobald wir von einem

---

57 siehe Teil 2

Konflikt absorbiert werden, schränken wir tendenziell unseren Freiraum ein und begrenzen unsere Reaktionsmöglichkeiten auf die archaischsten Konditionierungen, nämlich Angriff oder Verteidigung. Wenn das Individuum von seiner Rigidität «agiert *wird*», so «agiert» es dank seiner Flexibilität, die es ihm als Einzige ermöglicht, neue Strategien zu erfinden. Dort liegen unsere Verantwortung und unser autonomer Handlungsraum ....

So macht man einen Konflikt dauerhaft!

Sind Konflikte mit der Rigidität des Menschen verknüpft, so resultiert ihre Dauerhaftigkeit aus der linearen Art, in der sie wahrgenommen werden. Sie besagt, dass ein Konflikt nur *einen Schuldigen* und nur *eine Ursache* hat.

Nehmen wir den Fall von Odile, Hausfrau und Mutter, die sich darüber ärgert, dass sie in der Erziehung ihrer Kinder – einer 12-jährigen Tochter und eines 14-jährigen Sohnes – nicht auf ihren Mann zählen kann:

– *Alles fällt auf mich zurück: Ich allein kümmere mich um die Probleme der Kinder. Mein Mann erfüllt seine Rolle als Vater nicht; all unsere Konflikte hängen damit zusammen.*

Als ich sie frage, wie sie dieses Problem zu lösen versucht hat, antwortet sie:

– *Ich habe keine Wahl, also übernehme ich die Erziehung unserer beiden Kinder.*

Ihre Lösung, die Verantwortungslosigkeit des Vaters auf diesem Gebiet zu korrigieren, indem sie alles selbst übernimmt, birgt jedoch die Gefahr, das Problem auszuweiten. Sie kann nämlich ihre Vorwürfe nur noch steigern, die Einbindung des Vaters weiter entkoppeln und damit ihren Konflikt und ihr eigenes Problem weiter nähren.

Betrachten wir nun also auch den Standpunkt des Vaters, Arthur, der mir erklärt:

– *Meine Frau wirft mir vor, ich würde mich nicht um die Kinder kümmern, und das stimmt nicht. Das Problem ist, dass sie mir nicht vertraut: Wenn ich mich darum kümmere, kann sie sich nicht zurückhalten, meine Methode zu kritisieren und zu diskreditieren, und das vor den Kindern. Es ist unerträglich. Deshalb habe ich beschlossen, sie machen zu lassen und die seltenen Gelegenheiten ihrer Abwesenheit zu nutzen, um bei meinen Kindern die innere Verbundenheit wiederzufinden, an der mir so viel liegt.*

Aber auch diese Lösung nährt den Konflikt nur weiter, weil die Ehefrau diese Haltung ihres Mannes natürlich nicht akzeptiert, was diesen in seiner Meinung noch weiter bestärkt. Wenn sie nicht mehr auf ihn zählen kann, sind ihre Kinder der väterlichen Autorität beraubt, also muss sie die Autorität allein übernehmen! Dies ist ein klassisches Beispiel für einen Teufelskreis, in welchem zwei Menschen guten Glaubens und guten Willens sich gegenseitig verschlingen, indem sie nach der linearen Logik des «Wegen ihm (oder ihr) handele ich so» agieren. Auf linearer Logik beruhende Lösungen halten Konflikte am Leben.

Zuallererst müssen Odile und ihr Mann dahin gebracht werden, über das Ziel ihrer Ehe nachzudenken, und zwar sowohl als Eltern wie auch als Mann und Frau, und man muss ihnen folgende Fragen stellen:

– *Was erwarten Ihre Kinder von Ihnen?*
– *Was erwarten Sie selbst von Ihrer Rolle als Vater bzw. Mutter?*

Erst nach dem Herausarbeiten ihrer gemeinsamen Erwartungen und des gemeinsamen Ziels ist es möglich, mit den beiden neue Regeln für ihr Funktionieren als Eltern ins Auge zu fassen, die beiderseits zu befriedigenderem Verhalten führen. Natürlich werde ich sie tunlichst nicht bitten, mir ihre Konflikte zu erklären, um eine ultimative Entladung gegenseitiger Anklagen zu vermeiden. Eher werde ich die negativen Folgen ihres jeweiligen Verhaltens – für sie selbst wie für ihre Kinder – aufzeigen und vor allem die Vorteile und die Befriedigung schildern, deren sie sich dadurch berauben.

Ziel dieses Ansatzes ist, den Konflikt auf eine höhere Ebene zu heben, nämlich die der Ziele und Erwartungen. Und dazu ist weder die Anwesenheit noch die Konfrontation beider Protagonisten zwingend erforderlich. Die Sichtweise einer der beiden umzudeuten kann genügen, damit er sich dem anderen gegenüber anders verhält. So hätte ich Odile beispielsweise indirekt vorschlagen können, dass es vielfältige Weisen gibt, sich um Kinder zu kümmern, und dass eine jede ihre Vor- und Nachteile hat. Oder ich hätte ihr sagen können, dass sich ein Mensch tendenziell von einer Aufgabe löst, wenn man ihm sagt, er sei ihr nicht gewachsen. Auf diese Weise vermeidet sie Kritik, aber es gibt zwei Gefahren, nämlich dass sie ihren Verantwortlichkeiten nicht mehr nachgeht und man dann an ihrer Stelle alles übernehmen muss. Und wenn Odile meine Anmerkungen akzeptiert, würde ich ihr raten, die nachgeordnete Position einzunehmen, wie in Kapitel 10 beschrieben, vor allem, wenn sie die Kinder ihrem Mann anvertraut. Zum Beispiel könnte sie ihm sagen:

– *Ich frage mich, ob deine Methoden nicht wirksamer sind als meine, um die beiden dazu zu bringen, dass sie gehorchen. Ihre Zimmer sind gerade so furchtbar unordentlich, könntest du es schaffen, dass sie sie aufräumen?*

Und wenn Arthur, der Vater, mich konsultiert, könnte ich ihm vorschlagen:

– *Manche Mütter machen sich so viele Gedanken um die Erziehung ihrer Kinder, dass sie ihren Mann jedes Mal kritisieren, wenn er sich darum kümmert.*

Diese Väter neigen dann dazu, sich weniger um ihre Kinder zu kümmern. Leider werden die Kinder dadurch ihres Vaters beraubt, ohne zu berücksichtigen, dass dies die Besorgnis der Mutter noch erhöht. Diese wird also sehr aggressiv gegenüber ihrem Mann, weil sie seinen Rückzug als Verantwortungslosigkeit oder Gleichgültigkeit interpretiert.

Hätte Arthur diesen Punkt als zutreffend erkannt, so hätte ich ihm eine neue Vorgehensweise vorgeschlagen, nämlich: sich in gelöster Stimmung mit seiner Frau über die Kinder zu unterhalten und ihre gemeinsame Sorge um eine gute Erziehung wertzuschätzen. Auch solle er ihr sagen, er habe verstanden, dass ihre Haltung ihm gegenüber ein Zeichen ihrer Besorgnis in diesem Punkt sei. Um sie zu beruhigen, könnten sie schließlich eine neue Art der gemeinsamen Erziehung ihrer Kinder ins Auge fassen. Er könnte ihr auch sagen, er bräuchte ihr Vertrauen und ihre Mitwirkung, um seine Rolle als Vater spielen zu können, auch wenn seine Methoden etwas anders wären als ihre.

Eine ganze Reihe konfliktreicher Beziehungen lässt sich darauf zurückführen, dass die Protagonisten unfähig sind, ihr jeweiliges Verhalten *auf nützliche Weise* zu interpretieren. All unsere Beziehungen bringen uns – zum Guten oder Schlechten – in eine Schleife, eine Spirale. Das Verhalten von Arthur und Odile war in Bezug auf ihre jeweiligen Sichtweisen kohärent[58], unterhielt aber eben auch ihren Konflikt. Einen der beiden dahin zu bringen, das Verhalten des anderen auf andere Weise zu sehen, also ein Wandel 2. Ordnung[59], kann bei dem Betreffenden andere Reaktionen hervorrufen, um den Konflikt zu lösen.

> Die beste Art, einen Konflikt zu perpetuieren, besteht darin, sich zu fragen oder herausfinden zu wollen, «wer angefangen hat» oder «wer der Schuldige ist».

Konflikte in Verbindung mit Übergriffen

Nehmen wir zum Beispiel den Konflikt einer Mutter, Betty (65 J.) und ihrer Tochter Marine (35 J.), die zusammen ein Unternehmen leiten. Obwohl sie sich lieben und sich zusammengehörig fühlen, klagen beide darüber, immer öfter in Konflikt zu geraten. Ich habe sie zusammen empfangen, nachdem ich schon einzeln mit ihnen an anderen Themen gearbeitet hatte. Nachdem

---

58 siehe Kapitel 4 und 6
59 siehe Kapitel 1, Abschnitt *Die beiden Formen des Wandels*

sie mir einige typische Konfliktsituationen geschildert hatten, einigten sie sich darauf, dass jede dazu neigte, in den Bereich der anderen einzudringen. Betty hält sich nicht zurück mit Anmerkungen und Kommentaren über die Ehe ihrer Tochter und ihre Rolle als Mutter. Marine ihrerseits kann es nicht lassen, ihre Mutter mit Ratschlägen und abfälligen Bemerkungen zu überschütten. Betty wirft ihrer Tochter vor, oft respektlos zu sein; Marine klagt, ihre Mutter benehme sich wie eine Fünfzehnjährige.

Als ich sie bat, sowohl persönlich wie beruflich ihre jeweiligen Bereiche abzustecken, kamen beide überein, dass diese sehr verschwommen seien. Also haben wir uns zu Dritt daran begeben, schriftlich zu klären, welches ihre jeweils ganz eigene Bereiche sind. Anschließend habe ich sie gefragt, was sie verändern möchten, um ihre Beziehung befriedigender zu gestalten. Gemeinsam hatten sie den Wunsch geäußert, einander nahe zu bleiben und untereinander wieder eine Beziehung beruflicher Einigkeit herzustellen, was die Verwaltung des Unternehmens betrifft, aber auch von Augenblicken gemeinsamer Erholung zu profitieren, wie es zwei gute Freundinnen täten. Im Laufe dieser Sitzung habe ich reichlich ihren Sinn für Humor[60] und ihre Kreativität ausgenutzt, um Maßnahmen zu betrachten, die zu ergreifen wären, wenn eine von beiden wieder in die Übergriffigkeitsfalle geriete. Ich habe sie gebeten, gemeinsam ein «Schlüsselwort» zu suchen, das jede Invasion der einen wie der anderen sofort stoppen würde. Sobald also eine der beiden Frauen in das Territorium der anderen eindränge, würde die andere, die «besetzte», «sanft» das Alarmsignal[61] aussprechen, das sie ausgemacht hätten, zum Beispiel das Wort «Radieschen». Sollte die «Besetzte» vergessen, das Signal zu geben, müsste die «Invasorin» ihren Fehler sofort korrigieren, indem sie es selbst ausspricht. Diese paradoxe Verschreibung[62] hatte zum Ziel, den beiden beizubringen, sowohl ihr Übergriffigkeitssystem als auch das Alarmsignal zu kontrollieren. Diese Methode zur Abschwächung schädlichen Verhaltens erleichtert erstaunlicherweise auch, dieses Verhalten aufzugeben.

Auf Interdependenz setzen

Bisher haben Führungskräfte und Verantwortliche eher gelernt, Kooperation zu befehlen statt sie zu organisieren und zu koordinieren. Sie verstehen es besser, Abhängigkeit und Unterwerfung zu verwalten als zu kreativem Ausdruck zu animieren oder die Bereicherung durch Unterschiede zu fördern.

---

60   siehe Kapitel 17, Abschnitt *Wohlmeinende Ironie, sanfter Humor und Provokation*
61   siehe Kapitel 16 zur Verankerung von Ressourcen
62   siehe Kapitel 17, Abschnitt *Freundliche Sabotage, Symptomübernahme*

Auch viele Lehrer haben große Probleme mit ihren Schülern, weil sie sie eher «unterrichten» als sie «zu lehren, wie man lernt». Auf anderem Gebiet wurden Therapeuten mehr dazu ausgebildet, eine Hilfsbeziehung statt einer Beziehung der Kooperation oder des Verhandelns zu ihren Klienten aufzubauen. Um das gewünschte Ziel zu erreichen, richten sie daher ihre Aufmerksamkeit mehr auf die Probleme der Patienten als auf das Mobilisieren ihrer Ressourcen, das Anregen ihres Verlangens und ihre Kooperation. Im Unternehmen, in Therapie, Familie und Schule sowie – in größerem Maßstab – auf nationaler und internationaler Ebene sind menschliche Beziehungen auf der Basis gegenseitiger Abhängigkeit und Kooperation produktiver und befriedigender als Beziehungen auf der Grundlage der Unterordnung im Sinne von Dominanz und Unterwerfung.

Es sind weniger die Strukturen, die modernisiert und aktualisiert werden müssen, als vielmehr die Interaktionsweisen, aus denen sie bestehen und von denen sie unterhalten werden. Auch wenn sich viele Organisationen mehr und mehr transversale Organisationsstrukturen geben, bleiben die alten Verhaltensweisen auf der Grundlage einer traditionellen Betrachtungsweise von hierarchischer Organisation erhalten, selbst wenn jeder erkennt, dass sie kontraproduktiv sind. Außerdem wurden diese Koordinationsstrukturen oder Schnittstellen oft genug als zusätzlich zu überwindende Stunden betrachtet und daher auch genutzt.

Die Betonung auf Unterschiede von Status, Funktion, sozialer Position, Studienabschluss und Berufsausbildung zu legen, erhält die intellektuelle und technische Abschottung aufrecht und schafft Hierarchien. Die Unterscheidungen erhalten die Beziehungen von Unterordnung aufrecht, die letztlich eher Ablehnung als Respekt wecken. Diese Beziehungen der Unterordnung sind der Kooperation und Interdependenz nicht wirklich förderlich, obwohl jeder weiß, dass ein gutes Funktionieren moderner Unternehmen auch die Solidarität und Verantwortlichkeit des Einzelnen beinhaltet …. Dieses Hervorheben von Unterschieden führt eher zu allgemeinem Misstrauen und zur Verschwendung menschlicher Ressourcen bzw. zu einer abgeschwächten Form von Gewalt in den Arbeitsbeziehungen. Die auf komplementären Dyaden aufgebauten, stark hierarchischen Beziehungen, wie Chef/Untergebener, Planender/Ausführender, Führer/Geführter, Lehrer/Schüler und Therapeut/Klient, erzeugen passiven Gehorsam sowie mehr oder weniger manifeste Widerstände, und vor allem beschneiden sie die Kreativität und den Reichtum des Einzelnen. Bei dieser Art von Beziehung geht es weniger um Kooperation zur Teilhabe am Erreichen eines Ziels als um den Positionierungskampf des Einzelnen.

Die Beziehungen im Rahmen einer Zusammenarbeit beinhalten auch, sich an der Vielfalt des anderen zu bereichern, seine Unterschiede auszunutzen, um daraus Mehrwert zu schaffen. Dies bedeutet nicht, das Hervortreten dieser in jeder menschlichen Beziehung verborgenen gemeinsamen Kreativität zu vereinheitlichen, sondern es zu erleichtern. Was die Mitarbeiter eines Unternehmens charakterisieren und unterscheiden sollte, sind die Ziele, die jeder zu erreichen hat, um zum Unternehmensziel beizutragen. In diesem Geist läuft das Management von Menschen nicht mehr darauf hinaus, die Identität des Einzelnen zu schmälern, sondern paradoxerweise, sie zu entwickeln.

Indem wir unsere «Autonomie» mit unserer «unvermeidlichen Abhängigkeit» in Einklang bringen, gelingt es uns, die wechselseitige Abhängigkeit, welche uns mit anderen verbindet, besser zu nutzen. Wir sind Teil verschiedener Systeme – Ehepaar, Familie, Unternehmen – die uns ebenso autonom wie abhängig machen. Je mehr wir uns unserer Ressourcen und damit unserer Fähigkeit zur Autonomie bewusst sind, desto besser entwickeln wir, was wir sind, und zwar eben gerade dadurch, dass wir unsere Ressourcen mit denen unserer Mitmenschen vernetzen. Eben weil wir von anderen abhängen, können wir paradoxerweise unsere Autonomie und unseren Einfluss erhöhen. Im Knüpfen wechselseitiger Bindungen nehmen wir also eher eine aktive Rolle ein als diese Bindungen einfach nur zu dulden.

Jeder gleicht seinen Mitmenschen, unterscheidet sich aber auch von ihnen, und wenn uns historische Merkmale von anderen trennen, so gibt es andere Kennzeichen, die uns ihnen wieder nahe bringen. Interdependenz impliziert die Anerkennung des anderen: Dabei geht es weder darum, ihn zu beurteilen, noch darum, sich von ihm zu unterscheiden, sondern den Wert seiner Unterschiede zu nutzen. Es geht daher nicht darum, unsere Identität zu Gunsten der des anderen aufzugeben, sondern sie im Gegenteil dank seiner zu entwickeln.

> Interdependenz ist Teil unserer Entwicklung. Abhängigkeitsbeziehungen engen uns ein und können uns durch die Konflikte, die unter Umständen daraus resultieren, zerstören.

Konflikt und Mediation: die Notwendigkeit eines Dritten

Zu Situationen von Blockaden und Gewalt kommt es, wenn Individuen nicht mehr in der Lage sind, diese Situationen erneut zu betrachten, um die Regeln zu verändern, nach denen sie funktionieren. In manchen Konflikten sind die Akteure derart in ihren repetitiven Schemata gefangen, dass unbedingt auf einen Mediator zurückgegriffen werden muss.

Schiedsrichter in einem Konflikt zu sein, besteht darin, einen ausweglosen Zweikampf in eine zu Dritt vorgenommene Exploration von Lösungen zu

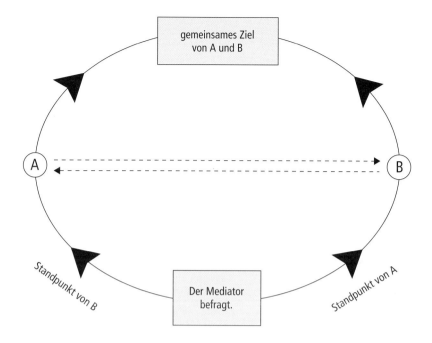

transformieren, die dann umgesetzt werden. Der Mediator hat nicht zwingend seinen Standpunkt beizusteuern. Weit entfernt, zu opponieren oder dem einen oder dem anderen Recht zu geben, wird er vielmehr *jeden bitten, abwechselnd nicht seine eigenen Positionen, sondern die seines Partners*[63] *zu formulieren*. Er muss zuhören, ohne während der Darlegungen das Wort zu ergreifen. Mit dieser Art des Schlichtens soll bewirkt werden, dass die Protagonisten vom dialektischen Modus des Austauschs zum hermeneutischen Modus übergehen, bei dem sie nachdenken sollen, um sich zu verstehen. Während der jeweiligen Darlegungen greift der Mediator nur ein, um zu reformulieren bzw. zu klären, was gesagt wird. Er wird bei dem, der zuhört, sorgfältig auf die kleinsten nonverbalen Übereinstimmungen bzw. Misshelligkeiten achten und darf nicht verbal eingreifen. Anschließend wird er zum Abschnitt der Klärung des beiden Kontrahenten gemeinsamen Ziels übergehen. Dieses dient dann als Anker, um die Interventionen des Mediators auszurichten und ihm zu ermöglichen, den Austausch zwischen den beiden Protagonisten zu steuern und ihnen die Suche nach angemessenen Lösungen zu erleichtern.

---

63 siehe Kapitel 17, Abschnitt *Zirkuläres Fragen*

Innere Konflikte: mit sich selbst verhandeln

Unsere inneren Konflikte resultieren meist aus Opposition, einem Widerspruch oder einer Abweichung zwischen dem, was wir tun möchten und dem, was wir tun bzw. zwischen dem was wir spüren und dem, für das wir uns entscheiden. Der Umgang mit diesen als intrapsychisch bezeichneten Konflikten beruht auf der Hypothese, der zufolge das Individuum ein System darstellt, welches wiederum aus Subsystemen – «Parteien» oder «Persönlichkeiten» genannt – besteht. Auch hier ließe sich sagen, dass nicht die Person gestört ist, sondern die Interaktionen zwischen den Parteien, aus denen sie besteht und die sie blockieren und leiden lassen.

Die streitenden Parteien werden demnach als vollwertige Persönlichkeiten betrachtet: Jede hat ihre Glaubenssätze, ihre Verhaltensweisen und möchte anerkannt werden und ihre Rolle voll ausspielen. So wohnt in uns eine bestimmte Anzahl Persönlichkeiten, die uns mehr oder weniger bewusst sind, zusammen und trägt zur Formung unserer Gesamtpersönlichkeit bei. Sich wohl zu fühlen und mit sich in Einklang zu stehen heißt, dass sich diese Persönlichkeiten abstimmen und ihre Ressourcen vereinen, um zu zusammenzuarbeiten – etwa wie ein effektives, geeintes und solidarisches Team. Unser Unwohlsein und unsere Blockaden zeigen hingegen, dass sich diese Persönlichkeiten, aus denen wir bestehen, gegenseitig bekämpfen und einander am Handeln hindern.

Die empfohlene Methode[64] besteht darin, den Dialog zwischen den streitenden Parteien wieder herzustellen, damit sie die Nützlichkeit ihrer jeweiligen Funktionen erkennen und einander als Verbündete betrachten, die auf ein und dasselbe Ziel hinarbeiten können. Um diese besondere Art von Verhandlung in Gang zu bringen, versetzen wir die im Konflikt mit sich selbst stehende Person in eine dissoziierte Position oder Metaposition, damit sie selbst ihre Talente als Schiedsrichter unter optimalen Bedingungen der Neutralität ausüben kann. In gewisser Weise wird sie so zum «Mediator ihrer im Konflikt miteinander stehenden Parteien».

Nehmen wir zum Beispiel Fabian, einen Studenten der Biologie. Er muss im September sein Examen wiederholen und ist hin und her gerissen zwischen seiner Arbeit und dem Strand. Sobald er sich seinen Freunden am Strand anschließt, profitiert er nicht wirklich von seinen Momenten der Entspannung, weil ihn quält, dass er besser daran täte, sich auf sein Examen

---

64 siehe Kapitel 17, Abschnitt *Die Dissoziation oder Metaposition* sowie im Werk von Josiane de Saint Paul und Alain Cayrol, *Derrière la magie – La Programmation Neuro-Linguistique*, Dunod, Paris, 2002, das Modell der Parteien und der Umdeutung in sechs Punkten

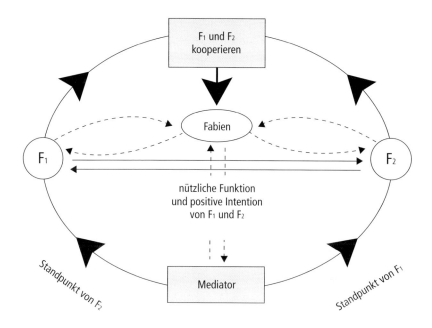

vorzubereiten. Und wenn er am Schreibtisch sitzt, ist er kaum produktiv, weil er dann an das Vergnügen denkt, das er verpasst.

Nennen wir die Partei, die es gerne sähe, wenn er in Ruhe arbeiten könnte, F1 und F2 die Partei, die ihren Anteil am Vergnügen fordert. Die beiden Parteien F1 und F2 schließen sich gegenseitig kurz und hindern sich daran, ihre nützlichen Funktionen zu erfüllen.

Zunächst einmal muss man Fabian dazu bringen, einen anderen Dialog zwischen den widerstreitenden Parteien zu etablieren, damit sie lernen, sich gegenseitig anzuerkennen und zu respektieren. Jede Partei wird abhängig von den Kontexten, in denen sie sich sinnvollerweise manifestiert, ihre Vorrechte definieren müssen. Mittels der Technik des Umdeutens[65] wird man jede der beiden Parteien bitten, ihre nützliche Funktion darzulegen. Dabei wird von dem Postulat ausgegangen, dass jede Partei ihre nützliche Funktion wahrnehmen kann, ohne dabei die andere Partei zu schädigen. Die nützliche Funktion der Partei F2, welche die Partei F1 am Arbeiten hindert, besteht darin, auf das Bedürfnis von Fabian nach Entspannung zu reagieren; sie ist indirekt notwendig für die Produktivität seiner Arbeit. Die nützliche Funktion der Partei F1, die seine Momente der Muße systematisch zerstört, besteht darin, für den Examenserfolg zu sorgen. Beide werden daher einen

---

65 siehe Kapitel 6, Abschnitt *Umdeutung des Verhaltens*

Rahmen und eine Zeit aushandeln müssen, um ihre jeweilige nützliche Funktion in vollem Umfang ausüben und die Erwartungen Fabians insgesamt erfüllen zu können: gänzlich von seinem Aufenthalt am Strand zu profitieren, wenn er dort ist, und wenn er bei der Arbeit ist, vollkommen darauf konzentriert zu sein.

Die Frage Fabians an die Partei F1 könnte lauten:

– *Hältst du die Funktion der Partei F2 für hinreichend wichtig, um zu akzeptieren, dass sie sie erfüllt, ohne dass du sie störst?*

Ebenso würde er mit Partei F2 verfahren. Damit hilft er jeder der beiden Parteien, ihre Nützlichkeit zu validieren und dafür zu sorgen, dass sie den Beitrag der anderen nicht hintertreibt.

Sodann würde man beiden Parteien eine gewisse Zeit verschreiben, innerhalb der sie ihr neues kooperatives Funktionsschema ausprobieren können: ein paar Tage, nach deren Ablauf die Resultate gemessen und verankert[66] werden. Bevor man jedoch zu diesem Abschnitt übergeht, muss verifiziert werden, ob bei diesen Verhandlungen zwischen den Parteien F1 und F2 nicht noch andere Parteien betroffen sind und sich beteiligen möchten. Das Schema dieser Methode der Aussöhnung lässt sich leicht auf die Lösung von Konflikten zwischen den Abteilungen eines Unternehmens, den Stationen einer Klinik oder auch zwischen Personen übertragen, die sich bei der Arbeit stören.

---

66 Im Allgemeinen verbinde ich das Modell der Parteien mit den Techniken des Verankerns.

23 Elegantes und leistungsstarkes Verhandeln

Prinzipien eines eleganten und vorteilhaften Verhandelns

Das Verhandeln steht im Mittelpunkt der zwischenmenschlichen Kommunikation. Es gibt nur wenige Situationen, die sich überhaupt nicht für einen Verhandlungsansatz eignen. Als Grundlage des Managements kann Verhandeln ebenso systematisch auch in der Familie, in der Therapie, in der Pädagogik und schließlich in fast jedem Alltagskontext eingesetzt werden. Die zur Verhandlung stehenden Beziehungen fördern die Übernahme von Verantwortung und die Kooperation. Sie ermöglichen es, über die auf Abhängigkeit gegründeten Machtverhältnisse, deren verheerende Auswirkungen wir gesehen haben, hinauszugehen. Sie führen zu Beziehungen wechselseitiger Abhängigkeit und Partnerschaft. Ziele zu verhandeln statt sie vorzuschreiben erlaubt es, die Ressourcen und Widerstände eines jeden besser auszurichten und erheblich schneller an die Ressourcen heranzukommen.

Zwar klingt uns der Begriff «Verhandlung» vertraut, das damit verbundene Handeln erfolgt jedoch noch nicht spontan. Bei Divergenzen und unterschiedlichen Standpunkten neigen wir dazu, entweder durch Konfrontation, also Angriff, Widerstand oder Manipulationsversuche, oder durch Passivität, d. h. inneres Abstandnehmen, zu reagieren, statt uns mit dem anderen zu vertragen und unsere Standpunkte einander gegenüberzustellen. Der Verhandlungsansatz lässt sich jedoch nicht verordnen, er lässt sich erlernen und setzt Training voraus. Er zeigt sich vor allem an einer neuen Sichtweise der Machtverhältnisse und erfordert eine tief greifende Erneuerung unserer Interaktionsweisen bei Meinungsverschiedenheiten und in Konflikten. Die Strategie des «Divide et impera!» hatte ihre Zeit, wird jedoch zur Illusion und muss dem «Kooperieren, sich vereinen, um gemeinsam zu herrschen» weichen.

Verhandeln ist ein besonders Machtspiel, bei dem die traditionelle Logik der Nullsummenspiele – «Ich kann nur gewinnen, wenn du verlierst», «Ich werde verlieren, weil du der Stärkere bist» oder «Wenn ich verliere, werde ich

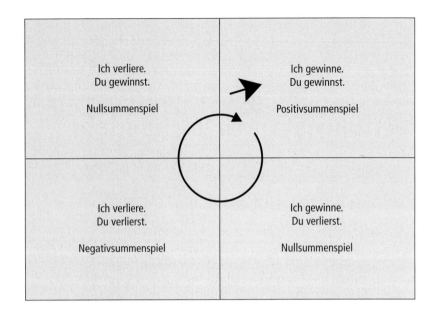

auch dich verlieren lassen» – zu Gunsten eines Nicht-Nullsummenspiels – «Ich gewinne, du gewinnst» – verlassen werden muss.

«Ich gewinne, wenn du gewinnst» ist die Grundlage von Kooperation und Verhandeln.

Eine Verhandlung ist gelungen, wenn beide Parteien mit einem Minimum an Zufriedenheit als Gewinner daraus hervorgehen. Die Verhandlung hat auch nichts mit dem Kompromiss zu tun, der beide Seiten im Allgemeinen nur halb zufrieden stellt. Die Kunst des Verhandelns beruht auf unserer Fähigkeit, «den hinter dem Gegner verborgenen Verbündeten» hervortreten zu lassen, sowie auf unserer Kreativität, ausgehend von Uneinigkeit zu einer Übereinkunft zu kommen.

Eine Haltung des Öffnens und Erkundens

Die Vorgehensweise des Verhandelns bei der Suche nach Auswegen aus einer Konfliktsituation besteht darin, das Feld der Möglichkeiten zu erschließen, indem man dem anderen auf dessen eigenes Terrain folgt und ihm dabei gleichzeitig Brücken baut, die den Zugang zu Punkten der Begegnung erleichtern. Beim Verhandeln wird schrittweise vorgegangen, und zwar anhand kleinster Einigungen, die zusammengenommen einen gemeinsamen Weg ergeben. Bei der geringsten Misshelligkeit ist es vernünftig, auf die vorherige Einigung oder auf die gemeinsame Wertvorstellung oder Erwartung zurückzukommen, um diese Misshelligkeit dann unter angenehmeren und günstigeren Bedingungen anzugehen. Ein oft begangener Fehler besteht darin, gleich zu Beginn einer Verhandlung nicht verhandelbare Punkte anzukündigen. Dies gibt der Gegenseite zu verstehen: «Diese Punkte gehören nicht zur Verhandlungsmasse, und wenn Sie darauf zu sprechen kommen, werden Sie mich kennen lernen.» Von vornherein Grenzen und Blockaden hervorzuheben, kann als Drohung oder Erpressung interpretiert werden und jeden Wunsch nach der Suche einer Übereinkunft zunichte machen, da dem anderen das Terrain von Anfang an vermint scheint. Bei der Vorgehensweise des Verhandelns geht es um Gegenüberstellung, nicht um Konfrontation. Sie impliziert eine Haltung des Erkundens statt rigider Stellungnahmen und besteht darin, Bande der Solidarität zu knüpfen und kleine Brücken zu schlagen, die sich zu Lösungen vereinen, welche für beide Seiten zufrieden stellend sind. Auch ist es ganz entscheidend, sich gegenseitig aus der Sicht des anderen zu durchdringen statt diesen zu kritisieren, um schließlich zu einer angemessenen Argumentation zu finden: Erkundet ein guter Stratege nicht zuallererst die Logik und das Terrain seines «Gegners», bevor er vorrückt?

Konstruktives und kreatives Vorgehen

Die traditionelle kritische Methode eignet sich nur schlecht zum Verhandeln. Der kritische Geist, von dem es heißt, er sei bei den Franzosen besonders gut entwickelt, bildet dabei ein echtes Hindernis, weil er beim Gegenüber jeglichen Wunsch untergräbt, sich an der Suche nach einer Einigung zu beteiligen. Einen Dialog auf konstruktive Weise zu führen, besteht darin, dem anderen zu zeigen, worin dessen Darlegungen sich mit dem gemeinsamen Rahmen decken. Paradoxerweise ist es viel geschickter, sich zum «Advocatus angeli» statt zum «Advocatus diaboli» zu machen. Demnach ist es viel wirksamer, Ihrem Gesprächspartner zu entgegnen: «Lassen Sie uns einmal schauen, welche positiven Folgen Ihre Idee haben könnte», als in unangebrachter Weise zu erklären: «Wie kommen Sie darauf? Ihre Idee ist unmöglich, zerfahren, inakzeptabel». Verhandeln impliziert, vom dialektischen zum kreativen Ansatz überzugehen, um den Austausch zu eröffnen. Es ist auch viel geschickter, die Kohärenz der Logik des Gegenübers anhand der Hypothese zu prüfen, dass er Recht hat. Allgemeinen endet jede ins Extreme fortgeschriebene Logik im Absurden. Die Eleganz dieses Vorgehens bestünde hier darin, diese Absurdität nicht hervorzuheben, sondern den Gesprächspartner auf seinem Weg ein Stück zurückgehen zu lassen, ohne dass er jemals das Gefühl bekommt, Gesicht verloren zu haben.

Eine Logik der Flexibilität und des Stellung-Beziehens

Den Standpunkt des anderen anzuerkennen heißt nicht, ihn zu teilen, sondern einfach nur, ihn wie einen vollwertigen Standpunkt neben anderen zu respektieren. Verhandeln beruht nicht auf rigiden Stellungnahmen nach Art eines «Grabenkriegs», sondern auf Flexibilität und Erforschen. Zu glauben, es gebe nur einen Weg zum Ziel, führt zu konflikthaftem, rigidem und reduktionistischem Denken. Verhandeln erfordert, im Kopf beweglich und im Vorgehen flexibel zu sein, um eine Situation von verschiedenen Standpunkten aus betrachten zu können. Die Flexibilität des Verhandelnden misst sich an dessen Fähigkeit, seine Antworten, seine Schlagfertigkeit entsprechend den verbalen und nonverbalen Reaktionen seines Gegenübers zu modifizieren, d. h. seine Strategie so oft zu korrigieren, wie es nötig ist, um die kleinste Gelegenheit zu ergreifen, in Richtung einer Übereinkunft voranzukommen, so gering diese auch sein mag. Im Übrigen ist Flexibilität nicht nur ansteckend, sie fördert auch eine kreative Haltung. Je flexibler und offener man ist, desto besser beeinflusst man seinen Gesprächspartner und desto besser beherrscht man die Entwicklung der Verhandlung. Sich auf die verbalen und nonverbalen Informationen unseres Gesprächspartners zu konzentrieren und stets das Ziel der Übereinkunft im Auge zu behalten hat auch den Vorteil, uns von unseren Annahmen und einschränkenden Emotionen zu lösen. Auf diese Weise kommen wir besser mit unserem Stress zurecht, was wiederum von Vorteil ist, um eine qualitativ gute Beziehung zu unserem Gesprächspartner aufzubauen und aufrechtzuerhalten. Dies ist eine *Conditio sine qua non* des Verhandelns.

Der Verhandelnde ist wie ein Segler bei schlechtem Wetter: Er muss Kurs halten und zugleich den besten Winkel zu den Wellen nutzen, um sein Boot nicht zu schädigen, und bei Gegenwind muss er kreuzen. Paradoxerweise erreicht man sein Ziel auf diesem Weg am schnellsten. Um jeden Preis überzeugen zu wollen, indem man widrigen Winden entgegentritt, blockiert unvermeidlich die Verhandlung, die dann weder vorankommt noch rückwärts verläuft.

Einwände und Widerstände – Sprungbrett für das Vorankommen

Im Bereich des Verhandelns ist es gut, auf die Grundprinzipien der Therapie von Erickson zurückzugreifen, der empfiehlt, «alles zu nutzen, was uns unser Gesprächspartner anbietet, einschließlich dessen, was er uns entgegensetzt». Manager, die leicht und effizient mit ihren Teams verhandeln, Pädagogen, die ihre Schüler voranbringen und Eltern, die sich auf elegante Weise Gehorsam verschaffen, nutzen eben gerade die Hindernisse, auf die sie stoßen.

Sich an den Widerständen und Einwänden des anderen festzubeißen, verweist uns nur auf unseren eigenen Mangel an Flexibilität ihm gegenüber».

Die Kampfkünste bieten uns diesbezüglich ein interessantes Modell, bei dem es weniger darum geht, über den Widerstand zu triumphieren als vielmehr, ihm eine andere Richtung zu geben. Es geht also nicht darum, der Kraft eine Kraft entgegenzusetzen, sondern sie in die für das angestrebte Ziel günstige Richtung zu lenken. Sich mit dem Widerstand gegebenenfalls in dieselbe Richtung zu bewegen und ihn dadurch zu verstärken, ermöglicht es paradoxerweise, die Bremse des Widerstands in einen Antrieb des Wandels umzuwandeln. Gute Unterhändler bedienen sich dieser Strategie auf elegante Weise, wenn sie in ihrer Argumentation die Einwände ihrer Gesprächspartner als Instrumente des Überzeugens verwenden. Gegen Einwände anzugehen heißt, sie zu stärken und bildet das größte Hindernis für einen Wandel, weil es darauf hinausläuft, «gegen den Strom zu schwimmen», d. h. bestenfalls ein wenig Raum zu gewinnen, im ungünstigsten Fall jedoch zurückzufallen .... Die nützliche Funktion von Einwänden auszunutzen setzt den Prozess des «Loslassens» in Gang, ohne den sich eine Verhandlung nicht erfolgreich abschließen lässt.

Die zentralen Momente des Verhandelns

Vorbereiten der Verhandlung

Viele Verhandlungen scheitern, weil sie nicht oder nur mangelhaft vorbereitet werden. Die meiste Zeit bereiten sich die Betreffenden nämlich auf ihre Verhandlung vor, indem sie alle Argumente sammeln und auflisten, mit denen sich die Wohlbegründetheit ihrer Position und ihre Forderung rechtfertigen lassen. Dabei geht es in dieser Phase darum, sich in die Position des anderen hineinzuversetzen: über Argumente, für die er empfänglich sein könnte, und über die Einwände, die er einbringen könnte, nachzudenken. Ich betone noch einmal: Man kann dem anderen nur begegnen, indem man sich auf sein Terrain begibt. Es geht also darum, aus der eigenen Sphäre herauszutreten. Dieser vorbereitenden Phase liegen drei große Prinzipien zu Grunde:

- den anderen verstehen, wenn anschließend wir verstanden werden wollen
- erkunden, was seinen Wunsch motivieren könnte, zu kooperieren, um eine Übereinkunft zu erzielen, bevor man ihn um jeden Preis zu überzeugen versucht
- Wertvorstellungen herausarbeiten, die man mit dem Gesprächspartner teilt.

Die Vorbereitungsphase besteht im Wesentlichen daraus, eventuelle Einwände sowie Wertvorstellungen und Erwartungen Ihres Gesprächspartners vorherzusehen, um daraus während der Verhandlung Stützpunkte zu machen, indem Sie sich folgende Fragen stellen:

– *Wie kann ich mich dieses Einwands bedienen?*
– *Welche nützliche Funktion hat er?*
– *Inwiefern erlaubt mir dieser Einwand, weiterzukommen?*
– *Was könnte mein Gegenüber positiv damit beabsichtigen, dass er diesen Einwand bringt?*

Die Logik Ihrer Argumentation richtet sich nach den Antworten. Es empfiehlt sich, diese Vorbereitung schriftlich niederzulegen und die Phase der Verhandlungseröffnung sachlich formuliert zu Papier zu bringen, um den eigenen Kontext zu beschreiben und darzulegen, um was es geht.

Eröffnungsphase und Rahmengebung der Verhandlung

In dem kurzen Augenblick der Eröffnungsphase messen sich die Gesprächspartner, taxieren einander und passen sich an, um die symmetrische oder komplementäre Natur ihrer Beziehungen zu definieren. Denken Sie an Luc und Florent in Kapitel 10. Entscheidend für den Erfolg dieser ersten Etappe ist, seinen Gesprächspartner subtil und diskret zu beobachten, sich mit ihm in Einklang zu bringen und eine angenehme Stimmung zu schaffen, indem man sich verbal und nonverbal synchronisiert. Auch wird es darum gehen, einen gemeinsamen Rahmen festzulegen, der hinreichend weit ist, dass ihn das Gegenüber akzeptiert, aber auch ausreicht, um Verhandlungsspielraum zu bieten. Dies geschieht, indem diejenigen Wertvorstellungen und Ziele vorangestellt werden, die Sie mit Ihrem Gesprächspartner gemeinsam haben, und indem knapp und präzise der Kontext und das Ziel der Verhandlung umrissen werden, um vorab eine erste, weitgefasste Übereinkunft zu erzielen. Stellen wir uns den Fall eines Angestellten vor, der von seinem Chef die Mittel zur Finanzierung eines leistungsstärkeren IT-Systems haben möchte. Der Einleitungssatz könnte etwa so lauten:

– *Sie sind mit den Ergebnissen unserer Abteilung nicht sehr zufrieden, und die könnten in der Tat besser sein. Ich habe lange über mögliche Verbesserungen nachgedacht, bevor ich Sie einbeziehe, und danke Ihnen für die Gelegenheit zu diesem Gespräch, bei dem wir alle Lösungen ins Auge fassen können, die unsere Produktivität zu steigern vermögen.*

Vorzugsweise sollte man seinen Gesprächspartner zunächst einmal würdigen, bevor man sein Anliegen vorträgt. Außerdem muss die Dauer der Unter-

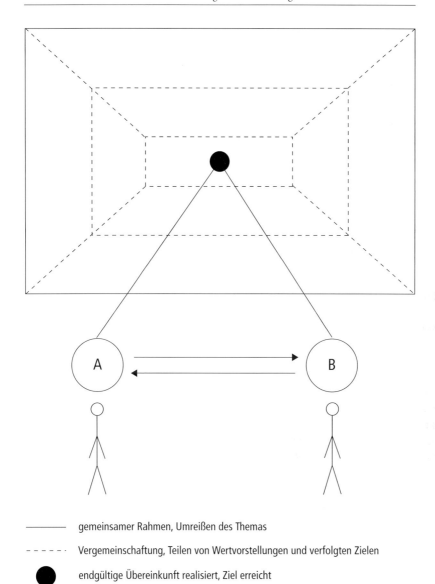

gemeinsamer Rahmen, Umreißen des Themas

Vergemeinschaftung, Teilen von Wertvorstellungen und verfolgten Zielen

endgültige Übereinkunft realisiert, Ziel erreicht

Konstruktionsschema der Übereinkunft

redung festgelegt werden, indem man sie entweder vorschlägt oder seinen Gesprächspartner fragt, wie lange er zur Verfügung steht. Die Entscheidung fällt entsprechend dem Kontext, in welchem Sie sich befinden.

Die Logik des anderen erkunden und klären

Diese Phase besteht darin, sich auf Entdeckungsreise zu Ihrem Gesprächspartner zu begeben, um seine Logik zu erkunden und dabei gleichzeitig das Ziel im Auge zu behalten. Dies gilt auch dann, wenn man die Situation vollkommen in der Hand zu haben meint. Es geht darum, offene und neutrale, d. h. unbeeinflusste Fragen zu stellen. Diese Fragen bringen Antworten, die sich umso besser nutzen lassen, als sie die Worte des Gesprächspartners enthalten. Dies ist einer der Schlüssel, um all seine Aufmerksamkeit zu binden. Sollte die Antwort dennoch vage sein, wird man sie strikt neu formulieren müssen, was als Neuformulieren und Zurückgeben der Frage bezeichnet wird. Dabei soll eine klarere und besser nutzbare Information gewonnen werden:

Was halten Sie von dieser Lösung?

Sie ist eine unter mehreren.

Unter mehreren …, wollen Sie damit sagen, … (Die Intonation muss bei «unter mehreren» neutral und ohne Konnotation bleiben und darf keinen verbalen oder nonverbalen Kommentar enthalten.

Sammeln der Kriterien und ihrer komplexen Äquivalenzen

Als «Kriterien» bezeichnen wir die Standards, die charakteristischen Merkmale, welche wir in unserem Umfeld auswählen, um Situationen zu evaluieren und über unsere Handlungen zu entscheiden. Unsere Kriterien sind die Grundlagen unseres mentalen Aufbaus: Unser Gleichgewicht hängt davon ab, ob sie erfüllt werden. Sobald Sie die Kriterien Ihres Gesprächspartners sichtbar gemacht haben, rühren Sie an die vitalen Punkte seines Gleichgewichts, seiner Ökologie. Da diese für ihn in höchstem Maße subjektiv sind, lassen sie sich nicht beseitigen. Sie können sie bestenfalls bereichern und erweitern, dürfen sie jedoch niemals in Frage stellen, da Ihr Gesprächspartner sonst all seine Energie mobilisiert, um sich zu verteidigen und damit die Verhandlung unmöglich macht.

Hinter all unseren Urteilen, Verhaltensweisen und Entscheidungen stehen – oft unbewusste – Kriterien. So kann eine Frau einen Mann zum Beispiel für schlecht erzogen halten, wenn er ihr nicht erst die Tür des Autos öffnet, bevor er sich selbst hinters Steuer setzt. Was für den einen eine Kleinigkeit ist, kann für den anderen Priorität haben. Viele Verhandlungen scheitern, weil vorrangige Kriterien und Wertvorstellungen verletzt oder nicht berücksichtigt wurden.

Die Kriterien und ihre komplexen Äquivalenzen bilden den harten Kern der Logik des Gegenübers und sind daher das kostbarste Material, aus dem sich Übereinkünfte gestalten lassen, die dann den Etappen der Verhandlung ihren Akzent geben.

Die Kriterien werden im Allgemeinen in zwei Etappen gewonnen. Im Allgemeinen arbeiten wir zunächst einmal die Wertvorstellungen und nicht sofort die Kriterien unseres Gesprächspartners heraus und sagen zum Beispiel:

Was erwarten Sie von einem Mitarbeiter?
Zuverlässigkeit.

Nun ist Zuverlässigkeit aber ein Wert, kein Kriterium. Um das Kriterium herauszuarbeiten, muss man tiefer graben und ein sensorisches Verb in die Frage einschließen, indem man die Wertvorstellung, welche der Gesprächspartner gewählt hat, wieder aufgreift, etwa wie folgt:

Was deutet Ihrer Ansicht nach darauf hin, dass einer Ihrer Mitarbeiter vertrauenswürdig ist?

Oder:

Wie verhält sich Ihrer Ansicht nach ein vertrauenswürdiger Mitarbeiter?

Die Antworten liefern unverzichtbare Informationen für den Aufbau einer Argumentation, die auf den Gesprächspartner wirkt, die ihm unsere eigene Vertrauenswürdigkeit beweist (weil wir uns nach seinen eigenen Kriterien und nicht nach den unsrigen richten).

Die komplexen Äquivalenzen werden nach drei großen Schemata strukturiert:

* X (Kriterium oder Merkmal) *beweist* Y (Deduktion, Urteil).
* X *verursacht* Y.
* X *bedeutet* Y.

Der Sprachkompass leistet wertvolle Hilfe bei dieser Arbeit des Entzifferns des anderen. In einer gewagten Annäherung an die Informatik ließe sich sagen, dass das Zutagefördern der Kriterien unserer Gesprächspartner etwa dem entspricht, ihren Zentralspeicher zu untersuchen und über die auf dem Bildschirm des «Computers» aufscheinenden Informationen hinauszugehen. Eine qualitativ gute interpersonelle Kommunikation erlaubt es zu gewinnen, was dem anderen nicht unmittelbar bewusst ist, was für uns nicht unmittelbar zu erkennen ist. Von daher stammt auch der bekannte Ausdruck: «Dieses Gespräch hat viel geklärt».

Die Argumentation

Bei Aristoteles heißt es: «Wenn du jemanden überzeugen willst, nutze seine eigenen Argumente.» Ein Argument ist nur dann sachdienlich und wirksam, wenn es der Logik des anderen entspricht, daher die vorangehende Arbeit. Man kann intellektuelle und verhaltensbezogene komplexe Äquivalenzen unterscheiden. Sie entsprechen jeweils zwei Frageformen:

* *Was zeigt Ihnen, dass ...? Woran erkennen Sie ein/eine(n) ...?*
* *Was beweist Ihnen, dass ...? Wie verhält sich ein/eine(n) ...?*

Jede Argumentation, welche die Kriterien des anderen nicht berücksichtigt, hat kaum Chancen, besonderen Anklang zu finden. Zu argumentieren, ohne sich um die Kriterien des Gegenübers gekümmert zu haben, gleicht dem Angeln ohne Angelhaken: Der Fang ist gleich Null. Nun halten wir an einem Argument nicht um seiner selbst, sondern um der Vorteile willen fest, die es uns im Hinblick auf die Erfüllung unserer Kriterien bietet. Ein und dasselbe Argument ließe sich also je nach den Kriterien, auf die es sich stützt, unterschiedlich formulieren. Wenn wir also mit mehreren Gesprächspartnern gleichzeitig zu verhandeln haben, müssen in unserer Argumentation unbedingt die Kriterien eines jeden berücksichtigt und miteinander verbunden werden.

Argumente, die den Kriterien des Gesprächspartners nicht entsprechen, sind wie feuchte Feuerwerkskörper. Man sollte daher in seinen Argumenten klug und sparsam sein und nur diejenigen präsentieren, welche den Erwartungen und der Logik unseres Gesprächspartners entsprechen. Argumente in Form einer Frage statt einer stets anfechtbaren Behauptung zu präsentieren, vermeidet eine Flut von Gegenargumenten. Wie wir gesehen haben, kontrolliert derjenige eine Situation am besten, der auch am besten zuhört und beobachtet, da er ständig für wertvolle Informationen sorgt, um seine Argumente nach und nach anzupassen. Außerdem müssen Verständnis und Aufnahmefähigkeit Ihres Gegenübers unbedingt ständig kontrolliert werden, indem anhand seines Mikroverhaltens genau auf seine nonverbale Sprache geachtet wird (im NLP: Kalibrieren). Wir können den anderen nur anhand dessen, was er uns sagt und was er nonverbal zum Ausdruck bringt, überzeugen und *nicht anhand dessen, was wir meinen, ihm sagen zu müssen.* Das Können bei einer Verhandlung besteht weniger darin, die eigenen Argumente zu präsentieren, als vielmehr, sie durch den Gesprächspartner zum Ausdruck bringen zu lassen: Sobald sich die Argumente auf seine Erfahrungen und Kriterien stützen, werden sie für ihn mehr Gewicht, Logik und Anklang haben. Hat man es mit einem Mittelsmann zu tun, so muss zusammen mit ihm darüber nachgedacht werden, für welche Kriterien die durch den Vorschlag betroffene Person empfänglich wäre.

Einwände als Ansätze, um voranzukommen

Schon Laotse sagte: «Wer mindern möchte, muss zuvor gemehrt haben.» Milton Erickson stützte sich systematisch auf die Energie kämpferischer Neigungen und Widerstände seiner Patienten, um sie auf einen für sie konstruktiveren Weg zurückzulenken. Verhandeln ist ein Hindernislauf, gespickt mit Kritik und Einwänden: Man muss daher lernen, sie auf unterschiedliche Weise anzugehen, um sie elegant zu überwinden. Sie im Hinblick auf ihre nützlichen Funktionen zu betrachten ermöglicht es, daraus Ansatzpunkte zu machen. Um einen störenden Einwand respektvoll und effektiv zu behandeln, muss unser Gesprächspartner unbedingt dazu gebracht werden, über die Fakten und Erfahrungen zu sprechen, die diesen Einwand untermauern. Auf diese Weise bereiten wir das Terrain vor, um eine Umdeutung vorzunehmen, die sich mit seiner Logik deckt. Wir könnten auch andere Fakten wählen, um seine Sichtweise zu erweitern und diesen bedrohlichen Einwand in einen zu verwandeln, der Gelegenheiten bietet.

Wir sind in keiner Weise genötigt, zwanghaft auf Kritik zu reagieren. Im Gegenteil: Wir können beschließen, sie noch ein wenig zu übertreiben, um ihr jede Sachdienlichkeit zu nehmen: So bringen wir unseren Geschäftspartner dahin, die Kritik seinerseits abzuwägen. Indem wir uns rechtfertigen oder unsererseits angreifen laufen wir nur Gefahr, die Kritik und den Angriff des anderen zu verstärken. Angesichts eines Einwandes ist es vielmehr klug zu schweigen, um unseren Gesprächspartner ausreden zu lassen. Sollte uns ein Einwand besonders irritieren, ist es paradoxerweise effektiver, ihn neu zu formulieren und daraus ein «Echo» zu machen, indem man dieselbe Tonlage verwendet, um unseren Gesprächspartner dazu zu bringen, sie selbst zu klären, statt ihm geradeheraus zu widersprechen.

Umgekehrt ist es gegenüber einem Gesprächspartner, der keine Einwände erhebt, um sich beispielsweise nicht in eine Verhandlung einzubringen, sehr wirksam, seine eventuellen Einwände gegen uns vorwegzunehmen, indem wir selbst uns ihrer als Ansatzpunkte bedienen. Diese Technik der Vorwegnahme soll vermeiden, dass unser Gesprächspartner uns am Schluss einer Verhandlung durch eine Flut von Einwänden und Anmerkungen mattsetzt, denen zu entgegnen uns die Zeit fehlt.

Der Abschluss

Wie die Eröffnungsphase ist auch der Abschluss von entscheidender Bedeutung und muss kurz sein. Er bietet uns Gelegenheit, die Nachhaltigkeit unseres Zuhörens und die Qualität unserer Aufmerksamkeit unter Beweis zu stellen. Selbst wenn die Verhandlung nicht zu einer abschließenden Übereinkunft führt, müssen die Etappen der Begegnung in kurzen Sätzen zusammengefasst werden. Die Worte unseres Gesprächspartners erneut aufzunehmen, wird all seine Aufmerksamkeit mobilisieren. Es ist eine indirekte Art, ihm Respekt zu erweisen, aber auch, eventuell seinen Wunsch nach weiterer Zusammenarbeit zu reaktivieren. Es geht also darum, das eingangs definierte Ziel erneut zu formulieren und den bereits zurückgelegten Weg hervorzuheben, indem man sowohl die Punkte, in denen Übereinstimmung herrscht, als auch die Punkte, in denen dies noch nicht der Fall ist, und die Gegenstand einer zukünftigen Begegnung sein könnten, benennt.

Sollten die Verhandlungen nicht schon beim ersten Mal zum Ziel geführt haben, wird der Abschluss darauf gerichtet sein, Perspektiven zu öffnen. Es «kommt immer gut», sich selbst die Fehler zuzuschreiben, die unter Umständen im Laufe der Verhandlung gemacht wurden. Diese Haltung fördert das Einverständnis und die Motivation des anderen, sich eventuell für ein erneutes Treffen zu entscheiden.

Jede Verhandlung verläuft über sorgfältig getroffene Mini-Übereinkünfte, die Meilensteine auf dem Weg zur abschließenden Übereinkunft bilden. Schwierigkeiten, zu einem Abschluss zu kommen, hängen gewöhnlich damit zusammen, dass wir die Punkte der Übereinstimmung und Nicht-Übereinstimmung nicht hinreichend haben aufscheinen lassen, sei es, weil wir unseren Gesprächspartner aus Angst vor dessen Antworten nicht hinreichend einbezogen haben, sei es, weil wir – eingeschlossen in unsere eigene Logik – vollkommen durch unsere eigenen Argumente und inneren Kommentare eingenommen waren.

Die sieben Kernpunkte einer Verhandlung

- Die Sprache des anderen sprechen, um ihn empfänglicher zu machen.
- Die Sichtweise des anderen verwenden, die Sie auch ganz leicht erweitern können.
- Sich auf die Kriterien des anderen stützen, um seinen Wunsch nach Kooperation zu motivieren und Ihren Argumenten Schlagkraft zu verleihen.
- Präzise Informationen über die Kriterien und gelebten Erfahrungen Ihres Gesprächspartners gewinnen; so zeigen Sie, dass Sie seine Logik berücksichtigen.
- Die Deduktionen des anderen sammeln; so können Sie leichter umdeuten und Gegenbeispiele geben.
- Erkunden oder Vorwegnehmen der Einwände und Ideen oder der zu Grunde liegenden Prinzipien, welche die Verhandlung blockieren könnten.
- Verifizieren der Entscheidungsmacht Ihres Gesprächspartners. Handelt es sich nur um einen Mittelsmann, sollte mit diesem ein Argumentationsschema gesucht und erstellt werden, das der Person angepasst ist, auf die sich die Übereinkunft erstrecken wird. Dies wird Ihren Gesprächspartner motivieren, Ihren Fall zu vertreten.

PS: Eine delikate Verhandlung erfordert Vorbereitung, indem man sein Ziel definiert, indem man schriftlich auf die Fragen des Ziels antwortet, indem man sich in die Logik und den Kontext des Gesprächspartners versetzt.

Achter Teil
Change-Management und Coaching – Hebel mit ähnlicher Wirkung

24 Es bedarf derselben Qualitäten: Pädagoge und Mobilisator sein

Ganz gleich, ob unsere Kommunikation einem therapeutischen, pädagogischen oder managementbezogenen Ziel folgt, dient sie letztlich ein und demselben Ziel, nämlich dem Mobilisieren menschlicher Ressourcen im Sinne besserer Resultate und erhöhter Zufriedenheit. Auf den anderen zuzugehen, um ihn an sich zu ziehen, ist ästhetischer und produktiver als ihn mit Gewalt an sich ziehen zu wollen. Qualitativ hochwertige Beziehungen auf der Grundlage des Zuhörens, des Respekts und des Profitierens von Unterschieden, der Wertschätzung und der Anerkennung des Gegenübers bringen nicht nur mehr Annehmlichkeit in die Arbeitswelt und ins Privatleben, sondern bewirken auch einen viel effektiveren und bereichernderen Austausch, um gemeinsam zu agieren. Wer als Manager heutzutage der Verschwendung menschlicher Ressourcen ein Ende setzen möchte, muss sich diese Geisteshaltung zu Eigen machen. Das Aufkommen neuer menschlicher Beziehungen im Unternehmen wird vom frommen Wunsch zur Wirklichkeit, wenn es sowohl Führungskräfte als auch die Mitarbeiter verstehen werden, die Entwicklung des Unternehmens zu «lenken», weil sie sich gegenseitig führen. So könnte dieser «Tanz», dieses «Duo», das Teil der Effektivität und Eleganz menschlicher Beziehungen ist, entstehen, ohne dass erkennbar wird, wer «führt», und zur Zufriedenheit des Einzelnen sowie zu produktiveren und kreativeren Resultaten beitragen.

Interdependenz und damit Kooperation sind für einen guten Tanz ebenso wichtig wie für eine Therapie oder die Leitung eines Arbeitsteams. Dies erfordert jedoch den Eintritt eines neuen Geisteszustandes und die Erfüllung einer vorrangigen Bedingung: Es müssen gemeinsame Ziele gesetzt werden, die hinreichend geklärt und ausgehandelt sind, um das zu erreichende Ziel herauszuarbeiten und anschließend den Weg dorthin klären zu können. Auf diese Weise wären Arbeitsbeziehungen bei Zielabweichungen oder Fehlern besser regulier- und justierbar. Damit wird eine der größten Schwierigkeiten im Management wie in der Therapie deutlich, nämlich die einer rigorosen Zieldefinition. Sich dem zu widmen vermeidet eine passive Abhängigkeit des Klienten und die Gefahr, seine Ökologie zu schädigen. Gleiches gilt für das Management: Die meisten Konflikte, sterilen Machtspiele, Demotivation und das Abschieben von Verantwortung können von schlecht oder gar nicht definierten Zielen herrühren. So gesehen gleichen der Verantwortliche, Berater oder Coach ebenso wie der Therapeut mehr oder weniger einem Choreographen oder Dirigenten. Natürlich spielt er nicht so gut wie einer der Musiker oder Tänzer auf seinem jeweiligen Gebiet, aber er kennt nichtsdestoweniger die Feinheiten der Musik. Durch die Qualitäten des Zuhörens und Beobachtens entwickelt der Dirigent bzw. Choreograph die Potenziale eines jeden seiner Künstler und führt seine Gruppe damit zum Erfolg. In dieser Hinsicht vereinen sich die Effektivität und Ästhetik des Tanzes und der Musik mit der Kunst des Wandelns, des Managements und der Therapie.

Kommunizieren, um zum Handeln zu bringen

Kurztherapie, Coaching und Change-Management sind vor allem eine Angelegenheit der Pädagogik. Unsere Methode bedient sich eines direktiven Interventionsstils, weil sie – nach dem berühmten Ausspruch von Bergson: «Wir sollten handeln wie ein Denker und denken wie ein Mann der Tat» – über das Handeln, d. h. das Lernen durch Erfahrungen geht. In der Tat bringt die stets spekulative Investition in eine Suche nach den Ursachen eines komplexen Problems angesichts eines besseren Verständnisses dieses Problems nicht unbedingt eine Bereicherung, vielmehr schränkt sie die Maßnahmen ein, die man zu seiner Lösung hätte treffen können. Um etwas zu verändern, ist es weder ausreichend, zu erklären noch genügt es, zu verstehen. Entscheidend ist vielmehr, die Kooperation unserer Gesprächspartner zu gewinnen, damit «sie es anders machen». Die Kurztherapie geht von dem Postulat aus, dass man anders handelt, sobald man gelernt hat, anders zu denken und dass sich die Umsetzung eines Wandels anhand der konkreten Erfahrungen misst. Das Problem liegt allein darin, den Wunsch nach Veränderung zu schaffen und die Kooperation des Klienten zu gewinnen, um das Gelernte in neuen Kenntnissen zu verankern. Ebenso muss auch ein Manager verstehen, von ihm betreute Teams zu motivieren und zu mobilisieren. Ich wehre mich tendenziell dagegen, wenn ich von bestimmten Personen in Unternehmen wie in der Therapie sagen höre, sie würden sich gegen einen Wandel wehren oder gefielen sich in ihrer Routine oder ihren Problemen .... Ich glaube vielmehr, dass diese Menschen *nicht wissen, wie sie es anstellen sollen, um sich zu wandeln.* Es ist an uns Beratern, Therapeuten, Coachs, Lehrenden oder Verantwortlichen, es ihnen beizubringen und ihnen auf dem Weg über Kommunikation den Wunsch zu vermitteln, sich zu ändern, damit sie eine wünschenswertere Zukunft planen können.

Die zur Führung eines Arbeitsteams erforderlichen Qualitäten haben zugenommen. Um sich davon zu überzeugen, genügt es, die Entwicklung des Managements in den vergangenen 20 Jahren zu betrachten. Von der Ära technischer Macht, verkörpert durch die Ingenieure, sind wir in die Ära der Verwaltung, beeinflusst durch die Wirtschaftler und Finanziers, übergewechselt. Indessen tritt heute immer deutlicher die dritte Dimension des Managements hervor, deren Akzent auf der Fähigkeit liegt, zu kommunizieren, zu mobilisieren und Wandel umzusetzen. Diese neue Dimension impliziert, dass die Verantwortlichen tief greifende Kenntnisse über die menschlichen Mechanismen und die Psychologie von Beziehung erwerben und sich solide Kenntnisse in den Praktiken des Verhandelns, im Mobilisieren und im Lösen komplexer Probleme verschaffen. Neben ihren technischen und administrativen Kompetenzen wird die Effektivität von Managern mehr und mehr von ihrer strategischen Fähigkeit abhängen, sich mit dem anderen zu arrangieren, Misshelligkeiten und Widerständen zu begegnen, Menschen in einem Projekt zu motivieren und die notwendigen Veränderungen voranzutreiben. Diese verschiedenen Kompetenzen sind keine Frage von Standardrezepten, erworben in Zwei- bis Drei-Tages-Kursen, sondern von der Integration einer Methode, die weder präskriptiv noch linear oder checklistenartig, sondern strukturierend und zirkulär ist. Und eben dies haben wir in diesem Werk dargestellt.

Menschliche Ressourcen entdecken, um sie zu entwickeln

Der heutige Manager muss wie der Coach Ressourcen und kreatives Wissen freisetzen können, ähnlich wie Sokrates, der von sich sagte, er habe denselben Beruf wie seine Mutter, nämlich Hebamme, nur dass er «die Geister zur Welt brächte». Sokrates unterrichtete nicht von außen, «flößte kein Wissen ein», sondern suchte beim Gegenüber den «Sinn für das Wahre» zu wecken, der dem Menschen seiner Ansicht nach bereits gegeben war und in den er absolutes Vertrauen setzte. Bescheidener setzen wir darauf «den anderen von dem zu entbinden, was ihm nützt und den anderen nicht schadet». Sokrates war auch ein wenig Architekt: Er verstand es, bei sich selbst wie bei anderen Pläne für eine sowohl realistische als auch zufriedener stellende Zukunft entstehen zu lassen.

Coaching zentriert sich auf die Ressourcen der Person, daher sind seine Methoden und seine Geisteshaltung perfekt an die Praxis des Managements adaptierbar. Auch der Manager muss an verfügbare Ressourcen denken, die es zu entwickeln und zu nutzen gilt. Ebenso muss er eher über Ziele als über Beschränkungen oder Probleme nachdenken, und nur so fördert er die Entwicklung von Systemen, für die er verantwortlich ist. Und wie sich der Coach vom kalten, neutralen und distanzierten Analytiker unterscheidet, so muss auch der «Chef» von gestern dem Ressourcen-Mann, dem Strategen und dem Pädagogen weichen. Die Strategien, deren sich Milton Erickson im Umgang mit seinen Klienten bediente, sind eine erstaunliche Quelle der Inspiration für den Bereich des Managements. Sie zeichnen sich durch die Eleganz aus, mit der sie das Individuum in Kontakt mit seinen eigenen Ressourcen bringen, um ihm Entwicklung zu ermöglichen. Stratege ohnegleichen, wusste Erickson dank seines Zuhörens und seiner Beobachtung bei seinen Klienten die «Hebel» zu entdecken, die er betätigen konnte, damit sie befriedigendere Ziele erreichen und den Anforderungen ihres Lebens besser gerecht werden konnten.

Sähen und gedeihen lassen

Organisationen wie Individuen nähren sich nicht nur vom Verwalten, sondern auch von Hoffnung, von einer Vision der Zukunft, von Plänen und Projekten. In der Kurztherapie, beim Coaching und im Management ist es entscheidend, das Verlangen nach einer befriedigenderen Zukunft zu wecken, das Terrain zu bereiten, bevor man die geeigneten Samen säht, aber auch, «dem anderen zu vertrauen, um ihm beim Wachsen zu helfen». Die Handlungen des Therapeuten wie des Managers oder Pädagogen gleichen denen des talentierten Gärtners, der seine Pflanzen wachsen lässt, ohne dabei zu versuchen, sie zu etwas werden zu lassen, das sie nicht sind. Er weiß, wie wichtig die Zeit ist, die es braucht, um ein Terrain vorzubereiten. Auch wählt er sorgfältig aus, was auszureißen und was zu erhalten ist, wobei er letzteres noch durch entsprechenden Dünger stärkt .... Anschließend folgt er aufmerksam den Wachstumsschüben, bewässert und gibt den Pflanzen die nötige Pflege, um ihr Wachstum wirksam anzuregen – und freut sich auf die kommende Ernte ....

Zuhören und lernen

Die gesamte Kunst des Pädagogen liegt darin, sein Denken am Bezugssystem des anderen statt an seinem eigenen auszurichten. Um es mit dem berühmten Sprichwort zu sagen: Unterrichten besteht nicht darin, den Schüler täglich einen Fisch essen zu lassen (Spektakel repetitiver und untauglicher Botschaften von Lehrenden und Managern), sondern ihm beizubringen, wie man fischt. Als gute Pädagogen unterrichten der Manager wie der Therapeut ihre Gesprächspartner umso besser, als sie umgekehrt auch von ihnen lernen. So werden sie zu Führungspersonen, die umso klarer und aufgeweckter sind, als sie sich gleichzeitig am Gesprächspartner ausrichten. Sokrates legte besonderen Wert auf diese Dimension der Pädagogik: Für ihn bestand Pädagogik vor allem darin, «die anderen daran zu erinnern, dass sie es ebenso gut wissen wie du». Ausdrücklich hob er hervor, dass «den anderen zu lehren bedeutet, ihn entdecken zu lassen, was er schon weiß, auf dass er lerne, aus seinen Erfahrungen Lehren zu ziehen». In einer Managementbeziehung wie in einer therapeutischen Beziehung muss jeder zugleich Lernender und Lehrender sein. Indem man sich die Brille des anderen aufsetzt, seinen Standpunkt teilt, um ihn den eigenen entdecken zu lassen, erleichtert man das gegenseitige Verständnis und lässt ihn die anregende Perspektive jeder anstehenden Aktion entdecken. Die Leistungsfähigkeit einer Pädagogik läuft auf die des Managements und der Kurztherapie hinaus: Jeder der drei Bereiche wird letztlich danach beurteilt, inwieweit er den Wunsch fördert, zu lernen und es besser zu machen.

Harmonisieren, um zu orchestrieren

Wie ein Unternehmen kann auch die Persönlichkeit eines Individuums als komplexes Geflecht vielfältiger, interagierender «Persönlichkeiten» gesehen werden: Wie ein Dirigent hat der Verantwortliche, Coach oder Therapeut die Aufgabe, zu ihrer Harmonisierung beizutragen und sie kooperieren zu lehren. Die Organisation eines Individuums wie die eines Unternehmens resultiert demnach aus dem Spiel der «Musiker», aus denen es sich zusammensetzt. Es ist entscheidend, dass die Musiker sich gegenseitig zuhören, um schädliche und störende Dissonanzen zu vermeiden, und es ist Aufgabe des Dirigenten, die Talente des Einzelnen zu nutzen. Natürlich muss auch der Dirigent die Musik kennen, aber er muss nicht alle Instrumente spielen können, um dirigieren zu können. Er muss sie vor allem erkennen und in Einklang bringen, um aus allen Ressourcen, die in jedem der Musiker schlummern, Nutzen zu ziehen. So kann er dirigieren, indem er die Unterschiede eines jeden Musikers integriert, um aus dem Ganzen Nutzen zu ziehen. Dies bedingt, dass er all seine Aufmerksamkeit darauf verwendet, ihnen zuzuhören und elegant zu bewirken versteht, dass sie bei Bedarf gehorchen. Er schlägt den Ton an, gibt den Takt vor und wird dabei gleichzeitig durch die Harmonie der Töne gelenkt, zu denen er gelangen will. Er bringt Energie ein und schöpft zugleich aus dem Orchester. Er dirigiert das Ensemble. Damit wird deutlich, wie wichtig es ist, die «Partitur» klar auszuhandeln, indem man rigoros die Ziele und die von den Beteiligten jeweils zu leistenden Beiträge definiert. Dies ist eine weitere wesentliche Gemeinsamkeit zwischen Management, Coaching und Kurztherapie.

Strategische Flexibilität und Zielgerichtetheit verbinden

Ein dem Therapeuten bzw. Strategen, Coach und Manager gemeinsames Leistungsmerkmal ist, hinsichtlich des angestrebten Ziels fest und bezüglich der Art, es zu erreichen, nachgiebig zu sein. Es ist unmöglich, andere verändern zu wollen, wenn man selbst starr bleibt. Ein Ziel lässt sich immer auf mehreren Wegen erreichen. Wenn wir vorankommen wollen, müssen wir beim Auftreten von Widerständen bisweilen auch zurückweichen oder einen anderen Weg nehmen, um bei unseren Gesprächspartnern angemessenere Verhaltensweisen zu bewirken. Diese Flexibilität erinnert an einen Schlüsseldienst, der mal diesen, mal jenen Schlüssel probiert, ohne etwas zu erzwingen, bis sich die Tür schließlich öffnen lässt. Letztlich vermittelt Geschmeidigkeit mehr Solidität und Autorität, vermeidet den Bruch und erlaubt es, sich zu beugen, um sich besser wieder aufzurichten. Heutzutage wird die Autorität eines Vorgesetzten weniger an seiner Dominanz als an seiner Fähigkeit gemessen, Verhaltensweisen der Zusammenarbeit zu beeinflussen. Dies geschieht über seine Fähigkeit zur Kommunikation: Sie erfordert zugleich Flexibilität hinsichtlich der Mittel, Festigkeit hinsichtlich des Ziels und vor allem Selbstbeherrschung. Diese neue Art der Machtausübung fordert vor allem von Führungspersonen eine tief greifende Umdeutung der Betrachtungsweise von Autorität, die weniger auf ihrem Status, ihren Diplomen und ihrem Bekanntheitsgrad beruht als vielmehr auf der Bandbreite ihrer persönlichen Entwicklung. Manager, Coachs und Therapeuten üben Berufe aus, in denen die eigene Persönlichkeit das Arbeitsinstrument par excellence ist. Damit soll gesagt sein, dass ihre Effektivität im Wesentlichen auf ihrer Fähigkeit beruht, die eigenen Ressourcen zu nutzen, um die ihrer Gesprächspartner zu entwickeln.

25 Es geht um Effektivität und um Respekt vor menschlichen Systemen

Ausrichten eines Instrumentariums

Der Nachteil von Theorien über die Psychologie des Individuums ebenso wie über das Management liegt darin, dass meist pseudowissenschaftliche und nur scheinbar erklärende Diskurse geführt werden, auf die nur selten Maßnahmen und Effekte folgen, die einem Wandel förderlich sind. Man muss handeln, um zu lernen: Über eine Methode des Klavierspielens zu verfügen genügt nicht, um diesem Instrument auch harmonische Tonfolgen zu entlocken! Ebenso wenig darf das Evaluationsinstrument des Therapeuten, Beraters oder Managers an seiner Übereinstimmung mit der reinen Lehre gemessen werden, vielmehr dürfen nur die erzielten Ergebnisse herangezogen werden. Weit entfernt von Dogmatik legen die Praktiker der Kurztherapie den Schwerpunkt auf methodische Stringenz, auf die Präzision der sensorischen Wahrnehmung sowie auf das Wohlbefinden und Vergnügen ihrer Gesprächspartner. So richten sie sie auf das Entdecken ihrer Möglichkeiten aus. Allein die beiden Haltungen – Zuhören und Beobachten – lenken die Auswahl ihrer Interventionen, um konkrete und zufrieden stellende Veränderungsergebnisse zu erzielen. Auch in den Bereichen Management und Coaching ist diese Geisteshaltung unverzichtbar.

Ziel dieses Ansatzes ist es, aufzulösen, worüber der Betreffende klagt, und zu überwinden, was ihn quält:

- Beziehungen am Arbeitsplatz verbessern
- ein Projekt besser ausarbeiten oder neue Arbeitsmethoden besser installieren
- Schwierigkeiten in der Schule, Familie und Ehe überwinden
- Konzentrations- und Kommunikationsstörungen überwinden
- auf Stress oder die Schwankungen des Alltags (Schlafstörungen, depressive Phasen oder schlechte Ernährung) reagieren.

Es geht nicht darum, sich in Erklärungen zu verzetteln, sondern *Ziele zu definieren* und *ökologische Lösungen zu finden*, um einen Wandel umzusetzen. Viele Probleme sind eigentlich «berühmte Klassiker»: Sie resultieren aus denselben traditionellen Konstruktionsschemata der Wirklichkeit, welche die Handlungsmöglichkeiten des betroffenen Individuums oder Systems einschränken. Und in eben diese Schemata muss eingegriffen werden, und zwar in die *Struktur* des Problems, nicht in seinen Inhalt. Dies läuft darauf hinaus, den *kürzesten und ökonomischsten Weg* zu nehmen, um zu einer raschen Besserung zu gelangen. Wenn wir unserem Gesprächspartner wachsam zuhören und ihn genau beobachten – und dies erstaunt und fasziniert mich stets aufs Neue – zeigen uns seine verbalen und nonverbalen Reaktionen genau, bei was und wo wir intervenieren können.

Eine delikate Phase liegt darin, ohne «Zangengeburt» konkrete, faktische und sensorische Informationen zu gewinnen, denn die menschlichen Schwierigkeiten, die beispielsweise von einem depressiven Klient, dem depressiven Verantwortlichen eines Unternehmens oder einer depressiven Pflegekraft formuliert werden, kommen im Allgemeinen in globaler und abstrakter Sprache zum Ausdruck. Entscheidend ist daher die Qualität des Dialogs, um unsere Gesprächspartner zu mobilisieren und ihnen beim Klären ihres Problems zu helfen, um mit ihnen den Wunsch nach einem Wandel aufzubauen und gemeinsam erreichbare Ziele auszuhandeln. Das Erreichen dieser einmal ausgehandelten Ziele erlaubt uns, die Wirksamkeit unserer Intervention zu messen und vor allem, unserem Vorgehen eine Ablaufstruktur und eine Dynamik zu verleihen. Systematisch fordern wir unsere Gesprächspartner bei jeder Sitzung auf, *ihren bisher zurückgelegten Weg zu evaluieren*, und zwar in den kleinsten Einzelheiten, um die Hebel zu reaktivieren, die den erfolgreichen Abschluss der kommenden Etappen erleichtern. Wir arbeiten daher mit einem Instrumentarium, wie es auch Projektleiter tun.

Respekt vor menschlichen Systemen

Ziel unserer Methode ist, nützliche Ressourcen von Menschen zu finden und zu nutzen, damit sie in ihrem Privat- und Berufsleben davon profitieren können. Die Erickson'sche und die systemische Therapie bilden ein Modell zur Anrufung des Unbewussten, jenes wunderbaren Reservoirs an Ressourcen und Lernprozessen der Person, ohne dabei jedoch in die intime Historie des Betreffenden einzudringen. Derselbe Ansatz gilt für unsere Interventionen in einem Unternehmen oder einer Klinik: Die Erfahrungen und Ressourcen, der Wissensschatz einer Person sind das Sprungbrett, von dem aus sie den nötigen Elan gewinnt, um ihren Schwierigkeiten entgegenzutreten. Wie wir im Laufe dieses Werks gesehen haben, hängt die Wirksamkeit dieser Exploration ganz wesentlich von der Qualität der Kommunikation und von der Annehmlichkeit der Beziehungen zu unseren Gesprächspartnern ab. Dies sind die *unverzichtbaren* Bedingungen für eine Kontaktaufnahme mit dem Unbewussten, die dessen Mobilisierung erlaubt, um es zum Verbündeten zu machen. Zwar ruft jede qualitativ hochwertige Kommunikation tendenziell einen hypnotischen Zustand hervor, dennoch ist der Trancezustand, der in unserer Vorstellung oft mit dem Zustand der Hypnose verbunden ist, nicht notwendig. Erickson griff übrigens immer weniger systematisch auf die Induktion der Trance zurück. Aus interaktioneller Sicht lässt sich die hypnotische Kommunikation als eine Beziehung definieren, bei der eine oder mehrere Personen den Anweisungen einer anderen Person folgen, ohne sich dazu gezwungen zu fühlen. Das Erlernen der hypnotischen Kommunikation besteht vor allem darin, beobachten zu lernen, die Konstruktion der Wirklichkeit des anderen zu erfassen, ihn Schritt für Schritt zu begleiten, um all seine Informationen darauf verwenden zu können, ihn *ein ganz eigenes Ziel* erreichen zu lassen. Diese auf Einfluss statt auf der Kraft des Argumentierens und Überzeugens beruhende Kommunikation ist letztlich ziemlich banal: Der Einfluss ist «inter-retroaktiv», indem jeder sich am anderen ebenso ausrichtet, wie er wiederum von diesem gelenkt wird.

Die häufigsten Versagensgründe

Nach sorgfältiger Analyse konnte ich feststellen, dass meine Fehlschläge meist aus folgenden Faktoren resultieren:

- eine nicht hinreichend präzise Umdeutung in der ersten Sitzung
- unzureichend geklärte und ausgehandelte Ziele
- Einschränkungen, die ich mir selbst konstruiert oder dem Gegenüber zugewiesen hatte.

Oder ferner:

- eine Verbindung zum Gegenüber, die nicht stark genug war, um ihn genauso wie mich zur Lösung des Problems zu motivieren
- unzureichende Wachsamkeit beim Zuhören und Beobachten.

Auf meine Fehlschläge zurückzukommen, um daraus Lehren zu ziehen, war für mich eine unschätzbare Quelle des Fortschritts und von Reflexen, die ich dabei erwerben konnte.

Aber es gibt noch weitere Fallen bei der Umsetzung von Wandel, wie zum Beispiel:

- innerhalb der eigenen Logik oder Konstruktion der Wirklichkeit zu denken statt die Konstruktion des anderen mitschwingen zu lassen.

- einen Fehler auf logischer Ebene zu begehen, indem man einen Wandel 1. Ordnung nutzt, um auf ein Problem zu reagieren, das eine Entwicklung, d. h. einen Wandel 2. Ordnung implizieren würde, oder umgekehrt – wenn es genügen würde, das Gleichgewicht des Systems wiederherzustellen – einen Wandel 2. Ordnung vorzunehmen statt sich mit einem Wandel 1. Ordnung zu begnügen.

Die Bedeutung der ersten Begegnung

Die erste Begegnung ist von entscheidender Bedeutung. In ihrem Verlauf kann sich unser Gesprächspartner, wenn wir es ihm gestatten, in endlose Erklärungen zu seiner Vergangenheit, seiner Kindheit etc. stürzen. Es ist also wichtig, ihn wieder auf seine aktuellen Schwierigkeiten zu zentrieren, um das Feld seiner Möglichkeiten zu erweitern und Zusammenhänge zu schaffen, in denen er sie verifizieren kann. Von der ersten Begegnung an muss darauf geachtet werden, die Sprache des anderen zu sprechen, um seine Konstruktion der Wirklichkeit besser zu erfassen, da sich unsere Intervention auf eben diese Konstruktion erstreckt: Die Relevanz der Wahl einer ersten Umdeutung scheint mir für die weitere Arbeit sehr bestimmend. Grundsätzlich zielt die erste Intervention darauf ab, den von der Person bereits unternommenen Lösungsversuchen ein Ende zu setzen. Dies ist einer der schönsten «Generalschlüssel», der von den Forschenden in Palo Alto entdeckt wurde.

Wie ersparen uns also systematisch die Suche nach den Ursachen eines Problems. Ohne diese offensichtliche Komponente zu leugnen, weisen wir unsere Gesprächspartner darauf hin, dass derartige Informationen nicht nötig sind, um einen Wandel einzuleiten. Zum einen sind diese Erklärungsversuche zufallsbedingt, zum anderen erweisen sie sich meist als kontraproduktiv insofern, als sie den Betreffenden einschließen oder ihn und sein Umfeld in Rechtfertigungen kulpabilisieren können, die unter Umständen den Eintritt eines Wandlungsprozesses blockieren.

Eine pragmatische und konstruktive Sicht menschlicher Probleme

Letztlich beruht die Umsetzung eines Wandels darauf, dass von vornherein Theorien über das Individuum und menschliche Probleme fehlen. Diese Einstellung erleichtert in hohem Maße das Sich-Öffnen gegenüber dem anderen und das Entdecken seiner Einzigartigkeit und seiner Komplexität. Sie hat auch im Bereich des Managements und der Intervention in einem Unternehmen ihre Gültigkeit. Der von den Praktikern der Schule von Palo

Alto, wie etwa Erickson und Farrelly, gewählte Ansatz beseitigt die üblicherweise zwischen klinischen und alltäglichen Problemen bestehende Unterscheidung, da diese Grenzlinie künstlich ist. Diese neue Art der Problemlösung erfordert, dass die den Wandel umsetzende Person vor allem ein «gewitzter und respektvoller Stratege» ist, der seine Interventionen entsprechend den Reaktionen, die er hervorruft und aufnimmt, zu orientieren und anzupassen weiß.

Zum Abschluss
Und wenn man unsere Art, Wandel umzusetzen, wandeln würde?

Eine große öffentliche Organisation, erstarrt und bürokratisch, ist in ihren Funktionsstörungen blockiert. Der Betreiber setzt also einen neuen Manager ein, der in einer Rettungsmission einen Wandel bewirken soll. Dieser bringt, umgeben von vorbereiteten und voller Überlegungen und Analysen steckenden Mitarbeitern, ein Reformprojekt in Gang. Seine Weisheit geht mit Pragmatismus und Innovationen mit gutem Vorzeichen einher. Alles scheint logisch und klar, die Abstimmung des Projekts beginnt. Der Wandlungsprozess könnte nun einsetzen ....

Und dann zeigen sich die Widerstände, die Trägheit setzt ein. Oft ist es genau dort, wo die Zukunft einstürzt und Bewegungen zum Stillstand kommen. Das Personal, obwohl nach Entwicklung strebend, rebelliert, verweigert sich in Details, kritisiert nicht nur den Inhalt, sondern auch die Form des Projekts der Direktion, versteckt sich hinter einer Gewerkschaft oder blockiert unter Verweis auf frühere Vorteile. Man sieht nicht, was man gewinnt, aber man weiß, was man verliert. Der Manager ärgert sich oder gibt auf. Sind die Franzosen also gegen Reformen? Wehren sie sich gegen Entwicklung und klammern sich an einmal erworbenen Vorteilen fest?

Es sind weniger die Reformen, die unsere Mitbürger blockieren, als vielmehr die Art ihrer Durchführung. Die Geschichte der Reformen des staatlichen Bildungswesens ist in diesem Zusammenhang ein Lehrstück. Ein Wandel lässt sich nicht improvisieren und bedarf einer radikalen Umwandlung unserer Denkmodelle, aber auch unserer Methoden der Abstimmung und des Verhandelns.

– Integration der Ökologie des betroffenen Systems und Ausnutzen dieser Integration

Einen Wandel in einem Ökosystem umzusetzen, wie es eine komplexe Organisation wie das nationale Bildungswesen darstellt, impliziert weniger, Stärke zu beweisen als vielmehr, seine Ökologie zu respektieren. Die Leistung dessen, der den Wandel umsetzt, beruht darauf, inwieweit er den Wunsch nach einem Wandel zu wecken vermag. Dabei müssen die Logik des betroffenen Systems – seine Erfahrungen, Werte, Kriterien und Ressourcen – genutzt und jegliche Abwertung und Verurteilung, aber auch jede «Überzeugungsarbeit» in Richtung eines Wandels vermieden werden. Ein menschliches System leidet und verteidigt sich, sobald es sich angegriffen, abgewertet, kulpabilisiert oder – schlimmer noch – in seiner Eigenlogik negiert sieht. In dieser Geisteshaltung unternommene Reformen können nur Widerstände erzeugen, jede Entwicklung blockieren und sogar zu enormen Rückschritten führen.

Jede menschliche Organisation birgt Ressourcen zu ihrer Entwicklung. Und so wie die Ressourcen der Außenbezirke in den Außenbezirken liegen, finden sich die manifesten wie verborgenen Ressourcen des nationalen Bildungswesens eben im nationalen Bildungewesen. Die Mängel von Organisationen beinhalten nützliche Funktionen, welche herauszuarbeiten sind und dann eben jene Ressourcen und Hebel zu ihrer Entwicklung darstellen. In dieser Hinsicht ist jede Reform weniger eine Bedrohung als vielmehr eine Chance, denn sie kann das Vertrauen des Systems in sich selbst wiederherstellen, indem dieses sich selbst neu entdeckt.

– Sich auf die Werte eines Systems stützen, um seine Ressourcen freizusetzen.

Reformen erzeugen Widerstände, wenn man sich nicht auf die Werte des betroffenen Systems stützt und keine Perspektiven projektiert hat, die etwas in Bewegung setzen. Jedes Individuum ebenso wie jede Gemeinschaft, jedes Kollektiv oder jede Organisation wie die Schule trägt in sich Werte, die allein ein Über-sich-Hinauswachsen ermöglichen: der Ehrgeiz, besser zu sein, Respekt, Anerkennung, stärkere soziale Bindungen, Räume der Kooperation und Kreativität .... Dieses Streben ist in Frankreich eklatant. Man hat den Eindruck, als sei unser Land gefangen in korporatistischen Abgründen, während es sich zusehends dazu «verurteilt» sieht, statt Isolation Solidarität und Kooperation zu praktizieren, die einen entscheidenden Faktor für den Erfolg des Einzelnen bilden.

– Genau unterscheiden zwischen homöostatischem Wandel und Entwicklung

Echter, auf Entwicklung ausgerichteter Wandel geschieht nicht nur, um die Ursachen von Funktionsstörungen abzustellen. Jede korrigierende Adaptation im Inneren eines Systems partizipiert paradoxerweise an der Erhaltung seines Zustandes. Das nationale Bildungswesen ist ein gutes Beispiel für den in unserem Land weit verbreiteten Witz: «Je mehr sich etwas ändert, desto mehr bleibt alles beim Alten». Die Schule von Palo Alto hat gezeigt, wie lineare, korrigierende, als «vernünftig» bezeichnete Lösungen gewisse problematische Situationen aufrechterhalten oder gar verschlimmern.

Wenn es durch Anpassungsmaßnahmen nicht gelingt, die Funktionsstörungen eines Systems zu korrigieren und es sogar zu Umkehreffekten kommt, steckt das System in der Krise. So arbeitet beispielsweise eine Schule, die allzu viele Schüler scheitern lässt und damit paradoxerweise deren Abgang fördert, ihrer ureigensten Bestimmung, nämlich der persönlichen Entwicklung und sozialen Integration dieser Schüler, entgegen. Demnach ist zwingend ein Wandel «2. Ordnung» nötig, um das System zu entwickeln.

– Die Lösung komplexer Probleme läuft nicht über die kartesianische Logik

Menschliche und soziale Probleme sind komplex, und zwar auf Grund ihrer zirkulären Kausalität, die jede Reform auf der Grundlage eines klassischen linearen Ansatzes wie «Problemanalyse, Erklärungen, Suche nach den Ursachen und Mitteln zu deren Beseitigung» inadäquat macht. Ein anderer Ansatz muss an diese Stelle treten: «faktisches Beschreiben von Problemen und Schaffen einer neuen Lesart dieser Probleme, Untersuchen der bisherigen Lösungsversuche und Verwerfen derselben, Suche nach und Mobilisieren von Ressourcen und Werten des betroffenen Systems, Abstimmen und Verhandeln realistischer und ökologischer Ziele ...». Es geht hier weniger darum, die Funktionsstörungen des betroffenen Systems zu korrigieren als vielmehr durch Ausnutzen der nützlichen Funktionen seiner Schwächen die Ressourcen herauszuziehen. Die Entwicklung eines Systems ist ausgesprochen paradox und oft erstaunlich.

Meist sind die Problemstellungen schlecht formuliert, weil der Blickwinkel eingeengt ist und das Feld der Möglichkeiten begrenzt. Wie kann beispielsweise die illusorische Alternative «sozialer Liberalismus» oder «liberaler Sozialismus», in der wir nun schon so viele Jahre gefangen sind, neue Handlungsmöglichkeiten bringen?

Es ist unser Bild von der Wirklichkeit, welches das Feld der Möglichkeiten begrenzt.

Die Wirklichkeit, nach der wir handeln, ist nicht die «wirkliche» Wirklichkeit, sondern das Bild, das unser Geist sich davon macht. Der meiner Ansicht nach gefährlichste Irrtum besteht darin, die von uns wahrgenommene Wirklichkeit für die Einzige zu halten. Konditioniert durch den Positivismus früherer Zeiten geben sich unsere Politiker der Illusion hin und glauben, über die wirkliche Wirklichkeit nachzudenken, dabei ist es einfach nur ihre eigene.

Unser Schicksal und die Zukunft von Reformen entscheiden sich anhand der Wahl unserer «Präsuppositionen» bzw. Vorannahmen, die aus unserem Bild von der Wirklichkeit hervorgehen und die Tendenz haben, über die Selbstverstärkung zur Wirklichkeit zu werden. Frankreich geht nun in sein drittes Jahrzehnt mit noch immer demselben Projekt, «sich der Krise anzupassen» (heute nennt man es Globalisierung), «Opfer zu bringen», wobei man paradoxerweise in einem Land, das global gesehen immer noch zu den reichsten gehört, die Verarmung fürchtet. Eine bedeutende Vorannahme – «Entlassungen = Einsparungen = Produktivität» – beherrscht die Unternehmen, während dafür auf sie die stetig steigenden Belastungen durch die von ihnen hervorgerufene Arbeitslosigkeit zukommen. Aber die Aktien der börsennotierten Unternehmen steigen, wenn Arbeitsplätze abgebaut werden! Ist das wirklich der Hauptindikator für Gesundheit und Entfaltung eines Landes?

Solange die Wirklichkeit mit denselben Aussagen, denselben Sichtweisen und solchen Vorannahmen wahrgenommen wird, bleiben wir Gefangene derselben Heilmittel und Opfer derselben Blockaden, und neue kollektive Hoffnungen bleiben leere Worte.

Wer alte Landschaften mit neuem Blick zu betrachten weiß, ist besser an einen Wandel angepasst als derjenige, der daran festhält, neue Landschaften in herkömmlicher, durch alte Vorurteile verblendeter Sichtweise erhellen zu wollen. Nur Erstere vermögen das Unbekannte im Bekannten zu entdecken, zu staunen und neue, stärker mobilisierende Wege zu eröffnen, um schließlich das Verlangen nach Wandel zu wecken.

Anhang
Die Schule von Palo Alto

Die Schule von Palo Alto, benannt nach einer kleinen Stadt in Kalifornien, bildet eine Art Wegekreuz, wo sich Forschende verschiedener Disziplinen begegnen. Zentrum dieser wechselseitigen intellektuellen Durchdringung waren die Beiträge des Anthropologen und Kommunikationstheoretikers Gregory Bateson (1904–1980). Obwohl er dieser berühmten Schule nicht angehörte, spielte er eine wesentliche Rolle, indem er ihr die theoretische Ausrichtung, ihre epistemologischen Grundlagen und vor allem sein Bemühen um Interdisziplinarität vermittelte. Die verschiedenen Formen der Zusammenarbeit und des informellen Austauschs, welche die Schule von Palo Alto charakterisieren, nähren sich aus den empirischen Untersuchungen der einen und den theoretischen Modellen der anderen. Das Originäre der Schule von Palo Alto bestand darin, eine neue Theorie der Kommunikation aufzustellen, eine Methodologie des Wandels zu entwickeln und eine zutiefst innovative therapeutische Praxis hervorzubringen. Paul Watzlawick (1921–2007) ist die Galionsfigur der Schule von Palo Alto. Autor und Koautor von 14 Büchern, die in über 60 Ländern veröffentlich wurden, und von Hunderten von Artikeln in Fachzeitschriften, führte er zuletzt Untersuchungen zum radikalen Konstruktivismus durch.

Dieser kulturelle Schmelztiegel führte zur Konzeption eines systemischen Ansatzes der Kommunikation, deren Endpunkte die Familientherapie und die strategische Kurztherapie darstellen. Im Jahre 1959 gründet daher Jackson das Mental Research Institute, dessen Aufgabe es ist, die Wissenschaften der Kommunikation auf die Therapie anzuwenden. Zunächst eine Abteilung von Palo Alto, wurde es 1963 unabhängig.

Hervorgehoben sei auch, in welchem Ausmaß Milton Erickson (1902–1980) in diesem Gremium aus Forschenden und Praktizierenden einen beträchtlichen Einfluss hatte.

Arzt und Psychologe, Forschungsleiter und Universitätsprofessor, war Milton Erickson ein Therapeut von Weltruf. Er erfand die Hypnose neu und machte sie salonfähig. Er knüpfte sehr enge Verbindungen zu jedem seiner Klienten, auf die er seine ganze Aufmerksamkeit richtete. Er verfügte über vielfältige und unterschiedliche Hypnosetechniken, ohne jedoch systematisch auf die Trance zurückzugreifen. Dies brachte Paul Watzlawick, mit dem er viel verkehrte, dazu, das Konzept der «Hypnose ohne Trance» zu entwerfen. In der Einführung zu seinem Buch *Un thérapeute hors du commun: Milton Erickson* (dt.: Die Psychotherapie Milton H. Ericksons) schreibt Jay Haley, einer seiner Schüler: «Erickson bildete eine Schule für sich, die in ihrer Art einzigartig war.»

Literaturverzeichnis

Texte zur Schule von Palo Alto

Bateson, Gregory, *Vers une écologie de l'esprit,* Le Seuil, Paris, 1980

Bateson, Gregory, *La Nature et la pensée,* Le Seuil, Paris, 1984

Nardone, Giorgio et Watzlawick, Paul, *L'Art du changement: thérapie stratégique et hypnothérapie sans transe,* L'Esprit du Temps, Bordeaux, 1993
dt.: Irrwege, Umwege und Auswege: zur Therapie versuchter Lösungen. Verlag Hans Huber, Bern, 1994

Segal, Lynn, *Le Rêve de la réalité:* Heinz von Foerster et le constructivisme, Le Seuil, Paris, 1990

Watzlawick, Paul, *Le Langage du changement: éléments de communication thérapeutique,* Le Seuil, Paris, 1980
dt.: Die Möglichkeit des Andersseins. Zur Technik der therapeutischen Kommunikation. Verlag Hans Huber, Bern, [6]2007

Watzlawick, Paul, *Faites vous-même votre malheur,* Le Seuil, Paris, 1984
dt.: Anleitung zum Unglücklichsein. Piper, München, 2007

Watzlawick, Paul, *La Réalité de la réalité: confusion, désinformation, communication,* Le Seuil, Paris, 1984

Watzlawick, Paul, *L'Invention de la réalité,* Le Seuil, Paris, 1988
dt.: Wie wirklich ist die Wirklichkeit. Wahn, Täuschung, Verstehen. Piper, München, [2]2005

Watzlawick, Paul, *Les Cheveux du baron de Münchhausen: psychothérapie et réalité,* Le Seuil, Paris, 1991
dt.: Münchhausens Zopf oder: Psychotherapie und «Wirklichkeit». Verlag Hans Huber, Bern, 1989

Watzlawick, Paul, Beavin, John H. et Jackson, Daniel, *Une logique de la communication,* Le Seuil, Paris, 1979
dt.: Menschliche Kommunikation. Formen – Störungen – Paradoxien. Verlag Hans Huber, Bern, [11]2007

Watzlawick, Paul, Weakland John et Fisch, Richard, Changements: *paradoxes et psychothérapie,* Le Seuil, Paris, 1981
dt.: Lösungen. Zur Theorie und Praxis menschlichen Wandels. Verlag Hans Huber, Bern, [6]2001.

Watzlawick, Paul et Weakland, John, *Sur l'interaction, Palo Alto: 1965–1974, une nouvelle approche thérapeutique,* Le Seuil, Paris, 1981

Winkin Yves et al., *La Nouvelle Communication,* Le Seuil, Paris, 1981

Nonverbale und interkulturelle Kommunikation

Hall, Edward, *La Dimension cachée*, Le Seuil, Paris, 1978
Hall, Edward, *Le Langage silencieux*, Le Seuil, Paris, 1984

Der Erickson'sche Ansatz des Wandels

Erickson, Milton et Malarewicz, Jacques-Antoine, *L'Hypnose thérapeutique: quatre conférences*, ESF éditeurs, Paris, 1990
Erickson, Milton et Rosen, Sidney, *Ma voix t'accompagnera …: Milton Erickson raconte*, Hommes et Groupes Éditeurs, Paris, 1986
Godin, Jean, *La Nouvelle Hypnose, vocabulaire, principes et méthodes: introduction à l'hypnothérapie éricksonnienne*, Albin Michel, Paris, 1992
Haley, Jay, *Un thérapeute hors du commun*, Milton Erickson, Éditions de l'Épi, Paris, 1985
dt.: Die Psychotherapie Milton H. Ericksons. J. Pfeiffer, München, 1978
Haley, Jay, *Tacticiens du pouvoir: Jésus-Christ, le psychanalyste, le schizophrène et quelques autres*, ESF éditeurs, Paris, 1991
Malarewicz, Jacques-Antoine et Godin, Jean, *Milton Erickson: de l'hypnose clinique à la psychothérapie stratégique*, ESF éditeurs, Paris, 1989
Malarewicz, Jacques-Antoine, *Quatorze leçons de thérapie stratégique*, ESF éditeurs, Paris, 1992
Rossi, Ernest, *Psychobiologie de la guérison: influence de l'esprit sur le corps: nouveaux concepts d'hypnose thérapeutique*, Éditions de l'Épi, Paris, 1994
Zeig, Jeffrey, *La Technique d'Erickson*, Hommes et Groupes Éditeurs, Paris, 1988
Zeig, Jeffrey, *Un séminaire avec Milton H. Erickson*, Le germe SATAS, 1997

NLP, Neurobiologie und kognitive Wissenschaften

Bandler, Richard, *Un cerveau pour changer – La Programmation Neuro-Linguistique*, InterEditions, Paris, 1990
Cayrol, Alain et Saint Paul, Josiane de, *Derrière la magie – La Programmation Neuro-Linguistique*, InterEditions, Paris, 1984
Changeux, Jean-Pierre, *L'Homme neuronal*, Fayard, Paris, 1983
Hampden-Turner, Charles, *Atlas de notre cerveau: les grandes voies du psychisme et de la cognition*, Les Éditions d'Organisation, Paris, 1990
Piaget, Jean, *Le Comportement, moteur de l'évolution*, Gallimard, Paris, 1976
Vincent, Jean-Didier, *Biologie des passions*, Odile Jacob, Paris, 1986

Systemischer Ansatz und Komplexität

Capra, Fritjof, *Le Tao de la Physique*, Nouvelle Édition Sand, Paris, 1989
Changeux, Jean-Pierre et Ricceur, Paul, *La nature et la règle. Ce qui nous fait penser*, Odile Jacob, Paris, 1998

Crozier, Michel, *La crise de l'intelligence. Essai sur l'impuissance des élites à se réformer*, InterEditions, Paris, 1995

Dupuy, François, *Le client et le Bureaucrate*, Dunod, Paris, 1998

Genelot, Dominique, *Manager dans la complexité: réflexions à l'usage des dirigeants*, INSEP, Paris, 1992

Glass, Neil, *Management, les 10 défis*, Les Éditions d'Organisation, Paris, 1998

Goldsmith, Édouard, *Le tao de l'écologie, une vision écologique du monde*, Le Club, Paris 2002

Le Moigne, Jean-Louis, *La Modélisation des systèmes complexes*, Dunod, Paris, 1990

Longin, Pierre, *Coachez votre équipe*, Dunod, Paris, 1998

Morin, Edgar, *La Méthode, tome 1: La Nature de la nature*, Le Seuil, Paris, 1981

Morin, Edgar, *Sociologie*, Fayard, Paris, 1984

Morin, Edgar, *La Méthode, tome 2: La Vie de la vie*, Le Seuil, Paris, 1985

Morin, Edgar, *Introduction à la pensée complexe*, ESF éditeurs, Paris, 1990

Morin, Edgar, *La Méthode, tome 3: La Connaissance de la connaissance: anthropologie de la connaissance*, Le Seuil, Paris, 1992

Morin, Edgar, *La Méthode, tome 4: Les Idées: leur habitat, leur vie, leurs mœurs, leur organisation*, Le Seuil, Paris, 1991

Morin, Edgar, Bocchi, Gianluca, Ceruti Mauro, *Un nouveau commencement*, Seuil, Paris, 1991

Morin, Edgar et Weinmann, Heinz, *La Complexité humaine, textes choisis par Heinz Weinmann et Edgar Morin*, Flammarion, Paris, 1994

Rolland, Gabrielle; Sérieyx, Hervé, *Colère à deux voies*. Quand les organisations dominent les talents, InterEditions, Paris, 1995

Rosnay, Joel de, *Le Macroscope: vers une vision globale*, Le Seuil, Paris, 1977

Varela, Francisco, *Autonomie et connaissance: essai sur le vivant*, Le Seuil, Paris, 1989

Varela, Francisco, Thompson, Evan et Rosch, Eleanor, *L'Inscription corporelle de l'esprit; sciences cognitives et expérience humaine*, Le Seuil, Paris, 1993

Varela, Francisco, *Un Savoir pour l'éthique?* La Découverte, Paris, 1995

Change-Management und Organisationssoziologie

Beriot, Dominique, *Du microscope au macroscope: l'approche systémique du changement dans l'entreprise*, ESF éditeurs, Paris, 1992

Crozier, Michel, *L'Entreprise à l'écoute – Apprendre le management post-industriel*, InterEditions, Paris, 1989

Crozier, Michel et Friedberg, Ehrhard, *L'Acteur et le système: les contraintes de l'action collective*, Le Seuil, Paris, 1977

Dupuy, François, *Le Client et le bureaucrate*, Dunod, 1998

Gouillard, Francis et Kelly, James, *Du mécanique au vivant, L'entreprise en transformation*, Village Mondial, Paris, 1995

Landier, Hubert, *L'Entreprise face au changement*, ESF éditeurs, Paris, 1987

Mucchielli, Alex, *Approche systémique et communicationnelle des organisations*, Armand Colin, Paris, 1998

Orgogozo, Isabelle, *Les Paradoxes du management: des châteaux forts aux cloisons mobiles*, Les Éditions d'Organisation, Paris, 1991

Orgogozo, Isabelle et Sérieyx, Hervé, *Changer le changement: on peut abolir les bureaucraties*, Le Seuil, Paris, 1989

Zen, Meditation, Praxis und Unterweisung

Bovay, Michel, Kaltenbach, Laurent et Smedt, Evelyne de, *Zen: pratique et enseignement, histoire et tradition, civilisation et perspectives*, Albin Michel, Paris, 1983

Katagiri, Dainin, Connif, Yuko et Hathaway, Willa, *Retour au silence: la pratique du zen dans la vie quotidienne*, Le Seuil, Paris, 1993

Suzuki, Shunryu, *Esprit zen, esprit neuf*, Le Seuil, Paris, 1977

Tolle, Eckhart, *Mettre en pratique le pouvoir du moment présent*, Ariane Édition, Paris, 2001

Sachwortverzeichnis

A
Abschottung 261
Ankündigungseffekt 97
Arbeitslosigkeit 49, 59
Assoziationsketten 186
Auditierungen 243
Automanipulation 124, 125, 233
Autonomie 256

B
Bewusste, das 109
Bewusstseinserweiterung 78
Beziehungseskaladen 209
Beziehungsfalle 70
Bisoziation 115
Blockadesituationen 56, 63

C
Change-Management 42, 112
Computers 50

D
Denkweisen 93
Depression 70
Determinismus 111
Diskontinuität 47
Dissoziation 69, 87, 137, 187, 195, 202

E
Enantiodromie 41
Euphemismen 158

F
Firmenzeitungen 60
Formatierung 156
Formulierungen, negative 160
Fundamentalismus 59
Funktionärssprache 158

G
Glaubenssätze 223
Grundgewissheiten 80

H
Handlungswirksamkeit 68
Hypnose 111

I
Informatik 60
Informationshandreichungen 60
Inhaltsumdeutung 82
Interaktionsfeld 246
Interdependenz 262
Interpretationsraster 75
Intuition 78, 79, 146

K
Kabylen, die 128
Kalibrieren 169
Kausalität, zirkuläre 108
kôan 150, 199
Kohärenz 246
Kommunikation 119, 121, 122, 125
–, hypnotische 79
Konservatismus 58
Konstruktivisten 68
Kontrollillusionen 233
Körpersprache 169
Kulturwandel 44
Kurztherapie 54, 111

L
Lachen 195
Logik
–, disjunktive106
–, vernetzende106
Logorrhö 158, 159
Lüge 158

M
Machtspiele 125
Makroverhaltensweisen 82, 83
Manichäismus 96
Manipulation 125
Metamodell 140
Metaposition 69, 195, 137
Meta-Umdeutung 242
Mikroverhaltensweisen 82, 83
Mimikry 133, 171
Monade 45

N
Negation 235
Newage 62

O
Ökologie 232, 237
Organigramm 40
Orientierungspunkte 239

P
Passivität 241
Präsuppositionen 80
Projektion 74
Provokationstherapie 168, 177
Psychologie, humanistische 62
Pygmalion-Effekt 242

Q
Qualitätskontrolle 96

R
Reflexbogen 47
Ressourcen-Anker 235
Retroaktion 43
Rhetorik 157
Roboter 256
Rorschach-Test 176
Rundbriefe 60

S
Scheinalternative 182
Schizophrenie 175
Schleife, interaktive 108
Schuldzuweisungen 70
Selbsthypnose 78, 185
Selbstmanagements 246
Sinnumdeutung 82

Solidarität 269
Sophisten 77
Sozialisation 48
Staunen 116
Stress 79
Stressprävention 137
Suizid 62
Suizidgedanken 114
Symptomverschreibung 198, 182
Synchronisation 191, 171, 133, 143

T
Talmud 67
Telematik 60
Trägheitseffekt 125
Trance 291

U
Übereinkunft 273
Unbewusste, das 79, 109
Utopie-Syndrom 61

V
Veränderungsprojekt 232
Verhalten 172
Verhaltensumdeutung 82
Verhandlung 278
Verleugnen 159
Verleugnung 158
Verwirrung 203
Videojournale 60
Vorannahmen 80
Vorstellungswandel 44
Vorurteile 76

W
Wirklichkeit
–, 1. Ordnung 67, 142
–, 2. Ordnung 67, 142

Z
Zen 78, 103, 150, 199
Zoom-Effekt 85
Zukunftsforschung 42
Zweckmäßigkeit 245

Personenregister

B
Bandler, Richard 234
Bateson, Gregory 42, 70, 126, 175
Beck, A. 70
Berkeley, George 73
Bourdieu, Pierre 128

C
Castaneda, Carlos 77

D
Descartes, René 94

E
Einstein 75
Erickson, Milton 110

F
Farrelly, Franck 193
Freud, Sigmund 107

G
Godin, Jean 183
Grinder, John 184, 234

H
Hall, Edward 49, 122
Hegel 39, 75
Heraklit 39
Hobbes, Thomas 97
Hölderlin 61

J
Jacquart, Albert 101

K
Koestler, Arthur 115
Konfuzius 51
Korzybski, Alfred 153

L
Laotse 132, 277
Laplace, Pierre-Simon de 111

M
Marx, Karl 61, 107
Morin, Edgar 61, 69, 95, 150

O
Oech, Roger von

P
Parmenides 39
Prigogine, Ilya 112

S
Sokrates 197

T
Thales 39

V
Varela, Francisco 69

W
Watzlawick, Paul 53, 59, 61, 63, 67

Kevin Hogan
Überzeugen

Aus dem Englischen übersetzt von
Irmela Erckenbrecht.
2007. 249 S., 16 Abb., Kt
€ 19.95 / CHF 33.90
ISBN 978-3-456-84467-1

Die Fähigkeit, überzeugend zu kommunizieren, ist für den Erfolg eines jeden Menschen sowohl im Privatleben als auch im beruflichen Umfeld wesentlich.

Robert B. Cialdini
Die Psychologie des Überzeugens
Ein Lehrbuch für alle, die ihren Mitmenschen und sich selbst auf die Schliche kommen wollen

Aus dem Englischen übersetzt von
Matthias Wengenroth.
5., überarb. Aufl. 2007. 376 S., Abb., Kt
€ 26.95 / CHF 43.50
ISBN 978-3-456-84478-7

«Cialdini gelingt es, seine persönlichen Erfahrungen, etwa bei Verkäuferschulungen und Polizeiverhören, mit den Erkenntnissen der experimentellen Psychologie zu einem Lehrbuch zu verbinden. Muntere Zeichnungen und vertiefte Fragen ergänzen die plaudernde Erzählung. Da wird Lernstoff kurzweilig.» *(FAZ)*

Erhältlich im Buchhandel oder über
www.verlag-hanshuber.com

HUBER